U0111470

大展好書　好書大展
品嘗好書　冠群可期

大展好書　好書大展

品嘗好書　冠群可期

武術特輯 94

三節

劉晚蒼

劉晚蒼武功傳習錄

劉源正 季培剛 編著

大展出版社有限公司

雲山蒼蒼，江水泱泱。
先生之風，山高水長。

謹以此書紀念劉晚蒼先生誕辰 110 週年
並緬懷劉培一先生

劉晚蒼仿宋人《溪山暮雪》
贈劉培一留念（劉培一保存）

·20 世紀 80 年代初，劉晚蒼在地壇留影（劉君彥保存、劉源正提供）

目 錄

附　錄

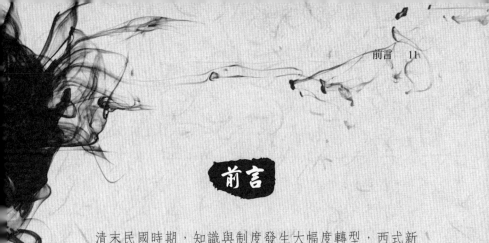

前言

　　清末民國時期，知識與制度發生大幅度轉型，西式新學日漸成為官方知識形態，參照東西兩洋的制度體系也隨之建立。但在民間社會當中，實際仍然延續著過去儒釋道三教，特別是理學的傳統，無論在為人處事，還是一般技藝上，仍透著過去傳統的影響。這本書要敘述的中心人物—劉晚蒼，就是從這樣一個中西文化交雜更替的時代背景中走過來的。

　　劉晚蒼早年沒接受過新式教育，他的觀念和做派都是受長輩、同輩等周邊人的影響。他一生長期身處藏龍臥虎的北京城裏，別無所好，業餘時間身體力行地接續了老北京城裏譚腿、太極、八卦等多個門派的練功傳統。這方面對他影響最大的，是劉光斗以及王茂齋、王子英父子等一些師輩的人。劉光斗出身於讀書世家，雖畢業於新式的朝陽大學，而家學淵源實際更深；王茂齋父子雖經商為業，但心性仁義……劉晚蒼一生見識了很多人，經歷了很多事，閱歷豐富，眼界也隨之高明。他在日常生活和日積月累的練功過程中，憑著良知把德性都體會到身上，為人本分、正派、仁愛、和善，做事講理，不昧良心。在技藝上慎重吸取眾家之長，形成了「沉粘古樸、靈潛宏偉」的自

身風範。

在過去的北京城裏，很多人都稱劉晚蒼為「劉三爺」。這是一個很尊重又很親切的稱呼。見過劉晚蒼的人，都說他功夫好，能將人發出兩三丈遠而不傷人，發與被發者皆身心愉悅，不覺痛苦，談笑風生。而且，他的為人做事也很有份兒，都說他德高。

過去人都說「德高藝才能高」，這也不是沒有道理的。古人說，在天為「道」，在人為「德」，德即人道。假如說一個人真正明曉「道」，甚至不需思慮而行為自然合乎「道理」，那麼，他自然就是真正的有「德」。

劉晚蒼一生都在琢磨太極二元對立統一的平衡關係，特別在推手發放中有很深的體會。由此推及為人處事、待人接物，一般是保持相互平衡，而對待不合理的人與事，則是保持自身的平衡並破壞對方平衡。其實，內家功夫是非常可取的理學修為工夫，雖然不如宋明儒的靜坐工夫徹底，卻更容易讓人切身感知。且其工夫著力於動中求靜，動以修身，靜以修心，便是性命雙修，由此身心皆能受益，便於檢驗，而不偏於一端。

如何才能從心所欲地處理平衡關係呢？古人經驗概括起來，便是要明於「道」而合其「理」，即知曉陰陽、虛實、動靜、剛柔、有無，知行合一。只是後天習慣的「實」「動」「剛」「有」易練，返先天的「虛」「靜」「柔」「無」難求。儒釋道三教工夫的著力處，便是在虛，在空，在無為。

所謂「大道至簡」「道不遠人」。聽起來很玄，要做

到本應不難，老子講：「為學日益，為道日損，損之又損，以致於無為，無為而無不為。」正因其簡之又簡，損之又損，與一般思維反向，所以才玄而難為。

　　然而，虛空而無根便為浮。其根處，在內即是丹田，在外為腰。所以，傳為張三豐所作《十三勢歌》中就說「命意源頭在腰隙」「刻刻留意在腰間，腹內鬆淨氣騰然。尾閭中正神貫頂，滿身輕利頂頭懸」，也便是王宗岳《太極拳論》中的「虛靈頂勁，氣沉丹田」，養氣功深，便合於丹道的煉精化氣、煉氣化神、煉神還虛，便是「階級神明」。所以，劉晚蒼說，功夫不在外面的樣式，而在內在的氣勢。

　　《孟子》所言「善養吾浩然之氣」，也便是《中庸》所講的「致中和」，後來王陽明說是「致良知」，用現代人的話來說就是好的心態，或者說氣息順暢、問心無愧的心理感受，有所不順即順勢調整，便是「道法自然」的自然而然。心態時時處處保持靜定中和的話，便能達到自身及與外界的平衡。能「致中和」就是「仁」，在太極功夫裏是「中定」與「鬆淨」。

　　在推手中有較深體會的人都知道，沒有「中定」是發不了人的。太極功夫的一句經驗之言「站住中定，往開裏打」，要是從理學上說就是把向外有所欲求的私心定住，「反求諸己」，憑良心感知來做人做事。也是《孟子》所說：「其為氣也，至大至剛，以直養而無害，則塞於天地之間。其為氣也，配義與道；無是，餒也。是集義所生者，非義襲而取之也。行有不慊於心，則餒矣。」

《大學》講：「知止而後有定，定而後能靜，靜而後能安，安而後能慮，慮而後能得。」在太極工夫中，能「中定」，才敢於徹底「鬆淨」，只有「鬆淨」才能發揮「虛」「空」「無」的妙用，「捨己從人」，感知靈敏，達到「一羽不能加，蠅蟲不能落」，才能「引進落空」。至於發不發放，全由他自己掌握。《老子》講：「上善若水。水善利萬物而不爭，處眾人之所惡，故幾於道矣」，「夫唯不爭，故天下莫能與之爭」。他有「無為」「不爭」的需要，這樣，心裏才覺著順暢、對勁兒，才能「無為而無不為」。所謂「無形無象」，一切外在形象都是順應對方之勢而變化出的，變化的目的仍在「一羽不能加，蠅蟲不能落」的虛無，而使對方落空。

在「中定」與「鬆淨」以外，如要時時處處順遂，還要「圓活」。《莊子》說：「得其環中，以應無窮」，《太極拳論》講：「立如秤準，活似車輪」。被劉晚蒼運用純熟的「滾輪效應」，從腰的圓轉到小臂的裏捲外翻，在對方不知不覺中實現了虛實轉換，使對方拔根失重，如墜於十里雲霧，這其中便蘊涵著圓融之智。

在發放時，要達到排山倒海、摧枯拉朽的效果，還要「勁整」，實際能做到「鬆」而有「中」，放下手臂，求於腰腿，不整自整，因而本不需特別強調。

功夫歸結起來，便是如上「鬆」「中」「圓」。由此可千變萬化，而萬變不離其宗。「中」可以得「仁」，「鬆」可以得「勇」，「圓」可以得「智」。「智」「仁」「勇」，古聖先賢視為「三達德」。

　　只有明於「道」，合乎「理」，才可能有「德」，功夫才可能純正。否則，思維不轉換，氣質不變化，頂多是好狠鬥勇的拳腳力量與技巧，養成爭強好勝、貪求外在的心性。心性不正，久必成病，且拳病難改，因那是日積月累形成的。所以，功夫不能盲修瞎練，練對了是修為，練反了卻毀人。而對於高明的老師來說，無非是教人做個好人，這本也沒有什麼保守、自秘可言。所以，劉晚蒼一向以仁愛之心待人，有教無類，有問必答。

　　不過，他教人始終保持著一個風格，就是像《禮記‧學記》所說的「善待問者如撞鐘，叩之以小者則小鳴，叩之以大者則大鳴，待其從容，然後以盡其聲，不善答問者反此。」就是說，不多講，又絕不是故意保守不講，而多是讓人從他身上體會和從練中自悟，以讓功夫真正上身。問到了，他都會講得很好；問不到，就還要自己去慢慢下工夫體會。否則，易如《孟子‧公孫丑》所講宋人揠苗助長的故事，孟子說：「天下不助苗長者寡矣！以為無益而捨之者，不耘苗者也；助之長者，揠苗者也，非徒無益，而又害之。」

　　說到這裏，忽然發覺，講這麼多的道理，其實並不是劉晚蒼的風格。要想瞭解他，還是翻開這本書，從那些實在的言語和具體的事例中仔細品味、靜心感悟吧。

溪山煙艇

辛酉年仲秋　劉曉蒼

1981 年仲秋，
劉曉蒼作《溪山烟艇》。
（趙德奉保存、趙金中提供）

第一編　起源

潭腿說略

張玉連　稿

編者按： 劉晚蒼是跟老師劉光斗從譚腿[①]入門的。民國六年（1918 年）前後，六歲的劉光斗即在北京城拜張玉連先生為師習練譚腿門拳械。本篇原載於北平特別市國術館《體育》月刊第一卷第四期（1932 年 4 月 30 日版），其時，張玉連正是北平國術館教員，將家藏底本交由國術館登載。然而，根據當時按語來看，編輯人員認為「底本較為複雜，極加刪潤」，導致詞句刪削更動，內容所剩無幾，非常可惜，如今已無法得知該拳譜底本的原貌，甚至連拳譜的原名也無從得知，《體育》月刊登載的篇名《查拳簡明說略》應是改動過的。另外，該篇最後有「待續」字樣，顯然未登載完，然而，此後《體育》月刊卻未見繼續登載，不知是否因張玉連先生見家傳拳譜底本被「極加刪潤」而不允再登。

　　如哪位讀者存此底本，望與編者或出版社聯繫，以解

---

① 譚腿，也寫作潭腿、彈腿。本書統一用「腿」。但為保存歷史資料以供研究之用，本文中仍尊重原文用「潭腿」。

此謎題。無論怎樣，這篇《說略》雖非原本、全本，但從中也可大致看出一點劉光斗—劉晚蒼所傳習的教門譚腿的淵源訊息。因《查拳簡明說略》與拳譜原意不符，今改為《潭腿說略》，其餘內容未動。

此稿得諸清真（回教）門底本，由本館教員張玉連先生交來。張君籍臨清，其伯父張桐義，於清光緒年間在北平國術界素著盛名。張君為其猶子，藝屬嫡傳。惟底本較為複雜，極加刪潤，庶乎略盡保存國粹之意云耳。

武術流傳七十二家名門，各有精粹。明時武殿章先師傳鉤鐮橛代四種兵器，至清初武盤師，即武祖之後，住南京二龍崗，傳徒授藝。至武熙熊時，北遷至臨清州，授門徒四人，即楊劉沙馬四姓，創潭腿門。至潭腿中最要者，即十腿八式也。十腿為母，八式為子，各有式法，運用於一身，練者依其式而研究之。

十路之式要注重十字，即潭、蹬、踩、跺、踢、撐、抹、拌、盤、勾，此為十腿之法。八式要按乾、坎、艮、震、巽、離、坤、兌八方之式，要將十腿八式合而為一。再天地陰陽五行八卦生剋之理，出入進退內外變化之法，合成四個拳架。一名六家式，二曰二十四式，三曰老拳架子，四曰黃鶯架子。共有六路短拳，十路查拳。有無窮之妙。

以四個拳架為根，以六路短拳為輔，佐以十路查拳。細參其理，引用於一身，為運用全身耳目之法。六路短拳

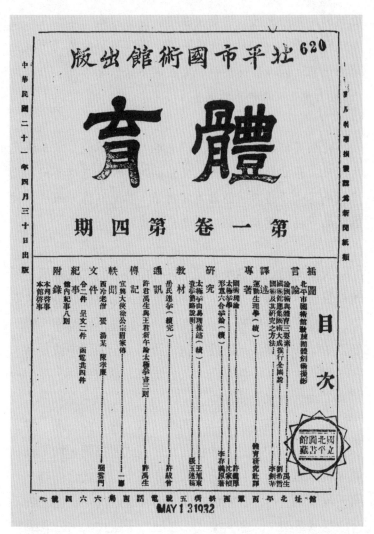

・民國二十一年（1932 年）4 月 31 日出版的《體育》月刊目錄影印件，「研究」欄目下的《查拳簡略說明》清晰可辨，然正文題目為《查拳簡明說略》

形，即閉魚之懷合中線，兩次合成爲一太極圖
形。粟樑。在內工爲篆拙功夫。各有楊澄甫先
生現時所傳授太極拳。全憑內粟樑爲先
深合內工丹榫數理。練習太極拳。自練。戚或
授。則腰至粟樑能接連者爲一段。再尚有可注意者。全
拳名式與粟樑能接連者。只有三式。即獨徧尾
（太極上盤）。篆手（太極中盤）。及篇山式（太
極下盤）。篆手（太極中盤）。亦係兩候徧尾也。（待續

形勢雖異。功用相同。無其關要也。（待續
現時太極拳術編爲四正四四。粟練走勁
沙馬四姓。創深腿勁。至深腿中最要者。即十
腿勁八式也。十腿爲母。八式爲子。各有式法。
運用於一身。練者依其式研究之。十腿之式。
要注重十字。即踢。蹬。踩。踏。揚。採。抹
法。觀其形。思其理。察其色。若君者爲武拳腳
知其藝淺深。若對敵者爲武拳腳
，挒，盤，勾，此爲十腿之法。八式要按乾坎
艮震巽離坤兌八方之式。要將十腿八式合而爲
○再天地陰陽五行八卦生剋之理。出入遇角內
外變化之法。合成四個架子。一名六家式。二
曰二十四式。三曰老容架子。四曰黃鶯架子。
共拳架爲根。引用於一身。爲運用梁加推求。以四
個拳架子爲補。佐以十路彈拳。以四
日拳架爲根。引用於一身。學者宜梁加推求。使

查拳簡明説略

此稿得清真（回教）門底本。由本館
歡員張玉連先生交來。張君辭臨傳。其
伯父張桐漢。於清光緒年間在北平國術
界衆著芳名。張君爲其稍子。梅加删潤
惜底本較爲複雜。梅加删潤。庶乎稍傳
遺保存圖榫之意云耳

練習方法

其法。六路短拳更爲應用。十路黃拳。以
手眼身法步皆相合。心意相逢。可以盡其妙。
細拳其理。引用於一身。爲運用梁加推求。以四

練習方法

先將十路潭腿踢熟。再上操手榫板。然後六
路短拳。將式步法。二人對打。按次序再練四
個架子。將拳法步式法練習精熟。然後再練
兵器。則不嫌炎。練習之時。宜按一式一法。
細攷其中妙處。練習之時宜安靜。不可賃弄自諉。
而不實踐。練習之時宜安靜。不可僅知能說

交手方法

若過對試先態其恭福正與不正。再看其拳腿式
或起拍棒刀槍各樣兵器。然後者爲武拳腳
，或防諸法。

一、月觀敵人務要安放式法。門路出入。知
補助。
二、對敵時。猛則不過。死則不僞。先用洋法誘之
其短技。敵欲動而神先動。吾見敵人情形神
色。便可知敵人心性。此謂之先知
三、不可太死。死則不僞。先安神。自可用式法
如觀其定而後急進。知其不僞
四、急遇者不可欺。欺者必敗。知其不僞。
意。
五、如進敵人身。萬不可善問。務要偶敗。
所謂捉虎容易放虎難。綳而言之。知己知彼
保持體魄和平之美德。

武術流傳七十二家名門。各有精粹
束先師德倫鎬廣代四種兵器。至清初武盤師
即武纓之後。住府京二熊岡。傳徒授藝
黑燕時。北邁至臨清州。授門徒四人。即楊劉

傳習武術

傳習武術。原爲強國強種。然傳之不慎。更遠

・《查拳簡明説略》正文影印件（部分）

更為應用，學者宜深加推求，使手眼身法步相合，心意相遂，可以能盡其妙。

✚ 練習方法

　　先將十路潭腿踢熟，再上操手椿板，然後練六路短拳。將其步法，二人對打，按次序再練四個架子。將拳法步法式法練習精熟，然後再練兵器，則不難矣。

　　練習之時，宜按一式一法，細考其中妙處，由手眼身合一，不可僅知能說而不實踐。練習之時宜安靜，不可賣弄自誇，保持謙讓和平之美德。

✚ 交手方法

　　若遇對試，先聽其拳理正與不正，再看其拳腿式法。觀其形，聽其言，察其色，思其理，便可知其藝深淺，然後可以試之。若對敵者為拳腳或是棍棒刀槍各樣兵器，要安神、定位、斷門、提防諸法。

　　一、目觀敵人務要安放式法，門路出入，知其短長，敵欲動而神先動。吾見敵人情形神色，便可知敵人心性。此謂之先知。

　　二、對敵時不可太猛，猛則無準。

　　三、不可太死，死則不靈。先用詐法誘之，如觀其定而後急進，知其不真，自可用式法補助。

　　四、急退者不可欺，欺者必敗，須加十分注意。

　　五、如進敵人身，萬不可善回，務要傷敵，所謂捉虎容易放虎難。總而言之，知己知彼，百戰百勝。

✤ 傳習方法

傳習武術，原為強國強種，然傳之不慎，更貽[②]誤社會。古制有八不傳，列後以備參考。

一、不孝父母者不傳。不孝父母者，必不以身體為重。書曰：「身體髮膚[③]受之父母，不敢毀傷。」心無父母之輩，逞匹夫之勇。故傳藝者，首先禁傳。

二、性情好鬥者不傳。因練習武術非為私鬥而設，故禁傳也。

三、面無沉穩之色或面帶賊氣者，禁傳。

四、言語欺人者不傳。平日撥弄是非，再加以拳術恃力欺人，故在禁傳之列。

五、心毒意狠者不傳。

六、嗜酒者不傳。

七、好色者不傳。

八、不服管束者不傳。

謹按以上八不傳，知古人慎術如此。是以練習拳術者，首宜潔身自愛，然後方得其傳。其行動魯莽，氣質粗俗，難得拳術真諦必矣。

✤ 論十路潭腿（用原口訣）

頭路順勢人難擋，二路十字奔腳尖。

三路劈砸搖山晃，四路撐抹代提籃。

---

② 原文誤為「遺」。

③ 原文誤為「膚髮」。

五路栽拳路要正，六路引手式單勘。
七路雙勘十字腿，八路椿跺代轉環。
九路捧鎖陰陽手，十路飛追箭步潭。
世人莫看式法單，臨近自己自己變。
奧妙無窮隨心意，防身護體能壯膽。

✚ 論六家式（用原口訣）

六家仙師六家傳，批蓋叉錘是占先。
引手栽拳提綱勢，跨虎穿手穩如山。
換式偷步是穿掌，左右片閃把路攔。
左右飛腳人難進，二起飛腳虎蹬山。
金雞獨立變川式，斜門跨虎敵人觀。
二起飛腳下捧鎖，白鶴亮翅後箭潭。
提腿刁手左腿跺，十字腿藏定機關。
上步挑掌栽拳式，迎面鐵掘走湯連。
開步急步回馬腿，犀牛望月敵人觀。
四面躦敵人難走，旋風腳急把式安。
湯瓶式左右衝打，仙人換影回手觀。
十字拳左右攔擋，臥虎式妙法無邊。
頭蕩腿單邊順式，抱椿跺速把身翻。
川袖掌犀牛望月，使衝捶蓋面三拳。
穿手掌急按定位，片閃掌一連三環。
抱瓶式歸定正位，六家式變化無邊。

（待續）

譚腿證悟

劉光斗

編者按：《譚腿證悟》及《太極功精解》《八卦功妙藝譜》《劉光魁傳妙藝功箴言》各篇均為劉光斗所作，曾交劉晚蒼、劉煥烈二人各謄錄一份以作保存。此後，二人均將謄本帶回蓬萊老家。劉晚蒼謄本及所保存劉光斗照片等，曾長期放在蓬萊東許家溝的老宅裏。

1966 年「文化大革命」「破四舊」期間，被其長兄的後人交出，與村中劉姓東西兩支的族譜、牌位及各家各戶交出的被視為「四舊」的物件等等被一起燒燬。

劉煥烈謄本也長期不知去向，直到近年才得以發現，可惜僅剩此篇《譚腿證悟》。所幸劉培一早年據其父劉煥烈謄本抄錄了一份，帶了出去，才得以保存下來。這次收錄本書的劉光斗拳論，除《譚腿證悟》外，均係根據劉培俊所存劉培一抄本複印件核校整理而成。

✥ 第一章　勁　論

夫勁者，非剛非柔，蓋剛以柔化，柔以剛制，剛柔不

偏勝，偏勝則埒，然後靈活之勁尚焉。故取法乎剛柔之中，通其變化，出其神機，是謂之招。大要不出於拳法之外，故以拳式為母，庶由此登乎峰極，然不遇其人不傳之也。

勁法之區劃夥矣，手有長短，長短勁之別各有不同；其有虛實之分，尤不許混同；手有出入之勢，其勁亦異，要皆出乎剛柔之外，而剛柔之道於其中大備焉。故大體稍異，惟用不失於中和則一也。

譬喻棉花不足以拒刀鑿，剛刀不足以洞腐木。故過柔則禿，過剛則折，二者皆不便於適用。故知中和之勁，靈活變幻，堪深玩味也。

夫人之體量有限，氣質之發達亦非無底止。況人生而有力，本不須如何鍛鍊，能不敝其所用，斯已矣！故不尚其力，在乎變化之靈妙，理在斯乎？

雖不尚力，然用功之久其力尤非人之所能知，是則在乎專精，非敢為淺嚐人道也。

養由基之射，初非以力勝，庖丁解牛，技在乎精，固非粗淺而易為也。用勁之法在專在恆，久之自得其妙，非敢尚外人語狂焉。凡百工雜藝，非親身造詣者不知其艱辛，藝深者機欲藏而外示以拙，雖道中人不能識其淺深，況外人乎？

得其中和之道，而後求之於長短、虛實、出入之間，開合變化，神智以出，所謂神無方而用無體，使不用之中，妙用常存，則在拈花微笑之間，須悟之而後出之可矣。

✢第二章　腿　論

腿之奧妙，非言足以出其萬一也。其變化使用之方，
則在習者遂時應機而用之。若出其端末，難免識者糟糠之
誚。惟腿之用法，於吾門中為大備焉。以腿直擊之法，欲
速欲重，見縫插針，實有不容緩者也。至若以手或推、或
挽、或封、或閉、或搪、或打、或躲、或進，逢迎接迎之
間，廣而化之，其用何可究極哉？是謂之踢法。

踢為由下而上之，踹為由我而之彼。踢如掀土，踹如
彈簧。踢力在腳背，踹力出於腳根，一發而即回，使人無
可捉摸，則踢不如也。然則用踢取其便利，而用踹尚其猛

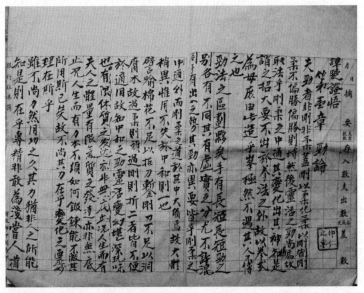

· 劉光斗《譚腿證悟》劉煥烈謄本影印件（部分）

力也，其變化之法，亦不似踢法出手之平凡，似為奇以制勝，一啄而即回也。

踩為橫勁，足扁而出，用以擊脅或腰胯之間。身扁斜似敗，或因敗以取之也。其用在神而速，不然易為人所乘。然用之以破奇招時，而甚為得法也。

扁踩者亦似橫勁，腳向外斜出，腿低而速，中在人之膝或迎面骨上，愈見手快者愈宜用之。愈見手密者愈宜用之，在取其下低不防也。

高扁踩者與扁踩無異，惟踢處以脅腋為的，出手以疊勁掩護而用之。其勁以輕率為妙，非勁濁者易為之也。

高踩子其勁甚猛，大致亦踢在胸前、脅腋諸處。其妙全在手法變幻之神妙，出奇而用之，則無所不當也。

外撞腿，即不問虛實可亦。硬打硬上，全在跟椿穩固。因腿過高，而下部防虛也。

箭彈腿者，飛身出腿，變化不測，為腿中之最。此外，尚有回馬腿、分手踩子、蹶子腿、篙腿，為腿家之密，習者自求之可也。

✚ 第三章　拳　論

拳法以譚腿為本，曰十路譚腿、十路查拳、十路劍。此外，十路行譚為短手中最著者也。行譚者，內含十路譚腿，為使不失其本也，以行拳過步為過門，然後分合變化，則不可以方物也。

其手率為短而捷，身輕步靈尤在穩重周詳，至始至終，一氣貫之，氣欲平而勁欲整，可為如虎之威，如豹之

猛，如熊之狠，如蜈蚣之出入，如鳥之飛翔，如蛇之趨
走。目如懸鈴而聲如宏鐘者，蓋由此而來也。

崩譚者，今不見其傳矣。昔見之，知其變化之法尤出
於行譚上，然與以上所從事尤不能出其外也。

二十四式者，以腰腿為能，以步法為宗，以變轉為
奇，行如盤根之樹，尤有蟠龍之巧，其雙飛腳之奇，黃龍
折腰之妙，世尤罕能之。至於傳身入化，尤在精心造詣者
所能肇造引深而用之，其有方乎，其有方乎？

六家式者，以長手為用。其制敵之法，其精妙則在用
時而後見之。其式簡，其用至繁。所為六家式者，兄弟六
人，相互傳藝，各出一趟，因以製成云。

鉤者為吾門器械之一。自常遇春、伍殿章一來，傳有
濁鉤、查鉤之分。查鉤者為常遇春之侄所作，非其本也。
對敵之方，猶大可觀也。濁鉤者出於北派，北派者，巴溝
回七八之傳也，不若南派之清捷靈活。南派者，常遇春所
傳於武城楊、劉、沙、李四家也，為譚腿門之大宗也。而
濁鉤之用法，其穩過勝於查鉤者多矣。

橛者，短兵之雙者也。其法以纏頭裹腦為用，徊環八
路，尤有出乎神奇者也。夫鞭、鐧、橛不分，其為用之廣
可知也。尤有進雙槍、三枝槍之使法，不似行鉤只進單槍
而已也。

鑣者，為而今張氏門中之絕傳也。有進單槍之使法，
亦有進雙槍之法，另有進三枝槍之法，而與進雙槍加大刀
之法又別，自昔為藝中之絕響，其貴可知也。

雙手帶者，大刀化形也。其砍、抹、劈、掃與大刀無

異，而靈活便於應用在大刀而上之。亦有進槍之法，而掩護周密，尤宜於防身之用也。

其入手法自以譚腿為始，其用法周備而式至簡也。然後習查拳宜於鍛鍊其身軀也。再習掩手母子，其勁莊重而步有根也，再習短打母子，而氣足以內斂，發而足以擊人也。得此拳法之根本而後，凡於徒手及器械皆得之矣。

✛ 第四章　乾　淨

凡無論何種拳術，出手皆須乾淨。若不乾淨而稍有遲滯逗留，若在練藝之時，體內行氣不順，勁亦不整，尚何有工夫足言哉？若在對手之時，鮮不為人所乘，蓋以手快打手慢為不易之理也。常以此為評論工夫之標準，其可忽諸？初學者架式尚練不齊全，況無勁者既不能見長，而有力者用勁易失之濁，欲求出乾淨尤不可得也，故知乾淨為要緊之訣矣！

譬喻衣裳不淨不足以稱美，飲食不淨不足以稱甘，故知拳式不整亦非好拳法也。

世人練拳者多不知乾淨之妙用，須知惟乾淨而後能精細，惟乾淨而後人無所捉摸也。

細而審之，拳式無不求其美。其花法變幻之處，不乾淨不足以表現也。

內外家拳皆不求其美，而求其實用，此乃兼而有之，然乾淨為拳中之通例，非本派所獨有也。

此皆最細之處，而不容言語以表現之。夫藝之精於極微，苟不言之，未有能知之者，此非獨創出，其實學道其

口訣焉爾。吾國技擊自戰國以來四千餘年，談技擊者莫不折衷於是，今雖不失其傳，而得其神意者有幾人歟？此篇之作，猶派中之嚆矢乎？

✛ 第五章　穩　著

外家以快為習尚，內家以致柔為用，此派獨以穩著勝。穩著者，不失之濁，亦不失之怯。怯者為內家致柔之弊所致，濁者為外家用勁尚快之所致。內外家各有偏弊，獨吾派能得其中和也。

勁能穩著，然後欲快易，欲柔亦易，惟穩著之勁為不易得。出勁不得其穩著，其勁浮而無力，生強而易折，不能入於技擊之門也。得其勁之穩著者，其勁實而多力，隨剛柔而變化之，致用不難也。

語云：「慢中求快，穩中求巧。」惟穩而後能快，不穩而求快，其勁浮，腳無根，而易於受制也。穩中之快則不然，其勁活而不受制，其力實而堅，然後無巧不生，所以致變化也，濟之以慢中詐出，其用法略備。

而今練譚腿門者夥矣，率不知穩著之要，所以或貪求多學，而鮮知多練多磨，用功在求其精也。所以學無所成，蓋在此乎！有不能已於言者，因其訣雖微，而工夫之程度率由茲以見矣。

昔聞人曰，練藝之訣在穩、準、狠三字而已。若以此三字而言，似言尤須準而狠方足以制敵也，豈知未有能穩出手而不準者也。狠之一字，於練藝人道德上猶有取與不取也，此不知穩字用意所在也。

對手時，因妄動致敗，皆不知用勁欲穩而使然也。夫出手欲心嫻而手敏，必由穩而致之，故知用勁尚穩，宜三復斯言矣。

藝深者，雖不知何謂之穩，用而不失法度，穩自在其中矣。此造乎上乘，登於峰極，未可以常理繩之也，惟恐彼能出其用不能出其理也。

考穩之訣法何由來乎？謂出於經驗，此一說也；謂出於製作與發明，此一說也。然謂為由經驗而來，然觀其確切，似不宜由經驗而能得之也。

謂出之於製作與發明，中國自古無研究武學之拳術家，何製作與發明之云乎？率為由鍛鍊身體與較藝而來，內含實際參修之工夫，所謂由真參實悟而得來者，非皮毛之研究者可以致之也。

✛ 第六章　靈　活

此藝以手靈活制勝。手法非靈活不能出，非只花法為然，致使用之法，莫不以靈活而後能出也。蓋勁不靈活則濁，勁濁則體僵，體僵必不能發而擊人矣。

因靈活而後能快，未有不快而能擊人者。故出手以靈活為要也。靈活而不能快，則其勁滯，然靈活猶與快不同，蓋其欲慢亦可，而欲快亦無不可也。

常見習技擊者，雖有力而不足以致用，其弊不在無力，在不知靈活而用出之也。凡能靈活必能知變化，此又其得利之一端也。

一招可用則千招皆可用，一招不可用則千招無所用

之。欲知不靈活不足以制人矣，然則其必一招不能出矣。凡欲出手者，於此其可不三思乎？

內家拳法有不然者，其以慢制快，仍不背此所謂「變轉虛實須留意，氣遍身軀莫少痴」，原即靈活之意也。

彼之以慢致快，此其獨異也。蓋與吾派折衷快慢之法不同。彼為慢中之快，其快與快又不同。惟吾派為兼快慢皆有者也。

外家者流專用其快，此又其異也。或以快中之慢為其神化之方，其慢又與慢不同也。何若吾派兼而用之？彼方出其快也，而我以慢制之，彼以快尚不能出，況能出慢乎？我以慢優其快，亦能以快制其慢。蓋其快本不足以擊我，但制其快，慢無由出也，我以快何所用乎？此所謂不戰而屈人之兵者是矣。

總之，各家雖有不同，但以內家言，其勁不活則滯，若以外家言，其勁不活則橛。況吾派折衷於靈活者，非惟於藝不可缺，其機要獨在此歟？

✤ 第七章　功　勁

熟能生巧，久能通神。然非精通不能神化。一拳之奇，一足之功，一手之長，一腿之妙，皆非專心有恆者不能有所成就。故專門技擊者，功勁不能一致如是。各立奇方而有多門，總之皆不外乎內外軟硬之不同耳。

人之秉性不一如其面焉，因其所長而導之，俾能盡其所長，即能成為專門，而不能貫通一切，此其所短也。如人有手足四肢，各有所用，而不因其長去其短也。吾藝素

忘偏頗，有鑒於此矣。

腿門數十家，功勁之奇，無所不備。飛簷走壁、穿房越脊之術無所不能，一招一藝，洵足可觀也。

張飛夜走，虎豹熊螈，各有練法然，多至七十二門，凡山川之精奧，鳥獸之奇能，近取諸身，遠取諸物，囊括五行，包含陰陽，然則動靜變化，致勝無方也。

以陰陽論，有陰掌有陽掌，陰胸、陽胸，背功為陽，腹功為陰。縮陰骨、達摩渡江，燕子穿簾，雖不外乎陰陽勁之別，而內外軟硬俱備矣。

金剛雖堅，羚角可破，剛刀雖堅，不斬棉花。謹慎用之，庶幾不負所學也。

練藝保身為人生之福，修身之為道，體煉成真，窮理盡性，俾能大徹大悟，方能成矣。

✚ 第八章　去　病

人能去病而體健，國能去病而少人亡，拳能去病而無敵。要之，修身忍性，去欲存誠，去其邪道而歸於正。除惡之為戒，守戒之心如去病也。

天地乖戾而狡獪生，陰陽失調而天災降，人不修身而性命危，行不知道而迷亡途。鬼神嫉惡若仇，天地奉善罰惡，金剛鋤奸去邪，大德敕法護善。天人同契，萬眾共睹。知者修之方能成。

技也，進乎道矣！由精熟而致效能，致效而可無敵。如舉火煉丹，火到丹成。又如磨杵成針，手到器成。箬水成渠，洞金入石。功夫無涯，修行無境。大道無邊，大海

無底。高山不可摸，行雲不可追。嗚乎！嗚乎！嘆觀止已。

功夫無多，精而至已。一通百悟，登峰造極，固非難事。然有層次深淺、毫釐千里，不可躐等也。

虎不傷人人自傷，行險必然有難，不可忽也。善敗人者，使人自敗。善挫人者，使人自挫。遇其空，擊其敝，無敵之道成矣。

手以緊湊為第一，以空鬆為弊。能去其弊，是為最要，其餘類推可也。然未有不知其弊而能制勝者，尤在學者細心領悟，自有奧妙也。

凡學子入門，必先去心病，方能修身。禦敵之道，要知其有病無病。苟其功夫無病，尤須尋其底蘊，不可忽也。爰備此篇，以為學者防身之寶鑑也。

八卦功妙藝譜

宋派　興福師＼傳授

劉光魁[1]＼重訂

　　此八卦功，一名董仙拳，自咸豐六年傳自而今。

　　董海川祖師，京東文安縣朱家塢人氏。無極生太極，太極生兩儀，兩儀生四象，四象生八卦，八卦無朕兆。

　　老八手之名：第一手換掌，又名望斗式，又名指天畫地；第二式回身捶；第三式挑手三穿；第四式轉身掌；第五式回身掌；第六式斜星拗步；第七式四龍取水；第八式臥蟒翻身。

　　後四手之名：第一式順式掌；第二式獅子揉球；第三式老虎大張口；第四式抽身掌。

　　疊步為太極步，左旋右轉為兩儀，三環套月為三才。

　　閃門藝，一手分八手，八八六十四手，一手又分八手，五百一十二手。其式之形，掌如蓮花，步如楊柳，龍蹲虎坐，燕翻龜縮，形似槐蟲。閃轉趨避為四象，手、眼、身、腿、步為五行，腿、手、眼、心、神、意為六合。

────────────

① 「劉光魁」為劉光斗曾用名。

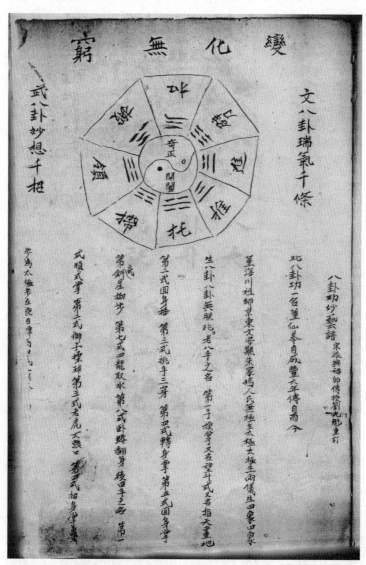

·劉光斗《八卦功妙藝譜》劉培一謄本影印件（部分）

　　掩手為飛九宮，變化神奇，中通消息謂之手音，隨高就低謂曰上盤，身如天秤，手如滾板，而與轆轤勁不同者，此純係上手勁也。

　　宋派疊步換掌三不教：不孝、淫、盜是也。

　　八卦槍，點、劈、崩、鉤、掛、提、攔、撩、刺，神乎？嘆觀止已！

　　八卦刀，點、鉤、片、旋、劈、刺、頓、剉。

・圖一 宋派八卦老八掌與後四手之名

・圖二 八卦功指掌圖

・圖三 八卦功妙穴圖

・圖四 八卦大丹訣圖

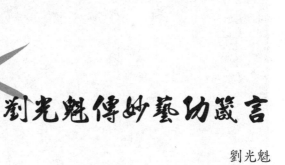

劉光魁傳妙藝功箴言

劉光魁

　　贊曰：天地之理，玄牝之門，太極之道，陰陽而已。聖人觀象畫卦而察萬物之情，於是焉，列三才，配五行，而曉神明。明乎休咎，方成大智，隱潛行藏，自在遊戲。

　　天地大德曰生，有德者生，靡德者死。此妙藝功自董海川僧三傳至今，窮理盡相，精於極微，統名曰「相門藝」，或曰「閃門藝」，先師論闘極詳。今則承授衣缽，傳以規箴，故傳神睹，明珠掌上，映應萬方，規止傳神，按圖索驥，模範可得，藉慰仙心，以示不忘，乃立規旨三章，敢銘於左：

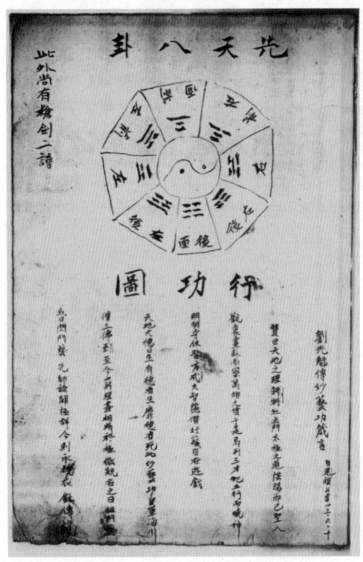

·劉光斗《劉光魁傳妙藝功箴言》劉培一謄本影印件（部分）

曰防身。天地間一草一木俱有情況，人而無情不如草木。故人不害我乃我不傷人，苟謂虎不傷人人自戕，豈不為虎無傷人之心，人有害虎意耶？存公去私，窺見天地之情，以德刈暴，天地以瀟颯之為心，自善其身，不彼惡果，其與我間哉？

曰保身。明哲保身，亦有所本乎？觀夫萬物各善其生，人而獨不，可乎？還虛抱樸，古有明訓，袪病延年，元自仙傳。道按陰陽，無極伊始，太極判生，乃出八卦而四象於是定位，化成二十四氣，周流於天地之表，出入於太虛之間，消息於五行之變化，權度三才萬物之機。故晦朔寒暑，晝夜生死，抽算移度，何必假鬼神手？我一念一息操之耳，如月色百花耶，情耶，孰解語耶？而流水花開，流耶，苞耶，孰解蒂耶？行善明情理，奪星移斗轉，今合天地。故判理定情而通形相之變化，亦曰相門出諸智用之無涯。花開見性是真，自在受用，明明不朽，養生故斯乎？

曰衣缽。自僧董海川於皖遊九華山，夢遇二童子，既悟，上山面壁三年，忽遇聖僧，僅得一睹而藝遂成。三傳至今，衣缽未絕，名揚海隅，幾遍行云。光魁不敏，謹作尺牘，用傳不朽，因拈一偈曰：

清風作伴，明月為家。
以筆代耕，眠雲立雪。
鐵笛無人吹，白雲無人掃。
冷笑兩三聲，看空山秋月

太極功精解

劉光斗

編者按：本文為《太極功精解》劉培一手抄本原文，是劉光斗不同時期的太極門功夫體悟記錄，由四篇獨立文章組成。編入本書時文字未擅做改動，僅就原文的句讀加以整理。因在轉抄過程中部分語句出現錯漏等問題，在註釋中略作說明。

　　署名「劉正剛」「劉光魁」均為劉光斗曾用名。

✠ 太極門精到的堂奧

劉正剛

　　我並不精於太極拳術，我就不佩來作這個題目。況且論到太極門精到的堂奧，也不許我來講話，就是許我誇海口①。況且世上不知名的高人多著哩！但我十年以來並未曾聽見哪一位老師傳講過這個題目，這個題目自然是不許我來講了！自然也有不用我來講一點就是太極拳的勁

---

① 此處可能漏一「不」字，即「就是不許我誇海口」。

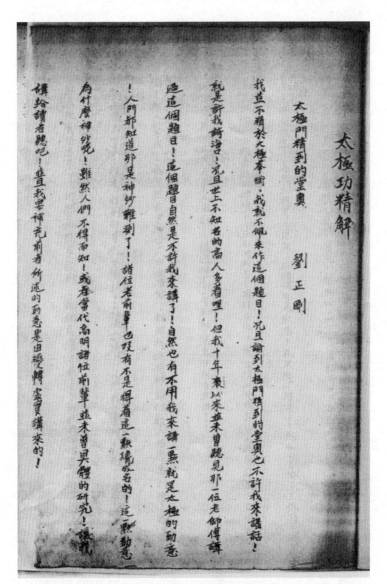

太極功精解

太極門精到的堂奧　　劉正剛

我並不精於太極拳術，我亦不佩來作這個題目！況且論到太極門精到的堂奧也不許我來講話？

就是許我講話，況且世上不知名的高人多着哩！但我十年來以來並未曾聽見那一位老師傳講過這個題目！這個題目自然是不許我來講了？！自然也有不用我來講，一點就是太極的勁意

！人們那知道那是神妙難測了！諸位老前輩也還有不是得着這一點練成名的！這一點勁意為什麼神妙呢，雖然人們不得而知，或者當代高明諸位前輩並未曾具體的研究！讓給讀者聽吧！蓋我要補充前者所述的勁意是由變轉虛實鍊來的！

・劉光斗《太極功精解》劉培一膽本影印件（部分）

意②。人門③都知道那是神妙難測了，諸位老前輩也歿有④不是得著這一點才成名的。這一點勁意為什麼神妙呢？雖然人們不得而知，或者當代高明諸位前輩並未曾具體的研究。讓我講給讀者聽吧，並且我要補充前者所述的勁意是由變轉虛實講來的。

變轉譬喻轉則是可虛可實的。虛呢？實呢？譬喻伸出一手以虛勁可以空敵就是虛，以實勁可以擊敵就是實！怎樣就該虛，怎樣就該實？這點子活機關就是勁意。既莫有標準，就不必言喻了！

然而，據我所見，莫非一分合就是他的標準，並不問利害，無非由分中求合，但以合救其分之為敵所乘；由合中求分，但以分濟其合之為力不足制敵。循環相求，可知勁意之妙就在其內了。

譬喻敵人擊我，我忽然由分而合，或由合而分，雖然我微有移動，但敵按原意打來，不是打不到了，就是過力了，歿有打到那自然不用說。若是打過了，雖然人拳腳可以到了我的身上，但敵人的勁並歿有發出來，仍然是歿有打到，這就有隙可乘了。雖然我不須乘他的空隙，但我隨有變化，敵人就會敗的。

太極門的奧妙正在這裏，不可以忽視。雖然它有自然的變化，惟獨最善於因循。因人成事的就是太極門，這是自然的道理。

---

② 此句「自然也有不用我」之後可能缺漏內容，導致不通。
③ 「門」，應為「們」。
④ 「歿有」，即「沒有」，後文同此。

·劉光斗的太極功師父王有林（茂齋）先生

能夠隨著敵人的鋒棱，在武術裏不怕失去個人自己的個性，但我無處不可隨順，就是我無身體之患，無處可以傷我了。我另有蓄藏著的力量，焉知不可以擊人呢？這是太極門的特長，這是國術裏一家與⑤家的不同。

但我所見，尚不止此。凡精於此道的，能分出敵手中之裏外勁。他的妙處在橫著敵的外勁，隨處可以拿敵人的裏勁。裏勁就是根，所以敵人沾著他的手，莫有能站住腳的，何況能勝他，這並不著因循和什麼分合變化！那麼這又是怎樣一回事？

這也算不了什麼例外，也是由因循裏來的！就是譬說太極向來是柔中寓剛，這不只是用勁上的差別就是了。本算不了什麼，不過，愈是細微，才見出神奇奧妙，偏是遍

⑤ 此處漏「一」字，即「一家與一家」。

處都有用，前者也不過如此！

　　另外我見解以為太極門是在虛裏討巧，自然，這是道家的傳授，掛著道門的色彩了。所以，它最不講固執，能夠像水一班才好。水執最陰，所以，她的陰摯也與道家的⑥。「鷙鳥將擊，其摯先伏；聖人將動，必有愚色。」⑦見解完全一致，雖然它的目的在於獨善其身，也無害於人。

　　太極門並不怕堅強的敵人，因為身上的勁在技擊上不能有雙重，就是說用一個式出手打人同時自己歿有能防護住了自己的力量，所以它不怕力氣大的、武藝高的。我聽說楊班侯（的太極拳練的最高）也歿有長著三頭六臂哪（也就是鍛鍊而亦⑧）。本文說的太囉嗦了，不及前輩說的萬一啊！

✚ 太極門堂奧的質難

劉正剛

　　我把太極門的工夫輕輕地說了，我是打算抖囊而罄的。況且我說的工夫，既莫有罵人也莫有胡說，我不招災惹禍！不過把這點國術的貢獻送給同胞四海兄弟，強是國破家亡賣給外國人呢！

　　雖然我所講的處處都有重要之點，但可以說大處都說

---

⑥ 此處可能漏字。

⑦ 語出《六韜‧發啟》，原文為「鷙鳥將擊，卑飛歛翼；猛獸將搏，弭耳俯伏；聖人將動，必有愚色。」

⑧ 「而亦」，即「而已」。

得齊全，還有細密之處，當另有文章發表他。然而，那也不甚需要，因為「入門引路須口授，工夫無息法自修」，只要能入門自會深求的。

如果尚有人以為我說的不齊全，我請問他怎樣就可以「仰之則彌高，俯之則彌深，進之則愈長，退之則愈促」？就是說，若要應敵，怎樣才能俯仰進退都隨心如意呢？前篇所說的也不過這個，可不要小看了這個題目。

我作這篇後的質難，不是指別人的質難，因為別人與我同抱著濟世的熱心，是不會質難我的。我所質難的是晚近拳術成了國家的利器，是否能讓人人會的，也得看人們的機緣如何，不敢遽斷。雖然可以自衛，可以防身，但恐怕是不容易得的！得著自愛，未得著之人勉勵著吧！

✚ 太極內功精解

劉光魁

太極門內功的根本在太極拳裏，自然，我是要來講太極拳了。但我決不畫圖作說來講太極拳的式子。太極拳的式子，有孫祿堂先生的《太極拳學》講的很好，雖然他與此地楊派所傳的不同。另外許禹生先生著的《十三勢圖解》，倒是這派所傳，盡可以參考。並且，雖未著書而精於口授的老師傅多的很，須知孫許二先生都是由口授得來的。我所講的，在學會式子以後怎樣用功的方法。我原不願意講這個難題，雖然，恐怕再過些年也歿有來講的，所以我決然的來講！太極拳架子學會了以後，只要學者用流水不腐的眼見時常去練，永不擱下，自然簷水穿石的功夫

也就出來了。雖然是熟能生巧、精就通神，然而，的確是自然的道理。日子久了，功夫自然不可思議！但有必須注意的一件事情！運動時候，手裏要穩沉，然後以意運行，前後左右一貫而下。勁是斷非斷，手似連非連，即是不丟頂，所以，說是無間然！

　　這是難得很了！玲瓏好像九曲之珠，無處是不可以變化的。手裏的智靈勁好似潭深之月，差毫釐都不是了。所以初學的人講不得這個，雖然過來的人是明白的。那麼，對初學的人應該怎樣呢？需要告訴他，功夫練快了，是求不出功夫的，需要越慢越好！越練得慢些，氣力越能長些，下苦工夫的人常一趟架子一百多手練一點鐘，這也不能不知道吧？

　　練太極的人很注重涵養了，我們不必打趣他說是弱如處女。其實處女要練得該弱的到什麼樣子呢？練習久了，性體非常的平靜、自然，在這一門裏他自有平靜的須要⑨，所以才練得如此。就彷彿墨賊在水裏放墨汁保護他自己的身體一般。您想，用智而必操勝算的拳法，那得不是精明而平靜的人呢？惟獨心地平靜然後才能精明，最後把人們練得迷而復醒，才算是了結了這一面事！

　　功夫不到此種不能受用。凡是發勁都是由含蓄裏來的，心非涵養定不下，勁非含蓄然後得不著那個手中自然的真勁。真勁就是心神專一發出來的，所以涵養得到，然後功夫才能受用。自然，得著這個勁，蠅蟲不能落，微羽

---

⑨「須要」，即「需要」。

不能加，其神妙也就可想而知了，也不僅僅就像放箭樣那麼厲害，有說得好的，給這種勁叫崩弓。

功夫練得好了，自然無處顧不得到了，這個自然更要有深一層的鍛鍊，把他得著的一點真勁按著架子指點著，使他處處都揣摩到了，比給他看，教他處處都掛上這點真勁的意思在內。這時學者才知道，自己所練的太極拳，描龍畫虎的樣子，處處都不是歿有用的。自然，他會精益求精，把自己所練出來處處的鋒棱掩藏起來，並且他練的更圓活了。大概越是精於太極的人，手裏更含渾，就是這個理。他的手自然容易哄人，但他就會把人當作瞎子看的，雖他自己以⑩不用眼睛了。

會太極的人不難與外門人鬥氣。他自有勝人的奧妙。他瞧不起人家講究力大、手快、手毒那些說。他的手毒不毒，他可以自主，決不倚著手毒討便宜。他的手就是慢，但比得別⑪快，因為他懂得取勢，所以別人快，也歿得用處了。就是說人家講力氣，他最瞧不起。真的，他聽著勁，描龍畫虎的指劃，人家就歿奈何他了。

太極拳練到這裏就算是九尺竿頭，學者願欲再進一步，須看自己的力量。人家說太極門歿有力量怎麼會打人呢？這話說出來，不算稀奇！因為外人不能懂得太極門至純剛的道理。雖然他歿有濁勁，外表純是柔弱，不過內裏純是堅剛，自然，人家若單知道他是柔弱，怎能不吃他的虧呢！所幸不欺負他，他決不至於暗算傷人，若是欺負

---

⑩ 「以」，應為「已」或「亦」。

⑪ 「別」，應為「別人」。

他，只消他一拳手就可以傷人。他用不著暗算，但是他也不怕暗算，他有這樣的拳德。還有那些碌碌之輩，外表本不強健，但歿有得著這點子內勁，就可以同日而語嗎？

✚ 內功要旨

劉光魁

太極功最益於養身，那麼，他養身方法何所從來？太極門最精的道理就是陰陽生剋，譬喻人身有動靜二脈，因為過動傷陽，過靜傷陰。然而陰極生陽，陽極陰伏，但能導其過使之極，即能有濟。雖偏陰、偏陽在人身皆是病，而能藉其病養身。其理安在？就譬喻禹王治水一樣，使水之大者入海，小者入江河，但不用堤防，就是這個理了。

這理⑫應該注意的一點，不管偏於陽，也不管是偏於陰，都用一個方法，同樣的可以補救。這樣的方法是什麼呢？就是面⑬所說的因勢利導，就是以靜化動、以動運靜的趣旨。陰陽的假理，處處可以推著用，所以，人們聽得陰陽兩個字也都煩了。其實醫家有仔細的研究，但是也與拳術的理不合。

太極拳就是動靜相生的情形，說是由以靜化動、以動運靜相生來的。雖然不能說是絕對的靜，或是絕對的動，然而，若不知盈虛消長的消息，就難知其實了。

⑫ 「理」，可能為「裡」的誤抄，即「裡」。
⑬ 「面」，前應缺「前」字。

蓬萊劉氏志略

劉本釗

編者按：劉光斗六歲開始在北京城從師習武練功，自然是他父親劉本釗（康甫）的安排。劉本釗，字康甫，號遠哉，早年在老家蓬萊城讀書。辛亥革命武昌起義之前，他與一些人在蓬萊城裏建立同盟會組織，並以此為基地，在當地開展宣傳、發動工作，為登州起義光復營造內部條件。在一次登台演講時，被民團槍擊，腿部中彈，只好居家養傷。約於 1916 年，考入北京朝陽大學學習法律，並與凌霄館主徐彬彬合辦小京報。大學畢業後，於 1920 年前後去朝鮮大學（日辦學校）留學。

三年後回國，參加全國第一屆高等文官考試及格，安排到北洋政府外交部任主事，當時的外交總長是顧維鈞。這一時期，劉康甫還在北京負責蓬萊同鄉會的事宜，擔任蓬萊同鄉會主辦的《蓬萊旬刊》的主編。

1928 年起，受時任國立清華大學教務長的蓬萊同鄉友人楊振聲之邀，任清華大學會計科科長。1930 年，楊振聲被南京國民政府任命為國立青島大學（1932 年改名

國立山東大學）首任校長，劉本剣應聘轉赴該校任總務長、會計主任等職務。抗日戰爭爆發後，於 1938 年輾轉到達昆明，擔任國立西南聯合大學（抗日戰爭期間，北大、清華、南開三所大學南遷合併組成）校務委員會秘書。

抗戰勝利後，山東大學於 1946 年復校，受校長趙太侔邀請，劉本剣返回青島工作，從是年 8 月起擔任山大秘書主任。1949 年青島解放前夕，國民黨撤離，劉本剣受迫搭船赴台灣。到台後，應梅貽琦之邀，到新竹的清華大學工作，直至退休。1968 年因病在台灣逝世，終年 76 歲。這篇《蓬萊劉氏志略》，就是劉本剣剛到台灣時所寫，從中可以瞭解劉晚蒼的老師劉光斗的家族與身世。

我在抗日戰爭之初南下時，曾經一度回到蓬萊，探視老母。當時，雖兄弟業已分炊，依然同寓故宅，仍是二十口人的一個家庭。我還是十個兒女的爸爸。抗戰勝利後，我回到青島，不僅一家不能團圓，甚至抗戰中死人的數字都無從明確。未幾，老母噩耗傳來，尤為終身大憾。過去，南北奔馳，只有長女相隨；北歸以後，僅得見兩子與一小女。而戰禍蔓延，又從青島倉卒來到台灣，只剩長幼兩女，余均音訊斷絕。現戰事延綿無期，殘軀又復多病，風燭之年，旦夕可慮，劉氏家世不可不疾速有所記述。

惟我素以善忘著稱，所能記述的，也只有斗粟的顆粒，井水的點滴而已。我離青來台時，曾將多年攜帶的祖譜以及祖、父兩代的朱卷托劉壽軒氏轉交次兒光鼎，似亦

·劉光斗的父親劉本釗（康甫）先
生，20 世紀 60 年代攝於臺灣（劉
光鼎保存、提供）

未曾代轉，思之惘然！

　　相傳蓬萊劉氏原籍河南開封，以旱災移民東來，一支
在福山，一支在棲霞孟家溝，一支到蓬萊許家溝，分別落
戶，並早已蔓延達數十戶。余家即從許家溝遷入縣城的，
而其時代早已無可考了。

　　可憐的我，在今天只能從太高祖略記一鱗半爪。我的
太高祖名日學。太高祖母出自蓬萊盧氏，早卒。日學公在
東北，續娶蓋州焦氏，生元登公。日學公卒於東北，元登
公方三歲。

　　焦高祖母正在青年，乃招商店從伙，告以決計送劉氏
骨肉回故土，願將商業奉送諸伙友，只盼予以資斧，俾將
來放養有所依據。眾伙友欣然以紋銀五萬兩餞送。焦太夫
人扶柩越海來到蓬萊，投靠前房盧氏，未兩年即行自盡。
時元登公方五齡，由盧府教養成人。有「松操畫荻」一

匾，即旌表焦太夫人的。

元登公以優貢選魚台訓導。任滿告歸時，以魚台貧瘠，教官清苦，乃自出資購土地四百畝，捐於魚台學署。蓬、魚兩縣《縣誌》均有記載。

高祖母孫氏，生曾祖希亮，號順三。希亮幼年以家業殷實，不事生產，而以詩酒自娛，遠遊南北，結交天下士，以致所有商業均為同夥侵蝕倒閉，生活遽生問題。幸得友人相助，在京代為納捐雜職。三年後銓選湖北南沱司巡檢，乃盡變餘產，始得前赴任所。翌年曾祖母棄養於鄂，越年巡檢公又卒於官。

巡檢公原配袁氏，生伯祖雨岑公，續娶王氏生先祖子珍公。當先曾祖赴鄂任，伯祖及先祖均已早入黌宮，以教讀為生涯。先曾祖在鄂臨危，請漢陽太守某公函招先祖去鄂迎柩。先祖乃以制錢三千枚，步行離家，經年無音訊，鄰里親友咸為失望。先祖半載以後始抵武昌，彼時靈柩業已改停於寺觀，所有餘資數百金，又為兩僕盜竊遁去。所幸某太守猶在任所，予以張羅，越歲乃得扶靈柩歸葬祖塋，鄉里驚奇。因有劉孝子之稱謂。

某太守曾捕獲兩僕，欲置於法，先祖乃請自作處置，詢以先曾祖在鄂兩載一切生活狀況後，溫語安慰，令速遠避。先祖一生待人處世，事多類此。

先伯祖名賢聲，號雨岑，一生以教讀為業。伯祖母無所出，晚年由先祖供養，並為擇祖侄毓麟公（原名汪漣，號清之）為嗣。雨岑公性情拘執暴躁，對子珍公向不假以詞色，而子珍公也迄不與爭，更從無人聞及子珍公談說雨

岑公之性情者。因此，里鄰論兄弟友愛者，咸為推重，稱子珍公為模範。

先祖子珍公以光緒丙子優貢，朝考一等，以即選知縣任用。惟子珍公歷年遊幕各州縣，或掌書院山長，深感州縣訴訟，用刑殘酷，自感不勝，而一時師友也以不入翰院為可惜，乃納資改教職，選授郯城縣訓導。又於庚壬中山東鄉試，年已五十有二。

彼時弟子輩為大興陳冠生勉、萊陽王爵生垿兄弟等，或點大魁，或入翰苑，俱已成名，亦復不再圖進取功名。在郯任十二年，卒於廨舍。余生於郯，時方八歲，猶記起靈還鄉時，當地士人執拂途塞。余年稍長，每憶及此，深訝一教職，何以與地方人士發生若是的情感！先祖歸葬後，地方人士議鄉謚曰孝達。

先祖母郭氏生二男一女。姑氏名元春，年最長，配同邑經歷曹少浦，生曹伯垣、仲華兄弟，瀛濱表妹。吾父居次。有叔氏名賜麒，未冠即卒。余嫡母陶無所出，繼母馬為孝廉芝圃公之次女，進士公蘭圃之侄女，生數妹均早夭，弟本炎年最幼，少余九歲，娶棲霞商人李如山的長女，有子光鑾、光銘，女光鎏。

先君子幼年就讀於邑中名士吳次白先生，後隨先祖讀於濟垣大興陳壽卿家，後肄業於濼源書院，極為榮成孫佩南先生所讚許。辛卯中鄉試，以大挑二等候選教職，歷掌通州、赤源、棲霞各縣書院山長。於光緒二十八年選授武城縣訓導。

彼時清廷已決停止科舉，先君乃商諸邑侯和在學員

生，就書院設立學堂，並聘請名家教課。旋以清室經營東北，徐東海氏任總督，乃以補用知縣見召北行，為調查局編纂，派赴各省調查自治情況，參酌日本自治法規，編纂講義並附規範，設自治講習所，召集各州縣自治會人員入所講習，成為東北自治規範的端倪。

籌備立憲規模初具，調查局撤銷，局長李家熬氏遷濱江道，任先君以柳河稅捐局長，管轄海龍全境，分佈二十餘處。先君以一騎各縣巡視，晝夜不停，使稅收增加一倍。趙次珊總督以為奇蹟，乃不拘成例，令再連任。

適武昌起義，各省響應，東北人民亦復騷動，柳河人民也張旗而起，逐知縣，懲污吏，唯對稅捐局不曾騷擾。其他各稅捐局多觀望不解稅款，甚至挾款而逃，僅先君親自解款送省，趙督更為驚奇，備予慰藉。

而先君則以國體變革，應以新人辦，堅辭回籍。以往柳河一任局長囊以十萬計，先君連任兩年回籍，僅有小洋不足八千元，親友均無人置信。

先君居家惡衣粗飯，常云：余幼年遭際，還無今日的享受。民國以後，自治取消，地方事情改為紳士制度，遇事由縣府諮詢，或予建議。先君曾與慕平甫、茹沛灃、楊椿圃四人同時被聘為紳士，遇事力求公道，無賴斂跡，官吏側目。街談巷議，都稱為是數十年裏地方上比較有是非曲直的一段時間。先君於十九年八月棄世，享年六十有九。地方人士議謚曰「敏惠」，以資紀念。

余妻董琳，字德玉，為董西橋先生（號綬若，又號不覺子）三女。岳母張世娟為同邑巨室名士張香海先生（捻

軍作亂時，殉難於四川酆都縣任內）庶出幼女。妻兄董瑚、董珪俱早流離他鄉。大姨為前房所生，嫁某氏早卒。二姨董珊為邑中名女士，以作畫著稱，後嫁商人徐環五，生一女三子，抗戰時期，全家已遷居天津。

　　余妻多產。抗戰之初，夫妻最後離別時，尚有三子七女。長男光斗，長女光裕，即筠實，次光運、光榮、光耀、光禮、光儀，八、九男性為光鼎、光鼐，十女光昆。我到大後方的湖南川滇，只帶光裕一人前往，由於她是國立藝專圖書館的職員，當時在北京。而蓬萊則發生重大的變化。敵偽更迭占踞，榮、耀等適在鄉教書，乃相繼參加地下工作。

　　光斗以學武術，適歸鄉里，敵偽即藉口兄妹同謀，嚴刑拷問，幾次死去。德玉聞變，孤立無援，乃以安眠藥自殺。光斗出獄，受刺激過甚，神經失節。

　　幸表兄曹伯垣旅京，收留光鼎到故都讀書；徐姨收留光昆於津沽；光儀則為友人張禹山氏收留於煙台讀書。此後，光斗妻陳鐸又不安分，變產而去，光斗亦失傳聞。惟光鼐在家，形同乞丐，無以為生了。

　　自從先君子棄養，先母即囑令兄弟分炊。先母亦以女傭老沙獨自生活。抗戰勝利，余於翌夏回抵青島，曾多方探詢返鄉探母之途徑而不可得。傳聞老母已無以為生，而匯兌又復梗塞，只光鼐為人帶出，以黃金一兩贖之。復從天津招來光昆，而光鼎更中學畢業，考取山東大學。正以一家團聚有日，忽傳老母以舊病棄世。終天之痛，真無涯岸，而交通阻塞，連二三十年的女僕老沙，亦不知如何生

存，更復無法予以接濟。亂世家庭，真可謂欲哭無淚了。惟尚有兩男兩女在左右，稍解苦悶。

未久，光鼎即以山大初創，主張轉學北大，更以青島中學不佳，勸以攜弟回北平讀書，在勢無可阻止，相率而去。不意戰事蔓延，青島退卻，余又倉卒來台灣，只剩長幼兩女，其他消息俱早斷絕，生死莫卜。更慘的則是光斗生有一子一女，俱為陳氏售於他人。我這一生遭際若此，可謂孽障重重，罪通於天了。毫無應付亂世的才具能力，以致左支右絀，怪事叢生，還是舉世少見的一個家庭離散的慘劇。

至於我這下輩的情形，他們知道的比我更多得多，他們如有聚首重逢的一天，當可互相記述。唯有一事，不能不於此有所記述，就是劉氏祖先的墳墓問題。

我家是從高祖日學公才營葬於蓬萊縣城附近。太高祖乃葬於離城六十里外的許家溝附近的小邱山中麓。我只十數歲時前往瞻拜過一次，是經清之先叔攜同前往指示的。地若十餘畝，墳墓以百計，亦稱為老塋，以與各戶的新塋作分別。更有百十墳墓，均無碑記，而可以一一指認，某為某世祖的墳墓。

先清之叔曾云，各家輪流於每年春秋兩季上墳，值年需預備午飯，輩行高和年過五十以及外村來者，在家廟設席有座，餘者都在街心，以門板為桌，席地進餐。古風可真令人嚮往，惜余未能參加。

余家靠縣城的塋地，一在西關，一在蘆家夼。西關之墓地約僅畝餘，上坡微高。光緒初年忽發現墳墓一座，而

於春季上墳時，彼此相遇。先祖子珍公詢之為某姓，伊跪地哀求，謂代人釀酒為生，母死無葬處，不得已而葬於此。子珍公即囑速另覓地遷移，不可侵占。伊叩頭而去。先君子於民初上墳時，見該地已一排密接起了九個墳堆，且亦無地再葬。乃一笑置之。此家經商業成殷實，已購得太平街陽宅，整理一新。

　　余家此一墳地，只有先高祖父葬於此，後又附葬吾叔。先曾祖頗諳陰陽地理之術，常去城看地尋穴，在離城七里之蘆家夼看地一處，購作自用墳地，所以先曾祖、先伯祖、先祖及先父俱葬於此地。余以老殘而苟且偷生，亦只希望大亂平息，得歸故里，瞻拜祖塋而已。但是，時局為此，亦不知朽骨終將葬身於何處？

與劉晚蒼跟劉光斗
老師學拳的經過

劉煥烈＼口述

劉培俊、季培剛＼整理

編者按：該文並非劉煥烈先生口述原話照錄。劉煥烈九十歲以後，曾在其四子劉培俊詢問下，講述了一些此前不曾講過的經歷詳情，由劉培俊作了簡單筆錄。此後劉培俊又結合劉煥烈先生一生陸續所述的其他經歷片段，先後整理出幾篇文章。

由於這幾篇文章有的內容重複，有的地方或詳或略，有的可相互補充，所以，在最終收入本書時，由季培剛按照大致的時間脈絡進行了技術層面的合併整理。其中，為了敘事的相對完整清晰，抗日戰爭時期劉光斗在蓬萊城期間的整個大家庭情況，參考了劉光斗的兩個妹妹劉光運、劉光耀所作《國破家何在》（載於《蓬萊文史資料》第二輯，1986 年）一文。

20 世紀 80 年代初，劉光運等作該文之前，曾專門到蓬萊大辛店東許家溝村看望劉煥烈，並聽其講述了他所知道的各方面情況。特此作一簡單說明。

✤ 老梅石寫亦精神

我家祖居山東省登州府蓬萊縣的東許家溝。我父親兄弟四個：劉桐森、劉桐枎、劉桐橺、劉桐橘。我父親在家裏排行第三，他早年就在北京城從事糧店生意。老大劉桐森就是劉晚蒼的爺爺，他出生於清咸豐六年（1856 年），和其他幾個弟兄一直在村裏，沒出去。

劉晚蒼的父親名叫劉煥廷，生於清同治十二年（1873 年）。光緒十三年（1887 年），十五歲，去煙台聚茂棧學徒，後升管事，做收花生出口的生意，買賣興隆。劉煥廷的原配張氏，是蓬萊縣潮水集人，生長男培桂、次子培蘭、三子培松。

劉培松就是劉晚蒼，「晚蒼」是他後來的號。劉晚蒼生於清末光緒三十二年（1906 年），還不滿生日，他父親劉煥廷在煙台娶了二房褚氏，母親張氏在老家想不開自盡了，年僅 36 歲。之後，劉煥廷把繼配褚氏領回老家理家。劉晚蒼十二歲前後，父親和繼母相繼去世，只能跟著爺爺劉桐森生活。

不到兩年，劉晚蒼的爺爺於民國八年（1919 年）過世，他們兄弟的生活陷入困境。在這之前，我父親（也就是他們的三爺爺）已把劉晚蒼的二哥劉培蘭帶到北京，在糧店謀生。民國九年（1920 年）秋，劉晚蒼也跟著我父親到了北京，起初是在東四七條的復興糧店學徒。

我於清末宣統三年（1911 年）出生在蓬萊縣東許家溝老家。民國十四年（1925 年）十五歲的時候，父親把

· 劉煥烈的父親、劉晚蒼的三爺爺劉桐梱早年照（劉培俊保存、提供）

我也帶到北京，開始在糧店學徒。

　　我父親在京城與同鄉劉本釗關係很好。劉本釗，字康甫，朝陽大學畢業後，留學東洋，回國後在外交部工作。他祖上是西許家溝的，我們兩家從祖上就算是世交了，按老家的輩分，劉康甫比我父親小一輩，他在北京日常所用的米麵等，也都是由我父親的糧店給送過去的。

　　劉康甫的長子叫劉光斗，又名光魁，字正剛，號元化。民國元年（1912 年）出生於蓬萊城，比我還小一歲。民國五年（1916 年），隨他父親到了北京。六歲起就在北京拜人稱「鉤鐺張」的譚腿名家張玉連為師，習練教門譚腿，陸續學了十路譚腿、查拳、十路行譚、二十四式、串拳、春秋大刀、如意刀、雙手帶，等等。三年後，繼拜太

・少年時代的劉光斗與父親
　在北京合影

極名家王茂齋為師，學太極功、推手，以及太極刀、劍和
羅家槍。因有好老師、好悟性，又能下苦功，幾年後，功
夫就上身了。

　　我父親身材魁偉，略通拳技。他早年就在北京城做糧
店生意，八國聯軍進京時，還曾看護過糧場。他到劉康甫
家時，見到十幾歲的光斗老師在院中練拳。

　　有一回，他忍不住問：「你這拳好用嗎？」光斗老師
說：「怎麼不好用？」隨後一指院門，「這門叫你出去你
才能出去，不叫你出去就別想出去。」我父親哪能信，結
果一試，還真動不了身了，寸步難行，切身體會了光斗老
師的太極功，非常喜好，而他自己又不能跟著學，就經光
斗老師同意，把我送過去了。

　　民國十五年（1926 年），也就是在我進京的第二年，我就見了劉光斗老師，他上手就教了一個形意的劈拳，我沒有功夫底子，學起來難度很大，始終練不好。

　　光斗老師告訴我父親說我學拳不行。我父親說：「我再給你介紹個，我還有個孫子，你看看怎麼樣。」就把劉晚蒼給領過去了。

　　劉晚蒼從小好動，在老家就跟當地拳師學過左習拳、仙人拐簍等雜拳，到北京後也沒扔下，一直練著。他這時候就已經二十歲了，比光斗老師大六歲，個頭也高大得多，心中自然不太服氣。

　　光斗老師看出了他的心思，主動提出讓他出手比試。劉晚蒼年輕氣盛，也不客氣，上去就是一拳，結果拳打到光斗老師身上，竟然沒有著力點，憋了渾身的力氣也使不出來，而光斗老師也不費什麼力，描龍畫虎般地順勢稍一比畫，劉晚蒼便被發出去了，如是再三。光斗老師說：「你那套東西不行，得丟了，跟我從頭兒學。」劉晚蒼這才真心實意地跟光斗老師開始學。

　　劉晚蒼跟光斗老師學拳的第二年，每天早晨都在復興糧店內等光斗老師。光斗老師去上學路過復興糧店，進去與劉晚蒼推幾輪手。我在跟前看著，見劉晚蒼與老師一搭手就被放出去，輕而易舉幾下就使劉晚蒼站立不穩，叫他到哪去就得到哪去，劉晚蒼有力使不出用不上。我看得目瞪口呆，心裏琢磨著太極拳真是個好東西，決心跟老師好好學。趕上個星期天，我立即到老師家跟老師說我要繼續學拳，老師一聽很高興。當時，他正在屋內看書學習，叫

我到庭院，教我練譚腿，他說：「譚腿就是敲門的磚，練不好譚腿就進不了我這門。」

那時期，光斗老師的父親正在外交部工作，光斗老師也隨他父親住在外交部 15 號，後遷 52 號，最後搬到了北京八大胡同 68 號。八大胡同這個宅院非常寬敞，院兒也大，是個練拳的好地方，我與劉晚蒼就是在這裏跟老師習武練功的。

那時候，譚腿我每次一連練三遍，十路譚腿練下來就等於是練了三十路。苦練了一年，把劉晚蒼先前學的都學完了。三年後，我們兩人的譚腿打下了紮實的功底。我那時能連續做六個縱身跳起的大劈叉和單叉，左右朝天蹬都能自如地拿起來。練完就推手，馬步樁單推手和太極雙推手。年復一年，功力大增。光斗老師在一旁指導，我倆推完再分別與老師推。老師要求極其嚴格，也毫不客氣，出手不留情面。

當年在京學拳時，光斗老師邊教拳邊講解拳理的情景，歷歷在目，記憶猶新。

老師要求習拳練武須修德。拳以德立，虛心向求。靜能修身，儉以養德。要尊師重道，藝德雙修。老師口傳心授、言傳身教，要求極其嚴格，踏踏實實。

光斗老師說，研究此道，必須肯下工夫，有恆心和毅力，才能練出真本事，寒暑不易，體悟揣摩，練到迷而復醒，才能登堂入室，進入佳境。習練純熟，周身上下渾然一體，虛靈頂勁，氣沉丹田。鬆肩垂肘，節節貫串。出手沾黏，虛實轉換。鬆腰坐胯，注於腰間。

　　老師雖然年紀不大，卻博古通今，對易經、儒學、道家、佛教均有所通，也經常給我們細心講解歷史人物、兵法典故等文史知識，讓我們開闊眼界，豐富閱歷。

　　後來開始學太極，老師要求盤拳架從鬆柔開始，沉靜舒活，虛靈頂勁則能氣沉丹田。能節節鬆開，發時才能全身整勁，渾然一體。肩若不能鬆垂，一舉動兩肩聳起，重心不守。肘若懸起，肩則不能鬆沉，發人放人則沒有崩弓之勁，能鬆肩垂肘，則發力能節節貫串，無不得利。

　　腰是全身之主宰，能鬆腰則兩腿兩足有力，下盤沉穩，進退虛實，由腰變動，腰動手隨，由腳而腿而腰運至兩胯，形於手指。頭手足，腰襠胯，肩肘腕，上下貫通，周身一家，蓄勁如張弓，發勁如放箭，則無不中。

　　老師常講：「刻刻留心在腰間，腹內鬆淨氣騰然。尾閭中正神貫頂，滿身輕利頂頭懸。」所謂腰間，道家謂之爐肚；「尾閭中正神貫頂」，道家謂之「夾脊雙關透頂門，修行路上此為尊」，是易爐換鼎，也就是坎離交媾。太極拳的功用足以延年益壽，是道家修練長生的根處，就是說太極門是道家修練的捷徑。

　　光斗老師平時除了學習以外，還愛好書畫和詩詞。他對古詩詞非常嫻熟，愛畫蘭花，志存高雅，有君子之風。我與劉晚蒼也跟老師學畫蘭、竹。

　　我畫蘭的題詞是當時光斗老師給編的，我還記得幾首，一是：「赤壁磯頭愈古春，老梅石寫亦精神。東坡笑我無椽筆，不畫仙人畫美人。」另一是：「晴湖秋水浣輕毫，寫出風流格調高。同此美人遲暮感，贈君一卷比離

騷。」劉晚蒼那時善畫竹。

✣ 疊步換掌三不教

　　就在我和劉晚蒼跟光斗老師
開始學拳前後，王茂齋舉薦光斗
老師去跟唐興福學八卦功。唐興
福，姓興名福，字石如，因滿族
老姓唐格拉氏，所以又叫唐興
福，可能在家中排行第三，人稱
「興三爺」，據說他曾任前清的
旗營教頭，師從董海川的弟子宋
永祥。宋家在南花園開茶館，人
稱「茶館宋」，董海川晚年常到
那裏喝茶，日久見宋永祥不錯，
遂收為徒。

　　董海川教人從來都是因材施
教，因人而異，宋永祥是練外家
拳出身的，經董海川點撥，宋永
祥的八卦功風格獨特。興三爺早
年也是練譚腿門拳技的，精通掩
手母子（燕拳）、練手拳、六家
式等，尤精短打拳，善馬眉刀，
傳有大槍、雙橛、雙刀、虎頭雙
鉤，更善使八卦刀、純陽劍。民
國時期，興三爺在北京城的名氣

· 1987 年仲秋，劉晚蒼作
墨竹四條屏之霜竹（劉培
一保存）

·王有林（茂齋）先生

很大。

興三爺家住東直門外，光斗老師就是在東直門外興三爺家裏學練宋派八卦功，當時是由王茂齋推薦，與其子王子英一起拜師入門的。光斗師跟興三爺習練譚腿門的短打母子（短打拳）、掩手母子、練手拳、六家式，宋派八卦老八手、後四手及八卦推手，馬眉刀、雙橛、雙刀、虎頭鉤、行者棒、六合大槍，八卦轉槍、變劍。

興三爺曾告訴光斗老師：八卦技擊一招可用則千招可用，一招不可用則千招不可用。光斗老師聰慧過人，功底紮實，在興三爺精心指導下，長拳短打無一不精，長短雙器械得心應手，拿得起放得下，尤精推手發放，勁如崩弓，氣勢磅礴，摧枯拉朽，並擅走八卦下盤掌，出手疾

速，如影隨形。又過了幾年，光斗老師去看望王茂齋，王老與他搭手有意試探其功夫長進如何，用了一個摞手，光斗老師身子一沉，王老未摞動，大笑，說：「光斗這幾年長進不少啊，後生可畏！」

民國十八年（1929年），光斗老師十七歲，考入北平的朝陽大學學法律。因老師已到大學讀書，我與劉晚蒼只能每個禮拜天去光斗老師家練拳，每個禮拜天都去，先練拳後推手，這一天下來，我倆被摔得滿地滾，常被摔出一兩丈遠。

當時，趙鑫洲在農業大學教學生練拳，光斗老師有一回過去，在那裏練了趟短打，學生都過去看，趙走上前問：「你練的是什麼拳？」光斗老師說：「這是我老師教的短打。」趙覺著光斗老師影響了他教拳，專門去找了王茂齋，王說：「這事兒我管不了啦，光斗已經到唐興福那兒了。」趙後來又去找興三爺，興跟光斗老師說：「以後趙鑫洲在哪兒教拳，你就別去那兒。」

光斗老師所練拳械，有二十餘種之多。由於當時正在朝陽大學讀書，時間有限，而我和劉晚蒼也不是每回都能同時去，光斗老師便將譚腿門拳械分開教給我們倆，並讓我們二人以後再互相教給對方，太極、八卦等主要的，則是同時學的。劉晚蒼跟老師陸續學了十路譚腿、查拳、二十四式、如意刀、雙手帶、太極拳、太極劍、掩手母子、短打母子、六家式、雙刀、雙鉤、宋派八卦掌；我陸續學了練手拳、十路譚腿、十路行譚、二十四式、串拳、如意刀、秦家鐧、羅家槍、太極拳、太極劍、掩手母子、馬眉

刀、宋派八卦掌。

　　我經過幾年跟光斗老師練拳推手，功夫長進很快，拳架也練得鬆柔、沉穩、自然了。當時我與劉晚蒼誰也推不了誰。向光斗老師進招發力，未覺其動，人已跌出，用力越大，跌得越遠。

　　光斗老師屬於童子功夫，爐火純青，兩臂極輕極柔極深沉，身法敏捷靈動，叫人感覺有泰山壓頂的氣勢，舉手投足，在剎那間就能放人於丈外。光斗老師在校期間仍練功不輟，並教了於希祖、趙光國、周家元、庚瑞奇等二十多個同學。那時，劉晚蒼常到朝陽大學跟光斗老師學拳，並在那裏代師傳授譚腿。

　　民國十九年（1930 年），光斗老師曾帶我們參加在中山公園舉辦的武術會演，王茂齋、唐興福等不少前輩都在台上就座，光斗老師練劍，劉晚蒼練十路譚腿，我練太極拳，得到一致好評。我記得當時還有個年輕人上台請教各位老拳師摞手怎麼用，其他人都沒應聲，唯獨唐興福起身說：「來，小子，我告訴你。」一摞一崩，把那冒失的年輕人發出了兩丈外，躺那兒去了。

　　宋派八卦雖動作單薄，但難度大，不易掌握，很吃功夫，又有「疊步換掌三不教」之說，興三爺要求極其嚴格，傳的人很少，一起學的有陳澤臣、陳澤軍兄弟二人，我曾在光斗老師家裏見過這兩個人，老師曾讓我與他們推手，我只搭手推了幾圈，點到而已。過後，光斗老師跟我說：「讓你推，就是想讓你把他們放出去，扔趴下，叫他們知道你學的晚還比他們強。」光斗老師是覺著他們不肯

下工夫，這樣是得不著真東西的。還有一個人姓梅，在北京城有身分，到興三爺家學八卦，來去都是乘小轎車。興三爺無兒無女，晚年在梅氏家養老，八卦譜為梅氏所得。後來，光斗老師曾讓我和劉晚蒼找梅氏索要八卦功譜，因幾次找他都沒見到人，以後便放棄了。估計興三爺的這份八卦功譜現在早已失傳了，很可惜。

智靈如潭深之月

沒多久，光斗老師與浦昭明女士成婚，住北京東四八條。時日不多，浦昭明因患老鼠瘡不幸病故。之後，光斗老師經人介紹，又與孫白錦女士相識。孫白錦是國民革命軍第二軍軍長孫岳的侄女，結婚後住在北京大福寺西街37號鄧寶珊宅院，鄧時任甘肅綏靖主任，是孫白錦的姨丈。在大福寺西街的時候，正是我和劉晚蒼跟光斗老師練功最好的時候。老師讓我們倆晚上到家裏練拳和推手，每晚必去，逢週日白天也去，二人一起刻苦用心，老師一絲不苟，要求嚴謹，使我們功夫與日俱增。

那時，光斗老師還叫我晚上在他那兒宿，因晚上鬧黃鼠狼，夫人害怕，有段時間在那兒一直住了一個多月，白天回去上班。這個機會很難得，我和老師二人每晚練拳推手。推手以八卦樁推手為主，後練太極推手，八卦推手即騎馬蹲襠式站定，搭手推挽，一推就是半小時，既練推手又練站樁，既練臂力又練腰襠內勁，非常吃工夫，又非常長工夫。太極推手必須與太極拳架相合，會推手才知什麼是太極勁兒，只練拳架不推手永遠不行。在推手中體悟拳

架，才能做到知勁懂勁。

看光斗老師出手接勁兒，極輕極靈，應變極快，一出手沾黏勁就貫串周身，上中下合一，主宰於腰，腰動虛靈，內勁忽隱忽現，接手瞬間，稍縱即逝，叫人如墜雲霧，不知所措，防不勝防。老師出手，身有曲蓄之勁，力發如崩弓之箭。

老師告訴我們守住中，神貫於頂，鬆腰坐胯則兩足有力，鬆肩沉肘則有發放之力，手裏智靈之勁如潭深之月，可望而不可即，周身一家，八面支撐，由腳而腿而腰，形於手指，完整一氣。又說，勁非含蓄得不著手中那個真勁，真勁是由心神專一發出來的，這點活機關就是勁意，玲瓏好似九曲之珠，無處不可以變化，其神妙可想而知了，唯獨心地平靜而後才能精明，唯獨頭腦極其精明而後才能悟解圓融精妙。

在光斗老師家每次與老師推手，一接手就被老師彈發兩三丈遠，看老師穩如泰山，站住中定，牽動往來，虛化實發，向四正四隅方位，剎那間將人扔出，倒地趴下總是雙手先著地，日久天長，我和劉晚蒼雙手都磨起了老繭。光斗老師出手接招冷脆快，疾如閃電，刻不容緩，防不勝防。光斗老師說，功夫練到此種才能受用，功夫自然上身，道非道，自然道！

這期間，光斗老師帶我和劉晚蒼去見興三爺，見他練馬眉刀，一個金雞獨立式，膝頂前胸，滾刀七星，閃戰八方。當時興三爺已七十有餘，功力極深。興三爺晚年將一生用的刀、劍、雙刀、雙橛、雙鉤都交給了光斗老師。在

北京大佛寺西街 37 號老師居所，我見過興三爺的這些兵器，老師曾讓我拿到打磨廠重新壓光。興三爺也是將承前啟後的重任交給了光斗老師，光斗老師不負師望，擇徒而教，品德具備、悟性過人者才傳授。這時，我和劉晚蒼已從譚腿門到太極門，過渡到八卦門，從譚腿門單操到太極單操手。單操手即散手，其寓意拿法、抓筋拿脈、鎖喉點穴、接手用招，由招熟而漸悟懂勁，由懂勁而階及神明，非用功之久而不能豁然貫通。

有一次去老師家，看到老師在畫八卦轉掌圖，一投足一邁步，每一腳印都畫在八卦圖上，按坎、艮、震、巽、離、坤、兌、乾八個方位分佈圖，且標有註解，推演八卦八方，即搬、扣、劈、進、推、托、帶、領，貫串在八掌之中，千變萬化，閃轉騰挪，一招分八手，一變應萬變，八八六十四手。

又一日見老師在畫圖作說，單太極高探馬一式，就分出 36 個用法，鎖喉撲面，拿腰折臂，鎖腿擊胸，關胯封足，點胸拿胯，滾臂掤胸，內勁運轉，深蘊其中，須日日修習，時時演練，悟性靈性，真積力久方能登堂。以上這兩個圖解沒有傳下來，非常遺憾。

有時去老師家，經常見老師轉走八卦刀和八卦變劍。劍走輕靈，身法敏捷，機警如鷹，翻轉如燕，劍氣如虹，身劍合一，劍神合一，行劍如龍，於無劍處，處處皆劍。八卦刀是刀要人，刀走人轉，刀出封喉，滾刀翻身，擊刺要害，周身合一，身輕步靈，兩兵相接，翻轉疾走，可謂上乘刀法。八卦槍，一槍變八槍，劈崩鉤掛，提攔撩刺，

其勢簡而用繁，在用招時才能見其神妙，被人稱為賊槍。

天不假年，大概是在民國二十年（1931 年）前後，光斗老師的夫人孫白錦女士因肺病亡故。光斗老師當時很年輕，卻再遭喪妻之痛。他將選擇墓地、料理後事、殯葬事宜都交由我來全權安排。

老師在京無至親，當時他父親劉康甫去青島當了國立青島大學的總務長兼會計主任。國立青島大學的首任校長楊振聲（金甫）也是蓬萊人，與劉康甫關係很好，他在這之前是國立清華大學的教務長和中文系主任。劉康甫從北平到了青島，光斗老師的母親董琳（德玉）這時也正巧回了老家蓬萊城。我在北平盡心盡力為光斗老師處理了夫人的後事，使老師的情緒得以安然。

✛ 遞帖拜師寄門牆

民國二十一年（1932 年），光斗老師從朝陽大學畢業，被分配到西安禁煙局工作，並在陝西省國術館掛職，月薪 20 塊現大洋。光斗老師跟劉晚蒼說：「只要有我吃的，就有你們吃的。」讓隨他到西安深造。因我父親在北平開糧店，人手不夠，我沒能跟光斗老師到西安去。這時候，我正跟老師學馬眉刀，還沒學完，宋派八卦也沒學完，只學到第七手。

劉晚蒼到西安後，在陝西省國術館代光斗老師教譚腿門拳術，平時也有機會跟老師練拳，以前老師單獨教我的拳和器械，他在西安期間也都學全了，曾在陝西省國術比賽獲大槍第一，被譽為「大槍劉」。

·20世紀30年代，劉晚蒼（左二）在西安期間與弟子合影

　　有一回，光斗老師和劉晚蒼對練燕翅鎧，打斷一根翅，他們用木匣裝起來，郵寄到北平，讓我帶出去修理，修好後我又給郵到了西安去。光斗老師曾帶劉晚蒼登上華山之巔，劉晚蒼在那裏正式遞帖，行了拜師大禮，拜師帖上的詞句，都是光斗老師代寫的。劉晚蒼在西安代師收徒傳藝，收廖叔廷、蔣自珍為弟子。趙寶元是陝西省有名的硬氣功師，亦習太極拳，教的徒弟不少，找到劉晚蒼比手，服輸後二人結交並照相留念。

　　光斗老師在西安期間，不少人與他比手，都拜服於地。有一天，一個叫崔雲祥的，精通拳腳功夫，身壯力大，是個練家，各處尋找高手比手，揚言曾打倒十五位拳師。聽到光斗老師之名，特來拜訪。光斗老師正坐在椅子

上看書，見來者不善，虎視眈眈，氣焰囂張，與其商定三
合定輸贏，隨後把椅子一挪，說：「來吧。」此人力大凶
狠，上手就向光斗老師撲來，老師一轉身，以八卦手將其
打倒在地，其翻身跳起連續猛撲，光斗老師接連將其打翻
了幾個跟頭，不給他喘息的機會，他最後趴在地上不起來
了，連連叩拜說：「從沒見過這樣的身手，如不收為徒，
就不起來。」非要拜師不可。光斗老師見其誠懇，就教了
他幾手。後來老師告訴我：「以後見到崔雲祥，你們都是
同門，我教了他八卦老八手。」

　　還有一個叫黃英的四川人，自稱是祖傳十二輩少林
拳，聞名找到光斗老師，剛一出手就讓老師打翻在地，不
堪一擊。像這類比手之事，不勝枚舉。

　　光斗老師和劉晚蒼在西安期間，我在北平大佛寺西街
代老師傳授太極拳、劍，從學者有中法大學學生崔延榮等
諸人。民國二十二年（1933 年），也就是到西安的次年，
老師回了一趟北平，期間要讓我行正式拜師禮。老師的母
親得知後，認為我按家族輩分實際要比光斗老師高一輩，
不能拜師。老師說：「這不行，不能按家族輩分來，跟我
學的拳就得拜我為師。」之後，帶我到北平的白雲觀，在
張三豐祖師像前行了遞帖拜師大禮，收為入室弟子。遞帖
表的詞句都是光斗老師給斟酌的，內容我還記得：

　　　蓋聞先天而生，後天而老，道傳天地。自八卦定位，
五倫伊始，三才成器。人不患愚昧，患無師承焉！奉聞吾
師劉光斗先生，啟演蓮花，普度眾生，三才定朗，五智圓

通。弟子不才，願寄於門牆，聆聽教誨，永誌肺腑！不勝
榮幸！

　　三代列祖：曾祖父劉金琦、祖父劉泉注、父劉桐梱。

　　劉光斗老師　座存

　　　　　　　　　　　弟子劉煥烈（生日時辰）叩拜

　　　　　　　　　　　中華民國二十二年春

　　又過了一年，也就是民國二十三年（1934 年），劉晚
蒼的二哥劉培蘭在北平交道口十字路口西北角安內大街開
了一家「恆記米莊」，糧店不大，只有兩間門臉，雇了幾
個夥計。劉晚蒼也被叫回北平打點生意，白天做工，晚上
才能習拳練武。光斗老師讓他把馬眉刀和宋派八卦第八手
及後四手都教我學下來了。

✣ 國術未揚臨戰事

　　光斗老師在西安，也經常參加陝西省的國術活動，曾
受楊虎城將軍接見，並在其家中進餐。受楊虎城推薦，老
師於民國二十五年（1936 年）接到南京中央國術館館長
張之江的邀請函，去館裏做教授。

　　當年農曆十月份，老師到了南京。不久，寫信到北
平，叫我和劉晚蒼二人到南京去。劉晚蒼因生意脫不開
身，就派他的徒弟廖叔廷和我一起去了南京。我們在中央
國術館內的南大院 5 號找到了光斗老師，就在那裏住下
了。白天館內學生上課練拳，晚上我和老師在一起研究太
極手、八卦手，老師還教我金頂指（食指與中指相併）散

·中年時期的劉煥烈（1911—
2009年）

手以及猴功的單練和應用法。

　　我到南京後，得知老師此前已與中央國術館一練炮捶
的教練進行了比試，館裏的學生跟我提起劉光斗，都說
「呱呱叫」（指功夫高）。那位教練據說功夫也很高，不過
他向來認為太極過柔，不堪一擊。這種情況，在此前幾年
的國術比賽和國術國考中也確實存在，單純習練太極拳的
人幾乎沒有能拿到很好名次的。

　　中央國術館這次就安排他與光斗老師比試，現場有張
之江、邵力子、馮玉祥、李烈鈞、吳峻山，李烈鈞監場。
定的是三合分勝負，並規定誰出手傷人按戰犯處。一柔一
剛對壘，光斗老師是練太極的，胸帶懷錶文質彬彬，禮讓
在先，館方炮捶教練先發制人，出手用重拳猛擊光斗老師

胸部，「嗡」的一聲，老師一挺，穩穩噹噹，絲毫未動。
這時李烈鈞立刻上前將光斗老師的懷錶摘下來，以防打壞
懷錶。對方又一快拳奔光斗老師而來，在其勁將發未到之
際，老師微微轉腰閃身，瞬間已摸清對手虛實，用捌勁擊
中對手肩部，將其彈發出去，並抬起一腿說：「我若用此
腿，你非死即傷。」老師有很高的拳德。

　　在場觀看的眾人見光斗老師沒用分毫之力已將對手彈
放而出，馮玉祥當時就說這才是真正的以柔克剛。後來，
馮玉祥接見光斗老師時，還談起比武的事，老師說太極功
外表極柔弱，內裏是至純剛，是棉裏裹鐵。

　　張之江的外甥劉鴻甫以及嚴玉振等，和我住在一個屋
子裏，住了兩個多月，相處很好，無話不談。嚴玉振說：
「劉光斗老師功夫是高，但打日本鬼子，光憑功夫不行，
得靠國力，一個大學生不該在這裏搞武術，太可惜了。」

　　時值日本入侵，全國上下抗日呼聲甚高。不久，發生
了西安事變，南京政府一片混亂。另外，還有楊虎城推薦
這麼一層關係，光斗老師也覺得不宜在南京久待，而他在
西安禁煙局的工作已失，只能和我於春節前回了北平。光
斗老師在中央國術館享教授待遇，回家探親時開的證明
是：中央國術館教授劉光斗回家探親，乘坐火車免票。

　　經由幾個月的交往，光斗老師和館內的一位教練交往
甚厚，臨別時把自己從西安帶過來的大臘桿子贈送給他作
為紀念。

　　民國二十六年（1937 年），光斗老師自己又去過南
京。老師天性穎悟，夙慧過人，在道家和佛學方面都有深

入的修為。他到南京期間，曾去遊安徽九華山，九華山據說是八卦宗師董海川學藝的地方。山上道士與光斗老師坐禪論道，不放他下山，後來國術館長張之江專門派了一個連的人到山上，才把光斗老師帶了回來。在南京期間，老師還曾受到蔣介石接見。

就在這一年，因抗戰爆發，我離開了北平，僅帶出兩根臘木桿，輾轉到了天津，又從天津乘船到煙台，兩根臘木桿撅了一罈酒，從煙台步行一百二十華里回到蓬萊縣東許家溝老家，從此務農，奉養父母和嬸母三位老人，以及十多口之家。

✤ 亂世離散身未知

1937 年秋，光斗老師因戰爭關係，也失業返回老家蓬萊，住在城裏小河子 4 號老宅，他的奶奶、母親和弟弟妹妹們在家裏。

這年冬，國民黨政府依據「何梅協定」，命令華北各大專院校南遷，教職員工一律停薪留職，到大後方報到。光斗老師的父親劉康甫趁此機會回家探母，也有在家鄉尋求謀生之路的想法。

回鄉不久，濟南韓復矩不戰而退，膠東幾乎處於無政府狀態，日軍逼近縣城，城中地主豪紳有資敵之意，又恐引起民憤，暗中計議找人墊背，恰好發現光斗老師的父親處於半失業狀態，便請他出來「維持市面」，當維持會長。劉康甫堅決推辭，並於次年元宵節前匆忙離開蓬萊，攜大女兒劉光裕輾轉去了雲南昆明的國立西南聯合大學，

任校務委員會秘書。光斗老師的幾個妹妹劉光運、劉光耀、劉光榮、劉光禮等，先後離家參加了地下黨游擊隊等抗日組織。

光斗老師在蓬萊城經人介紹，結識當地開明進步人士陳伯俠的女兒陳鐸，老師母親聽到些關於陳鐸的傳聞，不太滿意。光斗老師因兩次婚姻難比翼，忙於完婚。結婚當日，我同許家溝本族親友劉培桂（劉晚蒼的大哥）、劉煥炳（明甫）、劉煥祥、劉本營等人步行六十華里，到蓬萊城老師家作客，趕上人情。

老師父親劉康甫在昆明感覺收復失地之前可能會有危險，所以與上海、香港的熟人商議好，沿途接濟，讓他的長子光斗老師和次子劉光鼎到雲南去，而光斗老師新婚不允。不久，匯兌也出現困難，光斗老師更出不去了。

1938 年 3 月 26 日，三軍二路進城建立膠東第一個縣抗日民主政權。光斗老師的母親很高興，立即反映城內情況——誰人惡霸，某人通敵。又逐連慰問士兵，將平日蒐集到的中草藥拿出為傷病員治傷治病；還在群眾中進行宣傳和募捐活動，曾將自己結婚時的銀手鐲捐獻。家裏成了戰士出入城鄉的交通站，抗戰勝利消息的傳播點，救護傷員的轉運站。夏天過往人員很多，屋子不夠用，光斗老師的母親就打掃了柴草屋、磨坊讓戰士們休息。搬出大鐵鍋在樹蔭裏燒開水為戰士們沏茶、洗衣。

抗日政府為此送給她「光榮抗屬」的稱號，召開軍民祝捷大會時請她上台講話。她成為本地抗日隊伍裏的名人，被戰士們譽為「抗日媽媽」。當然，她公開贊助抗

日，進行支前活動，必然在形勢逆轉時成為敵偽殘酷迫害的對象。但她卻從來沒有為自己的安全考慮過。

陳鐸為人不太檢點，在城中有些非議，讓光斗老師頗感煩心。

我在老師結婚以後，多次去蓬萊城到老師家，曾見過陳鐸練螳螂拳，光斗老師不屑一顧，不過逢場做戲而已。有一回，我到老師家正遇見他的岳父陳伯俠在那兒，陳伯俠人稱「鐵老頭」，早年與光斗老師父親劉康甫有交往，都在本地參與過同盟會推翻清朝統治的革命活動，他練螳螂拳，老師讓我跟他比一下手，結果他直說自己老了，沒敢比試。光斗老師在蓬萊與陳鐸生了一子一女。

光斗老師在蓬萊期間，還教了我弟弟劉明甫等幾個人。劉明甫之前一直在村裏，我和劉晚蒼偶爾從北京回蓬萊老家，就教他練拳。光斗老師回了蓬萊城後，他就開始直接跟老師練，譚腿、太極、八卦等都學了，還有八卦槍、太極劍、雙手帶、楊家大槍、雙刀等器械，並跟光斗老師學畫蘭、竹，劉明甫喜畫蟹蘭，詞是：「昨從九浣過，見有幾枝蘭。今朝難記憶，畫個蟹形看。」後來，光斗老師帶劉明甫去蓬萊閣正式遞帖行了拜師禮。

當時，東許家溝有一批長期習拳練武的人，有一個叫劉煥慶，之前跟著劉明甫練了多年譚腿，時值二十多歲，血氣方剛。有一回半道碰見三個從車上下來的人把鄰村一個姓顧的打了（顧家是大戶，家中裏還聘著師父專門教拳），立即上去把那仨人打得趴地上了。

劉煥慶平日一般是不服人，聽說光斗老師的手很高，

不大相信，便找機會見面。有一天，劉明甫帶他從東許家溝騎車去城裏老師家，老師正在大廳裏讀《金剛經》，見他們來了，又聽說要見識見識，起身說：「來吧，有什麼好招都使出來。」劉煥慶出手就是一拳，被光斗老師一領一送，一放丈遠，躺那兒去了。爬起來又連連進招，光斗老師略施身手，連連將他打翻在地。這一上午，劉煥慶被摔得眼花繚亂，最終趴到地下不起來了。回來的路上，自行車都騎不上了。這之後，逢人便講，認為光斗老師真是個奇才，講了很多年。

　　不久，蓬萊城二次淪陷，被日本憲兵盤踞。在這之前，光斗老師參加游擊隊的妹妹劉光耀特地告訴她母親，敵將掃蕩膠東，要母親防備壞人告密，並留下自己的手槍給她做防身之用。這件事只有她二人知道。1939 年春節過後，光斗老師的母親寫信叫我到蓬萊城，後來，光斗老師又寫信叫我到城裏切磋。當時，正是農曆二月農閒，我起身步行六十餘里到城裏去，剛到縣城就被日偽特務盯上了，到了光斗老師家後，特務以「八路密探嫌疑」將我和光斗老師抓進了大牢。

　　我和老師在牢裏受盡了嚴刑拷打，鞭抽、坐老虎凳、灌辣椒水、觸香碼、壓槓子，受盡了折磨，吃盡了苦頭，險些喪命，並無口供。日偽轉而逼光斗老師交出三個參加游擊隊的妹妹，但她們早已隨游擊隊轉移。日偽又逼光斗老師交槍贖命，深夜押解囚首垢面、遍體鱗傷的光斗老師回家起槍，翻箱倒櫃抄家搜查之後，毫無所得。敵偽向老師的母親逼要槍枝，為兒子贖命，他母親始終未露這支

槍。敵偽惱羞之下，抄起碗口粗的松木棒子，將老師的母親打倒在地，致使其腰部重傷不能爬起，並限令次日中午十二點前交出槍來替光斗老師贖命。

老師的母親生於儒醫之家，生平重名聲氣節，常以「士可殺不可辱」為訓導，受此屈辱非常激怒，決心以死抗爭，遂服安眠藥而死，終年 47 歲。我和光斗老師在獄裏也幸虧有功夫底子，九死一生，保住了性命。後經親友多方托情營救，才被保釋回家。

老師家族有遺傳性的精神疾病，在這之前，新妻在家裏家外已讓他很不省心了，而此番雖一身功夫竟遭厄運，回家後才得知母親也遭日偽毒打服毒自盡了，及見母親遺體，更深受刺激，從此精神恍惚乃至瘋癲。

光斗老師在蓬萊城的老宅是三進院，有一個五間房的敞屋。因光斗老師精神失常後常出手打人，陳鐸用木頭在屋內東北角釘了個圍欄，把他關在裏面。

有一回，劉煥炳和劉煥慶一起去城裏見光斗老師。老師正在屋子角落裏，一見劉煥炳來了，高興地說：「煥炳！」陳鐸在一邊趕緊跟他們二人說：「別靠前，他打人！」這時，光斗老師已披散著頭髮、腳踩著鞋，拖拖拉拉地從那敞屋的東北角走了出來，緩緩地說了句：「來吧。」劉煥慶應聲上前交手，剛一出手，就被光斗老師兩個手指頭打到了五間敞屋的西南角。

陳鐸極不安分，後來光斗老師的六妹光儀因其嫂行為不檢，二人關係破裂。1944 年初前後，陳鐸變賣了家產，於這年春與光斗老師及兒女離開蓬萊，乘船去了天

津，又從天津到了北平。由於在北平沒有落腳處，陳鐸曾與光斗老師去北平東四隆福寺街路北的孫家坑胡同，到前妻孫白錦家認親。因夫妻二人見孫家老太沒有跪拜叩頭，孫家認為心不誠，不認這門親。也可能是因孫家看出了陳鐸心思不正，遂拒出。

　　陳鐸又曾與光斗老師去安定門外大街恆記糧店見了劉晚蒼，在那兒待了些時日。期間，光斗老師曾寫了一封介紹信給劉晚蒼，讓他拿著去找師伯王子英，跟王子英學玉摩杖。劉晚蒼的二哥劉培蘭是糧店的掌櫃，對陳鐸和光斗老師及兒女準備在這里長期吃住不太高興。後來，陳鐸帶一家人離開了。據說，就在這年陰曆五月初端午節前後，光斗老師在平津一帶下落不明。

　　20 世紀 80 年代初，幾十年未見的老師女兒劉素宵回蓬萊老家，到東許家溝看我。據她相告，關於光斗老師的死因，知道實情的只有她母親陳鐸，陳鐸生前在兒女問及時，絕口不談，說是會寫在遺囑裏，然而她死於突發性的腦溢血，根本沒立遺囑。光斗老師的下落，成了永遠也解不開的謎團。

史料中所見劉光斗的三位武功老師

季培剛

個人因專業及興趣所在，在翻檢史料的過程中，發現一些關於劉光斗的三位武功老師的記載。在此做一介紹，或可增加讀者對相關歷史情形的瞭解。

✦ 張玉連

目前發現關於「張玉連」的記載，較早者是一篇題為《查拳簡明說略》的文章，載於北平特別市國術館所編的《體育》月刊第一卷第四期（1932 年 4 月 30 日版）。其時，張玉連正是北平國術館的教員，將家藏底本交由國術館登載，經編輯人員刪減潤色之後登載了出來。編輯人員在文前加了一段按語：

此稿得諸清真（回教）門底本，由本館教員張玉連先生交來。張君籍臨清，其伯父張桐義，於清光緒年間在北平國術界素著盛名。張君為其猶子，藝屬嫡傳。惟底本較為複雜，極加刪潤，庶乎略盡保存國粹之意云耳。

另外，在北京市檔案館所保存的「北平市社會局檔案」中，發現兩份有關檔案：

一份是「市國術館關於成立民眾國術訓練班的公函、簡單教職員一覽表及社會局的批覆公函」（檔號：J002-003-00145）。《北平市國術館民眾國術訓練班教員表》為民國二十三年（1934 年）二月七日呈報，該表簡略填寫了「職別、姓名、別號、性別、年歲、籍貫、資歷」等各項訊息，教員計有許靇厚（禹生）、李湛然（劍華）、劉鳳山（彩臣）、張永泰（玉連）、趙德祥（瑞亭）、趙詮（鑫洲）、廖實秋（實秋）、孫振奎（星垣）、寧德祿（海亭）、汪文俊（華亭）、蘇健（紹眉）、葛永德（馨吾）、許續曾（笑羽）、許小魯（小魯）、許子先（子先）、范景渠（聖揆）等 16 人。

其中，張永泰，別號玉連，年歲六十四，籍貫河北宛平，資歷為「育英中學、西北中學國術教員」。

一份是「市立體育專科學校籌備關於成立日期、啟用新章、教務主任、教員更動、鑑校學生畢業證書的呈文及市政府社會局的指令」（檔號：J002-003-00158）。民國二十三年（1934 年）8 月 1 日，該校正式成立，11 月 1 日開課。校長許靇厚（禹生）按章於 12 月 7 日向北平市社會局呈報了各科教員履歷及到校日期清冊，詳列了黨義公民倫理、英文、歷史、化學、教育概論、生理解剖、日文、體操、機巧運動、田徑賽遊戲、舞蹈、童子軍、少林十二式、太極操、彈腿、國術理論太極拳體育原理、體操音樂、國術基本等各科教員。其中，「彈腿教員張玉連，

職別	姓名	別號	性別	年歲	籍貫	資歷
教員	許靇厚	壽生	男	五十四	河北宛平	北京大學法文科學士體育研究社社長北平國術館請諸學校校長行政院諮議北平市...
教員	李湛然	劍華	男	四十三	北平	北京大學交通大學稅務專門學校國術教員
教員	劉鳳山	彩臣	男	七十	河北	育英中學西北中學國術教員
教員	張永泰	玉連	男	六十四	河北宛平	體育研究社指導員國風學校國術教員
教員	趙德祥	瑞亭	男	六十	北平	北平大學農學院朝陽大學國術教員
教員	趙鈴	鑫洲	男	五十六	河北懷柔	教育員
教員	廖實秋	實秋	男	三十	遼寧	大學修業曾充教官教授管理文北平市政府視察等職

·記錄有張玉連資訊的北平國術館教員表檔案影印件

年五十歲，河北宛平人，歷充河北省立第十七中學、育英中學、西北中學、北平市國術館國術教員，現充今職，民國二十三年十一月一日到校。」

　　由以上幾份史料可以得知，張玉連名永泰，「玉連」是其號，他師承於伯父張桐義，張桐義於清光緒年間在北京城的武術界之中「素著盛名」。張姓原籍是山東臨清，但在民國時期張玉連已屬於「河北宛平人」，可能從前幾輩已定居於宛平了，至於具體何時，不得而知。根據如上兩份檔案來看，所記張玉連在 1934 年的年歲，一為「六十四」，一為「五十」，到底哪個準確？個人傾向於「六十四」。因《北平市國術館民眾國術訓練班教員一覽表》中所列其餘可以核對出具體出生年份者的年歲都是對的，而《各科教員履歷及到校日期清冊》所記年歲卻多有誤，為何出此差錯，是有意還是無意，不好判斷。既然「六十四」相對可靠，如此一來，可以推算出張玉連的出生年份大約在清同治十年（1871 年）左右。

　　民國十七年（1928 年）南京中央國術館成立之後，初創於民國元年（1912 年）的北京體育研究社，也隨之改辦為北平特別市國術分館，張玉連為該館教員。從履歷上來看，他此前曾歷任河北省立第十七中學、育英中學、西北中學等學校的武術教師。其中，「河北省立第十七中學」校址在北京地安門東大街，其前身是始建於清光緒二十八年（1902 年）的順天高等學堂，民國三年（1914 年）改名為京兆公立第一中學，直到南京國民政府成立後才改稱河北省立第十七中學。

　　西北中學則是一所回民學校，即今北京市回民學校的前身之一。而張玉連本人應該也是一位回民。從清初開始，由於武熙熊從南京遷到山東臨清州，傳了楊、劉、沙、馬四姓，逐漸傳衍為譚腿門，也稱「查拳門」，因臨清一帶是回民聚居地，此派拳技也因之主要在以此地為中心的回民中傳習，又多稱為「教門拳」「回回拳」。從清朝中期開始，張姓回民在其中逐漸發展成為重要一支，傳播脈絡甚廣，影響至今。

　　晚清民國時期身在北京的張玉連及其伯父張桐義，原籍臨清，所傳譚腿門武功，可以推斷也是源於此。

　　另外，劉光斗跟張玉連習拳練武期間，當時張玉連是什麼身分？是否為上述中學教師？或者說，劉光斗是在七八歲剛上小學前後就開始尤其父親安排私下拜張玉連為師，還是在北京「公立第一中學」上學期間，才開始跟在該校任武術教師的張玉連老師習武，並在張玉連推薦下得以跟王茂齋習練太極功的？目前由於史料欠缺，尚無法證實，僅能存疑。

✣ 王茂齋

　　所見有關王茂齋的文字史料，較早者是民國十四年（1925 年）北京體育研究社所編《體育叢刊》（創刊號）所載《體育研究社名譽職員一覽表》。

　　其中，「名譽社長」14 人：陳宧（二厪）、范源廉（靜生）、蔡元培（孑民）、嚴修（范孫）、張一麐（仲仁）、文斌（伯英）、麃昌（午樓）、屈映光（文六）、袁希濤（觀

瀾）、胡維德（馨吾）、傅岳棻（治薌）、張繼煦（春霆）、郭家驥（秋坪）、傅增湘（沅叔）；

「名譽贊成員」共計 94 人（多為各界名流，在此不一一列舉）；

「名譽幹事」25 人：張廣明（月庭）、徐延貴（月庭）、王有林（茂齋）、恆泰（壽山）、巴顏布（潤芝）、宋書銘（碩亭）、春秀（志先）、王木榮（子固）、劉鳳春（淼清）、紀德（子修）、姜金凌（殿丞）、趙全（仙洲）、李玉璋、王志群（潤生）、瑞沅（仲瀾）、姬鳳翔（集安）、劉永華（殿臣）、鄧云峰、金之錚（鍔青）、吳清林（勵忱）、程友龍（海亭）。

王茂齋的名字出現在如上這個名單中，可能只是掛名而並不具體參與該社活動。

另外一份史料，是北平市社會局檔案「北平特別市國術分館國術研究概覽」（檔號：J002-007-01175）。民國十八年（1929 年）4 月 8 日，北平特別市國術分館分別向北平特別市政府秘書處呈送《北平特別市國術分館國術研究概覽》二十冊，向市社會局呈送十冊，「懇廣為宣傳」，市政府秘書處又檢送一冊給社會局，均在北平市社會局檔案中得以保存下來。《概覽》開列了該館「指導員」計 17 人：

劉淼清（鳳春）、張秀林（策）、唐石如（興福）、鮑仲蘭（瑞沅）、王茂齋（有林）、劉恩綬（殿升）、劉彩臣（鳳山）、趙鑫洲（銓）、孫星垣（振奎）、繼壽卿、寧海亭、高紫雲、陳續甫（照丕）、汪華亭（文俊）、趙叔豪

· 民國廿二年（1933 年）初夏，王茂齋與師弟郭松亭及部分身在北平的
弟子合影。前排左起趙鐵庵、郭松亭、王茂齋、張子和，後排左起吳季
康、王子超、王子英、文朗清

（震宇）、許笑羽（續曾）、許小魯（緻曾）。

　　除此以外，王茂齋在世期間的文字資料涉及他的，主
要是其弟子彭仁軒等人主持編寫並於民國十八年（1929
年）刊印的《太極功同門錄》，這份史料迄今未見圖書館
等公共機構有藏，僅知王茂齋弟子張式聚歷經劫難保藏下
一本，現仍在其後人手中。

　　好在北京吳式太極拳研究會於 2012 年前後主持續修
了《太極功同門錄》，關振軍會長根據所收集到的一份並
不清晰的複印件對這份史料進行了整理、披露，已足以讓
人瞭解其具體內容，茲不贅述。

✿ 唐興福

　　所見有關唐興福的文字史料，較早者是民國十四年（1925 年）北京體育研究社《體育叢刊》（創刊號）所載民國十三年（1924 年）7 月《北京體育學校第二班職教員學生一覽表》，其中「國技教員」共計 7 人：

　　紀德（子修）、吳愛紳（鑑泉）、劉殿升（恩綬）、劉鳳山（彩臣）、張忠元（昇庭）、興福（石如）、汪文峻（華庭）。

　　並且，從該表當中可知，興福（石如）籍貫為「京兆大興」，通訊地址為「北京東單正藍滿固山廳」。

　　另外一份史料，即前述民國十八年（1929 年）的《北平特別市國術分館國術研究概覽》，「唐石如（興福）」名列該館的「指導員」名錄中。

　　在民國時期的北京武術界，唐興福其名或許無人不知，而今卻已身後寂寥。應該說，在官方或半官方史料中所留下的名字，唐興福與王茂齋的情況差不多，都很少。不過，王茂齋的太極功傳人比較多，所以他的名字對後人來說較為熟悉。與此相反，唐興福教下的宋永祥派八卦功傳人極少，如今更是少為人知了。當年，王茂齋讓劉光斗和自己的兒子王子英二人拜唐興福為師學八卦功，應該說，對於當時北京城傳承八卦者的功力高下，王茂齋一定是有他自己的見識和判斷在其中的。

　　唐興福所傳的宋永祥派八卦功，後來大致僅被劉晚蒼接續了下來。趙紹琴、胡海牙在《懷念劉晚蒼老師》（載

·民國十三年（1924 年）北京體育研究社附設體育講習所第二屆畢業式
師生合影，興福（石如）為該社國技教員，約為前排左起第四人

於《中華武術》1991 年第 1 期）一文中述及：「楊禹廷先
生曾稱讚：『劉老師所傳習的宋永祥派八卦掌是較為罕見
的流派，目前能如此完整地繼承下來的人恐怕已不多
了。』」往事漫漶，關於劉晚蒼八卦傳承的脈絡，如今已
說法不一。

　　王舉興先生《宋式八卦掌與器械》一書記載的傳承關
係是：宋永祥—堂古拉斯·興斯如—劉晚蒼。此前又曾見
張永春先生在網上評《宋式八卦掌與器械》一書時談及：

　　劉晚蒼先生晚年我曾有密切接觸，幾成忘年交，其因
由便源於宋式八卦。劉三爺性情豪爽，其武功、為人在行
內無不令人佩服與尊敬，並曾出任過北京吳式太極拳研究
會會長之職，但他自言其功力來源於早年的八卦而非太
極……

今翻閱當年劉晚蒼在與我往來信函中的介紹，宋式八卦其傳承為宋永祥—興斯如—劉晚蒼。這點與今劉氏兄弟所著《劉氏傳統武術集》中的師承記載：董海川—宋永祥—唐興福—劉光斗—劉晚蒼略有出入。另外友人來信的問詢也說明一下，唐興福是後來的漢姓，他原名堂古拉斯・興斯如，兩者是一個人。

劉培一、劉培俊老師編著《劉氏傳統武術集》中所記，是來自劉煥烈老先生的口述，據他所說，唐興福姓興，名福，人稱「興三爺」，滿族老姓「唐格拉氏」，所以又叫唐興福。不過，並沒講到「興石如」或「興斯如」。「興斯如」大概是劉晚蒼傳下來的。王舉興、張永春先生所述的「堂古拉斯・興斯如」，可能是「唐格拉氏」以及「興石如」在口頭流傳中出現的訛誤。從以上所列舉的兩條史料可知，「興福」「興石如」「唐石如」與「唐興福」應都是一個人，這四種寫法均可。

胡海牙先生在《記一代宗師劉晚蒼先生》一文中談及：

劉晚蒼老師的八卦掌，我記得老師曾說過，當時是劉光斗寫信給他，介紹他到山西去學的，但現在的武術文章中有不同的說法，也無法考證了。

劉晚蒼確實曾跟劉光斗去過「陝西」，而不是「山西」。既是傳承的唐興福所授宋永祥派八卦功，唐興福本

人一直在北京城中，劉光斗寫信介紹劉晚蒼去山西學八卦的可能性就不大了。

有感於歷史的模糊，在此謹就所知，結合零星資料，對唐興福及宋氏八卦傳承的情況略作簡介。倘蒙方家識者賜以教言，增廣見聞，實屬有幸。

從如上所列可以發現，關於張玉連、王茂齋、唐興福的檔案史料，大都是透過北京體育研究社、北平國術館、北平體育專科學校等官方或半官方機構留存下來的。只是，他們雖為北京體育、國術方面教員，而後來真正將他們的技藝傳承下來的，基本不是體育學校學生，亦非體育研究社職員。民初自北京體育研究社始，在趨新人士的推助之下，「武術」納入學校體育教育，本意雖好，而實際並未探尋出一條合理的發展路徑，沒有取得理想效果。特別是在後來教育領域「全盤西化」潮流下，更是始終受其牽掣，本色難保，以致於「邯鄲學步，反失其故」。

若以後來者的後見之明看去，真正得以繼承保存者，實際仍為師徒授受的方式，雖然這種方式並不一定完全合理，卻至少在未尋找到更合適的路徑之前，在一定程度上將先前經驗和技藝保存了下來，而非一切推倒重來，或者肆加改造。由此或許可以略見西式教育體制與本土傳統文化技藝傳承的不甚吻合，不得不引人深入思考，從而探尋出真正適合傳統文化各方面創新發展的路徑與模式。竊以為，「武術」的發展問題能真正合理解決了，整個中國的發展思路也就基本能真正理順了。當然，我這也只不過是妄言而已。

第二編　述往

1986 年冬，劉晚蒼作《瑞雪觀梅》（劉培一保存）

與三浦英夫切磋技藝

劉晚蒼

編者按：本文原由劉培一先生節選自《劉晚蒼自傳生平事蹟》，編入未正式出版的紀念劉晚蒼 100 週年誕辰紀念冊中。《自傳》全文目前無從查找，僅餘劉晚蒼手稿見於紀念冊中。

·《自傳》手稿（部分）

　　我還接待過日本訪華代表團（指 1974 年日本武術訪華代表團），他們共來 15 人，男女都有（其中女 4 人），在北京住了 15 天（應為 6 天），教他們練太極拳。在他們要走（的）頭天晚上，答謝咱們的宴會，在帥府園全聚德烤鴨店樓上（應為豐澤園飯店）。才坐下不大一會（兒），日本代表團的秘書長三浦英夫，帶一個中國女翻譯過來拍我的肩膀，我回頭看是他。翻譯說，他的國家有幾種手法，看你們破得破不了。當下我一聽心中很不痛快。翻譯又說看你們怎麼化。

　　此時我就離開桌子，我問日本代表你有什麼手法請使。我一伸手他就用懷中抱月把我的右臂給擒啦，順他一捲之時，我就往裏捲，在這個情況下，他的手力不能再

· 20 世紀 70 年代，劉晚蒼接待日本武術訪華團期間拍攝（劉君彥保存、劉源正提供）

捲，他得緩勁（才能）再捲，緩力時，我就全化。他站立不穩，（退了）五、六步，說時遲，那時快，（就）一個回合。我說沒有什麼。

我一伸手他使的外折腕把我腕子擒住，我順他式往下一沉，再忽而往起一立，他就一尺多高跳起來了，出去兩三步遠。他這兩招全不發生效力。我又問他還有什麼手。我一伸手，他出手接我腕子就擰。這是第三次交手，我不能老讓他。順他挪我腕時，我就向前上半步，把他給擒住，他就一條腿著地，此時走又走不了，化又化不了，他就在那裏跳動，還直喊。

我跟日本比這次手，我未輸給他。日本輸給中國啦。我的能耐是哪裏來的，是我們國家，是我們黨，是眾位老師幫助得來的。

1984 年 2 月

先生之風，
山高水長

馬長勳＼口述　羅希和＼整理

　　劉晚蒼老師很早在武術界就以功夫全面、技藝精湛聞名。他一生以習練太極拳和太極推手為主，兼習八卦、譚腿等多種拳術，刀槍棍棒也精通。單就太極拳而言，劉老師不愧師出名門，得了真傳，是實至名歸、傑出的吳式太極拳傳人。多年來，劉老師因為在武術方面的極高造詣，在書畫等方面的文化修養，正直寬厚的為人秉性，贏得了大家由衷的敬佩和尊重，成為武術界公認的一位德藝雙馨、文武兼通的大家。

　　80 年代，劉老師成為北京吳式太極拳研究會的第一任會長，年事已高之後，擔任過顧問和名譽會長。劉老師還是北京市武協第一、二、三屆的委員和高級顧問，並擔任一定的職務。

✚ 出身王門風氣中

　　劉老師最早是拜劉光斗先生為師。劉光斗先生受過高等教育，頗具才華，文武雙全，是吳式太極拳的第三代傳

·北京市武協八卦掌
研究會於 20 世紀
80 年代授予劉晚
蒼的聘書

人。劉老師曾跟隨劉光斗先生去陝西待過一段時間，後來
回到北京。為了進一步深造學習，劉光斗先生讓他去了四
牌樓王家，也就是王子英先生家。他在王子英師爺家學習
的很長一段時間裏，有幸近距離接觸到王茂齋、吳鑑泉這
些前輩老先生，有了難得的機遇直接受到老前輩的教誨和
傳授，向他們和王子英學習推手和拳藝。那時經常去王家
的還有張繼之、李文傑、董煥堂、溫銘三、李經梧等人，
他們這些人在一起切磋研究太極拳很多年，說起來那都是
解放前①的事了。

　　聽劉老師講過，早年間吳鑑泉、王茂齋、郭汾這三位
吳式太極拳的宗師，也曾在一起對吳式拳（包括推手和盤
拳）的技術和理論，共同切磋探討了很多年。當年他的刀
槍劍棍都曾存放在張繼之先生家。張先生家在鼓樓東大街
鑼鼓巷口，是個獨門獨院，地方比較大，劉老師去那裏練

---

① 口語，指新中國成立前。同理，「解放後」指新中國成立後。

・1984 年 1 月，北京吳式太極拳研究會人員合影。中排坐者（自左二
　起）：李秉慈、王培生、戴玉三、劉晚蒼、馬漢青、翁福麒（劉君彥保
　存、劉源正提供）

・1984 年 1 月，北京吳式太極拳研究會成立，劉晚蒼（左二）被推選為
　首任會長。與曹幼甫（中）、王培生（左一）等合影（王培生保存）

功也能練得開，幾位志同道合的老先生就常常聚集在那裏。其中，溫銘三先生比較愛鑽研太極拳理論，張繼之先生則較好地傳承了吳鑑泉和王茂齋推手的方法和技術。劉老師跟這幾位老先生在一起時，總是醉心於琢磨推手的技術和手法，有時候找著一個好勁兒，彼此就哈哈一笑；找不著勁兒的時候，還會說「咱們真笨」，就這樣沉迷其中，樂此不疲。

劉老師對王子英和張繼之先生一直非常尊重，雖然歲數相差無幾，但按輩分仍管他們叫師大爺。這樣的傳統以及推手的理論和方法，後來也透過劉老師潛移默化地影響到我們。到我們這一代，也這樣教育自己的學生，希望他們也能將這種傳統延續下去。

在武術界，劉老師的功夫好、功力大是有口皆碑的。我接觸過的吳式門前輩王子英、張繼之、楊禹廷、董煥堂先生，他們都稱讚過劉老師的功夫好，功夫全面，讓我好好跟他學。這樣的評價我也曾聽其他好幾位前輩如王榮堂、吳彬芝等老先生說過。據說劉老師年輕時練功非常刻苦，下過大的氣力和功夫，他幾乎將所有業餘時間都用來練功，甚至經常深更半夜還練。及至解放後，他憑藉自己的悟性和得到過的真傳，練就一身沉穩純正的太極功夫，正所謂功夫不負有心人。即便如此，劉老師直到後來年紀大了依然每天練功，拳不離手，功夫不輟。白天他在地壇帶領大家推手，沒時間盤拳，晚上回到家裏，自己還要盤上一趟拳，我親眼見過好多次。

我喜歡推手，跟許多人接過手，但像劉老師身上這麼

瓷實的，摸到哪兒都跟大明柱似的，確實很少見。而且，劉老師推手的發勁兒和化勁兒都很好。他的發力堪稱一絕，手法還很靈活多變。他發力時經常能把年輕人發得蹦出去好幾丈遠。別看他一米八的個頭，用起化勁兒的時候，卻又讓人什麼都摸不著，不管對方來什麼勁兒，快也好慢也好，也不管用什麼方法，他都能得心應手給化解掉。他若不想讓你出手，搭上手你就走不掉，進也不是退也不是。直至八十多歲了，還能將人發出兩三丈遠。

這些都是我親眼所見、親身經歷的。在當年的推手表演中，能像劉老師將對方發出去那麼遠而且還能發得那麼乾淨、漂亮的，也是比較少見的。

✣ 來者不拒去不留

劉老師一生義務教拳幾十年，教過的人太多了。他功夫好、功夫純，教大家又熱心，來學拳的人很多，有時禮拜天能有四五十號人來，平日裏也有二十來人。各行各業的人都有，除了普通工人，也有幹部、知識分子等各界人士，比如像文化部的老幹部胡福生、林業部的幹部歐陽方以及名中醫趙紹琴、胡海牙等人。大家習慣按照每個人的工作來稱呼，比如有「石匠高」「架子王」「汽車張」「鐵道馬」「天津陳」等，互相之間這麼稱呼顯得親切自然。劉老師教拳沒有門戶之見，誰來都認真教。當時的孫德善、劉敬儒，他們都有自己的老師，但到了劉老師這兒，都是一視同仁。

劉老師跟大家推手時總是有說有笑，他的推手是大小

·20 世紀 80 年代初，劉晚蒼（前中）在北海公園與弟子馬長勳（前右）及部分再傳弟子合影（劉君彥保存、劉源正提供）

手、輕重手都有，因人而異，而且安全、技術高超。我跟他這麼多年，沒有見到有哪個因為推手摔倒摔壞的，他手上非常有分寸。他跟小夥子能推，跟身體不太強壯的也能推，甚至跟八十多歲的人都能推。

劉老師在地壇義務教拳幾十年，直到晚年，才換在北海北門裏頭，也是為了方便一些上班的老先生，像趙紹琴等，他們離得近些。

不為外人所知的是，有一段時間，劉老師還曾經教過葉劍英的弟弟葉道英和谷牧副總理太極拳，因為保密的需要，劉老師從來沒有說過這件事。那是 60 年代後期，有一段時間，劉老師突然不見了，問起師娘，則稱回老家了。很久以後，一個偶然的機會，我們從一位負責給首長

安裝暖氣、修理電器的人那兒聽說了實情。

　　除了在北京，劉老師還到外地去講學傳藝，他到過東北、山東等地，學生有龍口的王云龍、武漢的孫南馨等。孫南馨原來在國子監船舶設計院，曾經常到地壇跟劉老師學習吳式太極拳和推手，後來因工作關係，離開北京調至武漢，在武漢他教了一大批人。90 年代我還去過武漢，看到他有很多學生。在劉老師家鄉有劉培俊，在蓬萊學習吳式太極拳的人也非常多。來自東北的劉老師的老鄉，也來學習過。

　　有一年，我參加南寧的大會之前，到劉老師家，劉老師說：「這次你可能能見到王歷生，他是王茂齋的一個本家侄子，你去了一定要去看看這個老先生，他的功夫很好。」後來，我見到王歷生，他對劉老師也很稱讚，說：「他的武功和人品都好，你跟他好好學吧。」

　　劉老師義務教拳幾十年，自己始終抱著一個信條，也就是他常說的八個字：「來者不拒，去者不留。」無論是誰，只要來學，就教；走了，或跟別人學去了，也不挽留，因為留也留不住。還有八個字，「只求耕耘，莫問收成」。他說，以後你們教人，也要本著這種精神，就當是為人民服務吧，為大家的健康養生服務。

　　劉老師不光功夫好，他的團結同道也是出了名的。幾十年來，從未聽說過劉老師跟誰鬧過衝突，他待人友善，非常尊重別人。他與人推手的時候，總是談笑風生，樂於與對方切磋技術，從未因爭輸贏而與別人產生嫌隙或生出是非。他更是從不說貶低他人的話，多是對他人加以肯

·20 世紀 80 年代初，劉晚蒼在北海公園與京城武術名家羅寶楨（前左三）、胡海牙（前左二）、馬長勳（前右一）及部分再傳弟子合影（劉君彥保存、劉源正提供）

定。

　　回憶起當年的武術界，相互之間非常團結、關係融洽，氣氛很好，這在劉老師教拳的地壇有充分的體現。那個時候去地壇的老拳師很多，我記得起來的，有比較年長的周俊佛，他是八卦名家；有吳彬芝先生，他練的是楊式太極，是上海武匯川的學生，後來在北京又跟崔毅士先生深造學習了八年，也練八卦掌，屬於山東王斗那一派，後來在地壇跟劉老師也成了很好的朋友。還有王榮堂和馬漢青、馬月青、關秉公，以及張彬涵、鮑全福、張岳謙，等等。另外還有李增富，有時摜跤的雙德全先生也來，還有劉國志、萬福林，他們都是練楊式拳的。此外，還有在地壇北門外練通臂的一位先生，和吳鑑泉先生的一個親戚老

何，以及一個叫羅寶楨（音）的白鬍子老頭，也經常到地壇去。羅先生好像和吳鑑泉的兒子吳公儀還是同學。到了禮拜天，這些成了名的武術家濟濟一堂，簡直就是老拳師們的大聚會。劉老師在地壇的凝聚力可見一斑。

當年這些老先生在一起切磋技藝，也使我們這些年輕人從旁耳濡目染，受益匪淺。劉老師還曾託付老先生們說，都是年輕人，大家多幫助。這麼著，我們從聽到的很多掌故中，學習瞭解到很多東西。

✚ 義務傳授樹正氣

除了義務教拳，劉老師生前為弘揚中國武術也做了大量工作。

譬如拍《武林志》，李俊峰主演，請了劉老師和李子鳴作八卦掌的顧問，在技術方面做介紹，包括八卦掌的典故和功法等。拍攝電影《少林寺》之前，在什剎海武術學校開座談會，由拍少林寺的導演張鑫炎主持，會上孫劍雲、劉老師等好幾位老先生都參加了，介紹了有關傳說和少林寺的功法，等等。劉老師聽說要拍《少林寺》，熱情很高，積極談了自己的看法。後來多次徵求他的意見時，他也給了圓滿的答覆。就像李小龍的功夫電影的影響一樣，這個電影對武術的推廣和影響都很大。其實中國傳統武術的好東西多了。

70 年代後期有一段，幾乎每年春節劉老師都帶我一起到人民大會堂去表演推手。去之前劉老師都要帶著我細緻地準備，然後認真地表演，充分將太極拳推手真諦展示

給觀眾，力爭使觀眾對太極拳推手有更多的瞭解。另外，那時我們還常去工人體育館表演推手。第一次接到任務去工體表演時，偌大的體育館裏四周黑壓壓坐滿了人，我不免有些緊張，劉老師囑咐我放鬆不要緊張，告訴我到時候他手裏會有準兒的，消除了我的緊張情緒，我們順利地完成了表演任務。

　　70 年代末，劉老師還經常到武術學校介紹推廣太極拳推手，當時武術學校的老教練有吳彬和李俊峰，學校曾培養出了很多全國武術冠軍，李連杰當時還是在校的學生，還沒畢業。為了讓這些武校學生瞭解太極拳等傳統武術，劉老師儘管歲數大了，還多次去給學生講課，不僅教太極拳還教譚腿等，只可惜當時的錄影帶沒有留下來。另外，他還到體育大學去講學，到武術教研室向闞桂香、朱世其等人介紹太極推手，我也跟著去過。

·20 世紀 70 年代，劉晚蒼和弟子馬長勳在首都體育館推手（馬長勳保存、馬駿提供）

　　另外，劉老師還擔任過體委組織下的裁判工作，為選拔運動員擔任過高級裁判，參與為推廣太極推手制訂套路，提出過很多好的建議。

　　60 年代，劉老師還曾與劉石樵（即劉光鼎）先生一起撰寫《太極拳架與推手》一書，這本書歷經八年才得以完稿。劉老師曾在北京找過有關部門希望能把書出版了，但沒能如願。後來是劉石樵先生在上海找到教育出版社才終於使之得以問世。書出來後，得到太極拳界和社會上的一致好評，認為書寫得既言之有物而又樸實無華，不繞彎子，直截了當。這本書實際是劉老師練拳一生的心得體會，書出版後銷量很大，並多次再版（吳式協會對此有統計，應有資料可查，大概數十萬冊吧）。

　　這本書從撰寫書稿到找出版社付諸出版，前後歷經十餘年，實屬來之不易。記得當時出版社來人給劉老師照相時，因時間倉促，沒能好好準備，劉老師連衣服都沒來得及換。所幸這本書問世後傳播很廣，甚至被翻譯流傳到海外，在日本也有銷售，頗受歡迎。

✣ 名聲在外己未知

　　中日正式建交後，大約 1974 年、1975 年，開始了兩國之間的武術交流。太極拳界頭一個從民間選出來參與交流工作的老先生就是劉晚蒼老師。這個工作政治性強，要求高，還要保證日本使團的安全。當時按照有關方面的安排，設立了幾個點，其中有地壇、天安門東側歷史博物館前的松樹林等。劉老師親自負責佈置，出面借用人家鍛鍊

的場地，也得到大家積極友好的配合。對於國家交給的這種工作和政治任務，劉老師都是認真負責地去完成。

當時從民間聘請老先生還是相當受重視的，手續也很嚴格。我記得還發了紅頭文件，上面寫著：經國務院批准，聘請貴單位某某某，比如，劉晚蒼。劉老師每年都要參與接待三浦英夫、中野春美帶隊的日本代表團，主要負責教他們推手，還帶著我作為他的助手。其他一些太極拳各方面專業人士，如謝志奎、葉樹勳、李德印、李秉慈、劉高明等，他們則負責教競賽套路的拳劍。

我們是在北京體育館接待的日本代表團，當時負責這項工作的領導是毛伯浩，北京是范葆雲，還有劉作新、潘東來，這次活動的照片還有，照片是後來從日本寄來的。那時候有規定，不許隨便和日本人聊天，也不許和他們合影。晚上招待宴會作陪，我們也不是都去參加，而是輪流去，每次去一個或兩個人。

有一次，在豐澤園辦晚宴，我參加作陪。劉老師跟我說，這樣的機會太難得了，興許一輩子也遇不上幾回，到了那兒你別拘束，他們講話你也不用管，你只管吃你的。劉老師就是這麼樸實。宴會上又是海參，又是鱈魚，還有魚翅、大對蝦什麼的，雖然那魚翅看著像龍鬚粉絲似的，但的確很好吃。還有茅台酒諸如此類，總之跟劉老師沾了光了。這樣的接待參加了好多次。作為紀念，日本人還送了我一塊西鐵城表，但是國家收費，要交八十多塊錢。那時我工資才六十多，有點猶豫要不要這塊表，想著畢竟是個紀念，後來還是借錢買了這塊表。劉老師也是如此。直

．20 世紀 70 年代，完成接待日本武術訪華團後，教練組合影，左起李德
　印、 李秉慈、劉晚蒼、謝志奎、葉書勳、馬長勳、劉高明（劉君彥保
　存、劉源正提供）

到現在這塊表還在。

　　關於與日本代表團的三浦英夫交手一事，據說當時日
本人是這麼對劉老師說的：我們日本武術中有幾種拿法，
不好破解，你能不能用你們的太極拳破解了呢？劉老師說
這事我得先請示一下領導。領導毛伯浩說，第一，不能傷
了中日兩國之間的友好關係；第二，還要維護中國人的尊
嚴和形象。這事難度很大，既要照顧他們的面子，又不能
甘拜下風。

　　日本人最擅長的是背，類似中國的背胯，只是中國的
背胯不拿反關節，他們則是拿著反關節，扛著你的肘部，
拿好了，說背就真背。但就是這樣，在交手中，劉老師還
是把他們的幾手一一破解了，而且破得非常漂亮。

　　據劉老師說，那次是一共破了他六把擒拿。說到劉老師破的這六把反關節，其中最難的那一手是對方把他的四個手指都拿住，肘部也被扛住，並且對方把手往下沉，身體往上，要把他背起來。如果真的被背起來，那就要像大背胯一樣被摔出去了。可是，就在對方剛往下一沉，想走還未走之際（要背的那一瞬間），劉老師正好聽準了勁兒，肘往下一沉，將肘部正頂在對方肩窩處的一個穴位，讓他身上發麻很不好受，劉老師順勢往後一沉肘，再往下一作勢，三浦英夫應聲而倒。這時劉老師趕緊很禮貌友好地把他抱住，很圓滿地完成了這次任務。

　　這件事讓日本人目睹了中國太極拳師的功夫和風範，他們對劉老師表示出由衷的尊重和敬佩。那次直到把他們送到機場時，劉老師還在熱心給他們講解一些太極拳推手技術，給他們演示。

　　除此之外，劉老師當年也還陸陸續續接待過美國和其他國家的一些代表團。

　　劉老師去世後，體委和北京武術協會就把接待外賓、教他們推手的擔子交給了我們。1990 年以後，他們幾乎每年都來，差不多都是由我們來接待。日本人堅持到中國來追尋、挖掘太極推手的技術，其實就是衝著劉老師來的。我們之後的這些工作，也是與劉老師生前的工作，尤其是 70 年代開始的那一段工作一脈相承的。我們的工作始從九三年一直延續至今。其間，我一共去過八次日本，三次法國。在日本，基本上是上大課，不管是在東京還是大阪，每次聽課的人都有二百來人，這些人都是來自日本

各地的太極拳輔導員。

另外，這二十年來，在體委的安排之下，我每年在北京都要接待由日本武術聯盟的石原先生領隊的日本代表團，其成員都是日本武術聯盟的骨幹。他們到北京來學習太極拳推手，差不多每年來兩三次。今天在日本，吳式太極拳及推手技藝的傳播開展得很好。他們成立了全國性的俱樂部，每週活動一次，有來自京都、大阪、北海道等各地的骨幹，截至今日已發展到二百餘人。

主要負責人和主講人就是石原，他們的組織不以營利為目的，就是為了在日本推廣中國的太極拳、太極文化和養生之道。

目前每年到中國來學習推手的，基本都是日本太極拳聯盟的高層人士、各個地方的領導。代表團的團長是石原泰彥，以及日本中央大學的教授宮本知次、大阪的領導川崎。由於劉老師當年多次接待過這些人，因此他在日本名氣和影響很大。現在在日本，相比較競賽套路而言，他們的興趣和精力著重在學習和繼承中國傳統的太極拳和推手上。回憶起來，我接過劉老師的接力棒，從 1993 年開始接待他們至今又是二十多年的時間了。我自己也從當年的年富力強到了現在的年逾八旬。

另外，我還曾到法國去講過學。可以說，這與劉老師亦不無關係。邀請人是個華裔，到國內來，透過吳彬得知我是劉老師的弟子。之前法國太極拳界對劉老師有所瞭解，又想學習這個東西，於是就邀請我到法國去推廣吳式拳和推手。除此之外，法國還有一位巴黎大學的教授

Jean，他在法國辦了學習太極拳的班，後來也到中國來學習吳式拳和推手，並在法國進行推廣，所以在法國劉老師的影響也越來越大。

✣ 與師相識是緣分

說起來，也真是個緣分。1947 年，我才 14 歲，在崇文門信昌五金行學徒。我們店對過是福興糧店，那時候我們用糧都是福興糧店的夥計給送過來。有一次，糧店的夥計送糧過來之後，一幫年輕人湊在一起看信昌的夥計掰腕子，比誰的力氣大。這時正好有個叫陳昆的人到信昌店裏來聯繫業務，他那時是個腳行，也參加了掰腕子，結果糧店的人誰都掰不過他。後來才知道陳昆是個練家子，練三皇炮捶。當時大家在一起議論，說起北櫃，即糧店在安定門的總店，有個劉晚蒼先生，很有功夫。

陳昆一聽，就說：「好嘛，劉晚蒼可是早就成了名的人物，功夫很好，他是練太極、八卦的。」福興糧店的夥計說：「這個人很勤奮，白天工作，晚上別人都休息了，他還一個人出來，每天都堅持練功，所以功夫很好。」當時我也不懂，只是留下了這麼個印象。後來回憶起來，這不能說不是一種緣分。這是我最早對劉老師有所耳聞。

1954、1955 年時，我得了半面神經麻痺，可能跟小時候（日本人在北平期間）飢飽勞碌不無關係。可那時學徒，有病也不敢看，怕被人家知道不僱用，丟了工作。後來一個老中醫大夫說，你老吃藥也不是事兒，就介紹我到高瑞周那兒學了半年拳，學的是五星錐，不久我的病就好

了。之後我到了分司廳，那裏離劉老師家就近了，剛開始還不認識劉老師。是後來到地壇去練拳，才遇見劉老師，從那以後就經常跟劉老師學學拳、推推手。

1956 年，單位公私合營後，我的家屬也從老家來了，住在西公街。可巧我們的房東劉老先生正是劉晚蒼老師的忘年交朋友。劉老先生是清朝的遺老，很有學識，解放後在文史館工作。

劉老師與老先生相交甚歡，交情也很深，而且在書法、繪畫等方面都頗受老先生的影響和幫助。房東的二兒子叫劉爾謙，他與劉老師年紀相仿，大學畢業後，在陽泉做工程師，之後從陽泉退休回了北京（他們一共哥仨，都是大學畢業，其中老三還留過洋，回國之後擔任體育方面的工作）。劉爾謙與劉老師的關係也很好。

那會兒晚上下班後，我自己就常在院裏練練之前學會的五星錐。房東看了說，你自己這麼一人瞎練可不行，如果你真想學，就必須認老師。我說我也不知道哪位是真正有功夫的老師。房東說，你甭管了，回頭我給你介紹一位。他指的就是劉晚蒼老師。後來我就跟劉老師學了好多年，直到劉老師 1990 年過世。

記得我跟趙德奉正式提出拜師的時候是 1960 年，那時正是困難時期。在此之前，趙德奉醫科大學還沒畢業就跟著母親、哥哥從張家口來到北京，暫時也沒有找到工作，那時進國營單位也不容易，在他等待落實工作的時候我們在地壇認識了。這時是 50 年代後期，我們一起跟劉老師學拳練拳好幾年。後來提出拜師以後，我跟他說了這

事，我說那咱們就一起吧，跟劉老師這麼多年互相之間也都瞭解了。

我們的拜師儀式，是由劉爾謙先生在買來的紅紙上寫好拜師帖，裝在信封裏，給劉老師遞了帖子。因為是困難時期，又講究以階級鬥爭為綱，所以這事我們也不敢聲張。我跟趙德奉各自從家裏拿了點肉票，買了幾斤牛肉，就算作進見（拜師）禮了。然後在劉老師家裏磕頭拜師，就這樣非常簡單地舉行了拜師儀式。

後來又過了三五年，趙興昆由我做介紹人，也請劉爾謙先生給寫的拜師帖，儀式也很簡單，好像是買了一盒點心，還不敢用紅紙綠紙包著直接提溜了拿去，而是找了個包袱皮包著，拿了去的。在那個時候，誰也不敢公開地搞傳統的拜師儀式，就在劉老師家裏磕頭拜了師。

再後來是王舉興拜師，那會兒我家已經從交道口搬到東郊了，他拜師的具體情況我就不是很清楚了。反正我們師兄弟一共就這麼四個人。

還記得那時候，大約有一年多的時間我是到劉老師家裏去學推手的。他家在交道口，家中有個約 30 平方米的小後院，每天我下班後，晚上八九點鐘就在院裏跟劉老師練推手。去了以後，劉老師二哥都給我們師徒打好洗臉水，還常跟劉老師說：「老三（劉老師在家排行老三），可勁兒摔，要不手練不出來。」劉老師真心實意地教我，而且分文不取。

除此之外，我在地壇公園也跟劉老師學了很多年，直到後來我搬到東郊後，還一直堅持每個週末都去向劉老師

求教。那麼多年，劉老師雖然對我要求很嚴，但他也總是鼓勵我堅持，希望我能把老祖宗傳下來的這麼好的東西真正學到手、練上身，繼承下來。

劉老師的言傳身教無論在武藝還是武德方面都使我受到了潛移默化的影響和教育，使我終生受用。

說到此，想起劉老師盡心盡力教我們這些徒弟的一件事。一九五八年「大躍進」期間，我們工作經常加班加點，有時很晚才下班。這種情況下，劉老師仍對我們說，我晚上還是在地壇等你們吧。這讓我們十分感動，他那麼大歲數的人了，夜裏十一二點還得在地壇等著我們。

有一次我下了班已經十一點多了，天下著毛毛雨，我有點猶豫還去不去地壇了，但一想劉老師要是還在地壇等著呢，還是去吧。等我到了地壇，果真看到劉老師正在北牆那兒坐在麻袋上等著我們呢，到那兒後我們一起推了推手，老師給說了說拳，一個多鐘頭之後，我們才一塊兒走著回家了。

這事兒讓我們很難忘，你說老人家八九點鐘回家休息好不好？雖說一方面他是愛好，但一方面更是為了培養年輕人和傳播拳藝。總之，這讓我們很感動，當時一起去的還有趙德奉、趙德庫，他們也是親歷和見證者。

至於我能從劉老師那裏傳承下來太極推手的技藝，一方面是當年老師的嚴格要求和精心傳授，另一方面是自己的酷愛和痴迷，加上當年兩家離得又近，跟老師學習的時間和機會也多，自己在這方面擁有了得天獨厚的條件，這也是一種緣分吧。

✥ 師生之交淡如水

回憶老師的生平，不能不提到他的為人。

劉老師生性耿直、剛正不阿，平生做過很多主持正義、打抱不平的事。譬如，解放前安定門大街有個糞霸，有次他們好幾個人推著糞車把糞濺到了別人身上，別人說了他們幾句，他們還出言不遜。劉老師在旁看不過，就幫著說了幾句，這幫人就衝著劉老師來了，脫光了脊樑要打架，結果一動手就讓劉老師給放倒了一個，這事才算罷了。

再如，早先安定門一帶有個「趙閻王」，一次欺負了劉老師的街坊，劉老師也是挺身而出打抱不平。抗日戰爭時期的北平有一幫無賴倚仗日本人之勢欺負中國人，一次到劉老師二哥開的糧店來，拿了白麵不付錢就想走。劉老師二哥一個生意人也不敢言語，劉老師就上前阻攔，並讓他們交了錢再走。

這夥人開始還蠻橫地說：「我們拿誰的東西也沒給過錢。」劉老師毫不相讓，說：「你們拿這兒的東西就得給錢。」說著這夥人就翻臉了，要動手，劉老師見狀順手抄起賣糧用的一把大鐵勺橫在了門前，說：「今兒你們不拿錢，這白麵就拿不走。」這夥人一看劉老師這架式和塊頭，只好悻悻地走了。臨走時嘴上雖還威脅說「你等著」之類，但過後也沒敢再來。

還有一次，劉老師二哥的糧店上午進了一車糧等著卸車，去找腳行的人沒找到，因等不及，劉老師他們就自己

卸了。下午腳行的人來了說：「車你們自己卸了，按我們
的規矩也得交錢。」劉老師跟他們理論說：「我們不是沒
去找過你們，你們不在，我們也不能等著，就只好自己卸
了。我卸的時候是夾著一包扛著一包卸的，如果你們真的
要錢也可以，只要你們也夾著一包扛著一包給卸出來，我
們就給你們這錢。」腳行的人聽劉老師這麼一說，知道遇
上不信邪的了，也就只好作罷。劉老師就是這麼一個一身
正氣、疾惡如仇、不畏強暴的人。

　　然而，另一方面，劉老師又是一個非常仁厚、古道熱
腸的人。他義務教拳幾十年，從不收費，也不收禮，對學
生是真誠相待、愛護有加。在我記憶中印象最為深刻的有
這麼幾件事。困難時期，有一回我的老伴兒對我說，你平
時老帶著孩子到劉老師家去，孩子在那兒又吃又喝的，咱
也沒什麼東西給老師的，就用咱家的點心票過節時給買些
點心送去吧。過節了，我就買了兩斤點心給老師送去了。
到了老師家，劉老師說什麼也不肯收，還很嚴肅地對我
說：「現在國家有困難，大人能抗，孩子可抗不住啊，他
們需要啊，你把點心拿回去給孩子吃吧，你就是放我這
兒，我也吃不下去，你趕緊給我拿走。」一番話真是感人
肺腑。

　　有一件事，讓我至今印象深刻。那是在 60 年代困難
時期，每人每月定量才 22 斤，劉老師那麼棒的體格，也
是一天比一天瘦。我跟劉老師說，要不咱們先撂一撂吧，
先別練了。劉老師說，咱們得堅持，這東西不能撂。在劉
老師帶領下，我們也就堅持練下來。一起練的有個叫邢寶

仁的，有天我們倆說起來，看劉老師這麼辛苦，要不咱們請劉老師吃頓飯吧。按劉老師的脾氣，明著跟他說，他肯定不會去。於是我們倆就說約劉老師一起上北海公園玩兒去，到了北海公園，劉老師一路走一路跟我們聊天，看見練拳的，還跟我們講，這是什麼拳，有什麼特點，他就是這樣隨時隨地向我們這些年輕人介紹有關武術的知識。

我們一邊走一邊聊，不知不覺已近中午，正好也走到仿膳的門口。我們說，劉老師咱們在這吃頓飯吧，我和邢寶仁兩人一邊一個就想把劉老師架進去，劉老師當然不肯，我們倆還連拉帶扯地想把劉老師拽進去，沒想到劉老師一臉嚴肅地一抖就把我們倆給抖出去了，然後頭也不回大步流星地走了。我們倆趕緊追，追上後說，劉老師咱就吃頓飯怎麼了？劉老師說，你們拉家帶口掙多少錢？這是咱們吃飯的地兒嗎？要吃你們吃去！我們一看劉老師生氣了，沒辦法只好作罷，但心中十分感動。那時那麼困難，學生請老師吃頓飯要說也不過分，但是劉老師就是不去。不但沒去，還生了頓氣。

邢寶仁說，劉老師真是實在，山東人嘛，脾氣也夠倔的，還急了。我說，這怎麼辦呢，不能讓老爺子不痛快呀。想到劉老師愛聽戲，我們又想出個主意來，當時在圓恩寺有戲園子，離交道口很近，於是我們買了幾張戲票，是裘盛戎的《鍘美案》和李多奎的《望兒樓》什麼的，把二爺（劉老師的二哥）也叫上了，可是劉老師還不肯去，我們說，票都買了也不能退，戲都快開場了，就一塊兒去吧。這才勉強去了。看完戲，劉老師說，咱下不為例啊，

你們不許再弄這事。你們不是愛學拳嗎？我不保守，絕對教你們。劉老師就是這麼實在，他是真的熱愛太極拳事業，誠心誠意地對待學生弟子，想起來至今讓我們非常感動。

70 年代末，有一回我們在文化宮給外國客人表演後每人得到 20 元酬金。後來我到劉老師家去，跟劉老師說人家給了 20 元酬金，這錢您就留著喝茶吧。劉老師又很嚴肅地對我說：「咱該怎麼著怎麼著，這錢你一定給我拿回去！」我知道劉老師的脾氣，怕惹他生氣，只好先收起來，但臨走時又悄悄把錢塞到他家的電視底下了。

時隔半年，可能他打掃衛生時發現了，又規規矩矩地將錢裝在一個信封裏，還寫上我的名字，我去他家串門時，他非讓我把錢拿回去，還說：我一輩子都是如此，你不要壞了我的規矩。這事我現在想起來都非常感慨。

我們曾經想給劉老師做七十和八十大壽，師兄弟們就讓我去跟劉老師說。當我把大家的意思跟劉老師說了之後，他一聽就急了，說你們要幹什麼呀，給我做壽，誰拿錢啊，你們拿錢我不忍，我拿錢我沒有，讓我吃徒弟我不幹，我要是能請得起，我請你們。就這樣我碰了一個大釘子，說什麼也不行，劉老師態度非常堅決和嚴肅，於是這事也只好作罷了。

劉老師就是這麼實在，沒有虛榮心，不吃徒弟。我們遇到了這樣的老師也真是三生有幸。這樣不計名利的老師能保守嗎？他就是一心一意地熱愛太極拳，誠心誠意地愛護年輕人，只想著把太極拳文化和技藝傳下去，以此為己

任，而將其他的一切置之不顧。多年以後我們每每回想起劉老師許多諸如此類令人難忘的往事，還是非常感動，心緒難平，甚至會熱淚盈眶。

說起來，可能大家都不相信。我跟劉老師從認識直至老師辭世，師生一場近四十年。這四十年中，除了請劉老師看過一次戲之外，他沒有吃過我一頓飯，喝過我一次酒、一口茶。這是千真萬確的。人們會想，這可能嗎？逢年過節，你就這麼不近人情？可是劉老師為人就是這麼正直，你給他送東西倒惹他生氣，所以我們幾十年真的是「師生之交淡如水」了。

而劉老師對我們生活各方面卻是非常關心的，他常說，大夥幫一個人沒關係呀，這讓我們非常感動。比如，有一次，我跟劉老師一起接待代表團，我的自行車丟了，那時候丟車也是非同小可的事了。劉老師知道了安慰我說，別著急，讓大夥湊點錢你再買輛破車吧。結果，第二天，我的車又回來了，原來是被人弄錯給騎走了，虛驚了一場。後來，劉老師生病住院，我覺得對老師無以為報，買東西他不會收，還惹他生氣，正好那時我也退休了，就與他的家人輪班到醫院去陪護老師。

劉老師不光是拳練得很精，他的字寫得也很好，書法、繪畫都很不錯，顯示了他在文化方面的修養，這也是有目共睹的。劉老師的知識淵博，他對釋道儒醫都有一定瞭解。比如說他對醫學知識的應用。那時他教的學生很多，教學過程中難免會遇有學生出現腰疼腿疼的情況，劉老師會自己配方熬製活血化瘀止疼的膏藥，然後送給學

生，分文不取。

　　另外，劉老師對站樁、打坐這些修練方法也很有研究。他經常說，太極拳要想練好了，必須要學習道家的學說。他經常與胡海牙等老先生交流探討道家養生方法與太極拳及推手之間的關係。那時候，我們也在一邊，只不過那時年輕，也不太懂，就知道劉老師對這方面是比較精通的。而且那個年代把這些都歸為「四舊」，當成封建迷信，所以都不敢公開傳播談論。現在看來，其實這些學說和修練方法並不神祕，更不是迷信什麼的，反而是比較有道理的。

　　譬如，《道德經》《黃帝內經》之類都是中華文化的寶貴遺產。這些養生修練之法，不外乎講如何調呼吸、調氣血、養精神，如何多養少耗，動靜相宜，養精蓄銳，以達到強身健體延年益壽的目的。至於後來的氣功盛行，卻又是魚目混珠真假難辨。不像劉老師他們那時講得那麼樸實，也沒有多麼複雜。可惜當時由於時代所限，沒能從劉老師那裏瞭解更多，否則會更加受益。劉老師去世後，我又接觸到鮑全福先生、胡福生先生等人，與他們有過關於修練方法這方面的交流。

✤ 前人軼事我所知

　　60 年代「文化大革命」以前，王茂齋的兒子王子英曾在家裏教拳和推手，幾乎每天都有人聚集到他家裏學拳。我也有幸趕上這個時期，有緣去王家學了幾年。記得尤其一到秋冬，每週有幾天都有一二十人在他家裏。只有

夏天天熱不太方便，我們才不去了。

在這之前，劉老師平時總跟我們說師大爺王子英功夫怎麼好。我們跟劉老師要求去見見師爺，劉老師卻始終不肯，說你們現在還沒到那個程度，去了也聽不懂，以後再說吧。那時劉老師每年過年總是第一個到王先生家拜年。有時早上四五點鐘就去，因為當時的形勢，不太敢讓人知道。我們也曾要求跟劉老師一起去王先生家拜年，劉老師也總不同意。後來我有機會見到過王先生了，就跟劉老師說了，劉老師才帶我去了。

到了師爺家，劉老師跟王先生說，我在您這兒麻煩這麼多年，您看這孩子又來了，又得給您添麻煩了。師爺說，沒關係，他愛好這個，願意練就跟著練吧。劉老師在回來的路上還跟我說，不是我不帶你來，因為師爺那麼大歲數了，我從年輕時起就來了多少年，現在有了學生了，學生也來，怕不合適。從這以後，每次我從師爺家回來，劉老師都問我，師爺又跟你說了什麼手了。我就跟劉老師說，劉老師再掰開了揉碎了地細緻講解這些手法和身法，讓我覺得難能可貴。

說到此，順便講一件反映劉老師功力的趣聞軼事。有一年我上劉老師家串門，劉老師說，我準備讓你們學學抖大桿子。那桿子年頭多了，有點彎兒，我想把它烤一烤直一直，就把它擱在門檻上撬起來了。可是由於多年未用了，一弄桿子就折了。我們仔細一端量這大桿子，好嘛，桿子號稱漲四，不是指長一丈四尺，而是指桿子大頭的粗細。一把粗加一指叫漲一，以此類推，加四指即為漲四，

可見這根大桿子有多粗了。

當時我暗自想，這桿子幸虧折了，要不像我這個個子可真抖不了，劉老師要是再要求嚴一點，學練這個可是真夠我受的。後來劉老師用這個大桿子修了一對攔馬撅，說也別浪費了。這些東西劉老師後來倒也都沒讓我們學。他當時說，看我學推手已經能看出點眉目來了，用他們山東話說，叫「睜眼」了。他說，你就專一地練推手吧，其他的就不要練了。練那麼多傢伙幹嗎呀，學多了練多了，也是浪費時間。

像劉老師這種漲四的桿子，我後來再也沒見到過，這樣的桿子買也買不到，更沒地兒踅摸去。後來，別的老師又弄來幾根桿子，其中有一對兒也就是漲二，一把攥過來漲兩個手指，比劉老師的那根細多了。說這桿子也就是想說明劉老師的功力之大。

劉老師還有一把好刀，一把八卦刀，是定製的折鐵的，外觀、顏色、質地都屬上乘，可惜「文化大革命」中上繳了，最後也不知落入何人手中了。劉老師對此甚感遺憾和惋惜，因為再也找不到這樣的好刀了。

此外，王子英先生家裏有一把興三爺留下的斷臂劍，這兩件東西可以相互媲美。它們的鋼口極好，柔韌性也好，就說興三爺留下的那把劍，能在腰上圍一圈。以前我到王家拜年時，劉老師說讓我們年輕人開開眼，請王先生拿出來展示過，所以我親眼見過那把斷臂劍，前頭是劍後頭是刀，還有血槽，異常鋒利，顏色是天藍色的，折鐵淬火的印兒都還有，非常漂亮。只可惜沒有留到現在，要不

絕對是珍貴的文物。劉老師的那些刀槍棍棒，「文化大革命」中都上繳了，最後也不知所終，甚為可惜。

✚ 遵循規律教推手

我曾見過老師抄寫的太極拳拳譜和八卦掌以及棍術方面的一些資料。當時社會上有關太極拳拳論的書籍很少，以手抄本居多，為了讓我們瞭解這方面的理論，他曾把自己抄寫的資料拿出來讓我們學習。後來才有這方面的書出版，譬如，王宗岳的拳論，還有楊澄甫的太極拳小冊子，當時僅售 8 分錢。及至「文化大革命」，要想看些太極拳的書，則更是難得一見，所以我們主要就是靠看劉老師的這些手抄本，劉老師還向我們一一解釋。

劉老師教拳還有一個特點，他會把大的原則如「放鬆，用意不用力」教給你，告訴學生呼吸要自然，不要憋氣，不要較勁。推手時不要光想著去推人，要根據太極拳的理論，體會怎麼用意不用力，怎麼力從人借，怎麼聽勁懂勁。

劉老師還強調練太極拳要有太極的風格，練八卦要有八卦的風格，不能練得四不像。我們練的拳是由王家將吳家的東西傳下來的，不能練得走了樣，這是一方面；另一方面，劉老師教拳非常實在，比如我們如果要求劉老師給拆拳，他就給拆一手兩手的，然後讓你自己拆。劉老師說：「我跟你說的是我的東西，不要成為束縛你們的緊箍咒，而是要把拳練通，練成自己的東西。」這話說得多實在啊，初學時可能不太理解，但根據我多年照這樣學下來

·20 世紀 80 年代初，劉
晚蒼在北海公園和弟子
馬長勳推手（劉君彥保
存、劉源正提供）

走過來，證明老師的說法是很正確的。

　　比如，倘若老師就這個掤手給你說了四個勁兒，那你
就老拘泥於這四個勁兒了；但若照他說的，你自己把它練
通了，從中悟出來，就變成自己的東西了。而且這種學習
永無止境，手法也可以變化無窮。

　　只有多練，多練就練通了。劉老師說是「練通了」，
王子英先生管這叫「開竅」。他還說，功夫練到腳上，你
才知道什麼是太極拳，其跟在腳嘛，推手絕不是愣掰愣
拽。至於後來搞三十年推手比賽失敗了，就是上來就推，
沒有按太極自身的規律來做，而且練習的方法也不對。這
個教訓大了去了，幾十年的功夫白費了。所以，對照劉老
師的方法，差別還是挺大的。

　　其實推手就是拿人練，而不是愣推，這與練足球、籃
球、乒乓球形成條件反射實際是一個道理。正如球類這些

體育項目，不能盲目瞎練，必須按照一定的規則，遵循一定的理論和規律，沒有規矩不成方圓。所以劉老師在遵守規則這方面，要求比較嚴格。在劉老師面前，如果推手時撕拉捌拽，他就會立即制止，說要這麼推，就算了，別推了。這麼推越推手越聾，能進步嗎？

胡海牙先生當年也常到劉老師那兒學習推手和盤拳，他是道家研究名家陳攖寧的學生。劉老師去世後，他和我還繼續有過來往。據胡先生說，劉老師的教學方法實在、簡練、通俗易懂，不是空洞的理論。

他給我們舉例說，劉老師經常會說，你看兩人一搭手就都有了，採捌肘靠都含在裏邊了。這看似簡單的寥寥數語，其中的內涵卻是很豐富的。再如，劉老師解說太極拳中的整，也非常生動，他說，一抬手，一投足，一轉腰，要晃動乾坤。你看這個氣魄有多大啊。

劉老師就是用這種通俗形象的語言來形容練太極拳的那個整勁兒，言簡意賅地把其中很重要的道理給說明白了。不像現在有些書裏把太極推手寫得神乎其神，非常複雜繁瑣，卻又不得要領。

劉老師之所謂一搭手採捌肘靠都有了，是因為太極拳主要練的是聽勁懂勁，重在內在微妙細緻的知覺，而非簡單地練外在一招一式的東西，不是愣推愣搡，也不是化躲閃走。所謂一舉一動要晃動乾坤，就包含了太極拳的內三合外三合，即氣得合、神得合、勁兒得整，其中契合了道家思想的深刻哲理，道出太極拳的真諦。這都說明劉老師身上有著習拳推手一生的積累，沒有這種積累，說不出這

樣精闢的話來。

現在想起來，為什麼王家這麼多年教出那麼多人？比如，李文傑、張繼之、曹幼甫、楊禹廷這些老先生，還有後來一輩的像王培生、李經梧和劉老師等，這與他們教學的方式方法非常有關係。劉老師也繼承了這種正確的教學方法，真正做到遵循太極拳的原理。

就說推手這個東西，不是到了一起就撕撕扯扯，或者你推我我推你，這樣一輩子也練不出真正太極拳裏頭應有的「彼不動己不動，彼微動己先動」這些奧妙的東西。這不但要有老師親自傳授，而且推手是拿人練，所以那時劉老師是一邊教一邊給我們做手，讓我們去推他，他給的勁兒得合適。

推手練的是什麼呢？劉老師經常給我們打比方說，教推手好比培養足球守門員，好的教練會從各種角度給他餵球來訓練他，然後還要有合適的足球，球的大小、分量、氣是否都符合標準，若是拿個石頭蛋子能踢嗎？若是拿個沒打氣的球能踢嗎？這裏的道理都是相通的，因為推手是拿人練。所以你們年輕人練的時候應該先做著手推，也就是餵著勁兒，這個勁兒要給得合適，這樣才能把你的身法手法練出來。如果總不讓別人推，老是頂著勁兒，那能練得出來嗎？劉老師的這番話不多，但包含了練習推手的正確方法和道理。

那時劉老師教我們，讓我們非常感動的是，他那麼大歲數了還經常讓我們學生推他。他給我們做著手，我這個手這麼去了，你用什麼方法、拿什麼勁兒推我呀？推他

時，他還告訴你，身上應該怎麼樣，用什麼勁兒推，諸如此類。像這樣教和學才能練出來。再後來我們也按這種方法去教學生，效果很好。所以太極推手有其自身的規律。

有些人為什麼老解決不了頂牛的問題？就是沒有這樣去拿人練。有人總想，你想拿我練，我還想拿你練呢，誰也不肯給手，到了一起就免不了總是推推揉揉，這樣練就總也練不出來。所以說，劉老師的這種教學方法很關鍵。看似簡單，其實就是老師給學生做手，師兄弟之間互相做手。但有些人就是不會用這種方法，所以傳承下來的東西就有所不同。

我從老師那裏學到了這種方法，後來我也帶了學生，當時劉老師還交給我任務，說要把這東西傳下去，給我帶五個人。我經過挑選物色了五個學生，還把他們帶到北海公園讓劉老師看了，當時的確練得都不錯，只是後來因為諸如結婚、提乾等種種原因，他們就自己練了，據說大多也都堅持下來了。這五人裏只有張德勇是跟我幾十年一直沒有斷了的，他如今也六十好幾，自身是體育老師，也教了一些人了。總的來說，劉老師的東西我們一直在傳承，想當初劉老師那麼認真地教我們，對我們寄予厚望，我們不這樣都對不起老師。

回想起我所目睹的劉老師這一生的點點滴滴，至今仍歷歷在目，老師的恩德令我永世難忘。我們為有這樣的老師而慶幸和驕傲。因此，願意在老師 110 週年誕辰之際，將他的為人、他的事蹟、他的武術生涯和文化修養，儘可能向後人一一介紹。

功夫要腳踏實地

王舉興＼口述　季培剛＼整理

20 世紀 30 年代，我十來歲的時候，在前門外幹鮮果品廠學徒。中山公園裏有兩個買賣，一個是吉士利，一個叫上林存。崔毅士就在上林存那個買賣附近教，我經常去看。因為我是學徒，人家買賣家要瓜子、花生仁、核桃仁什麼的，去給人家送。我在前門外，又不遠，提著走著就送去了，送去就看他們練。

中山公園裏有個來今雨軒，那兒有個十字亭，楊禹廷就在那兒教。這面兒一派，那面兒一派。當時，楊禹廷的名氣沒有崔毅士大。崔毅士教拳，學費是五個現洋一個月，楊禹廷是四個現洋一個月。我看他們自己的人推手，輕輕一推就出去了。有時兩邊兒的人互相推，都是兩個人你撞我，我撞他。

我心想：這東西裡頭有假。我那時候還沒想練什麼武術，沒往這方面想，只有這麼個最初印象。我都沒想到後來我能跟老師學太極，這東西也怪了，只能說這真是個緣分。

✛ 從偷看到拜師

新中國成立後，五六十年代的時候，有四十多人在地壇跟著劉老師練。我之前有個老師，叫田祥，字瑞卿，跟張策是師兄弟，練通背。我有個表兄弟，家裏有買賣好幾個，送禮都是開著車拉著送禮，我就跟著他一起去學。後來他走了，離開北京了。大概是六二年、六三年，我從順義回城，有時到地壇去。三爺早上五點來鐘就到地壇了，六點來鐘趕等徒弟都來了，就一塊兒練。五點到六點之間這一個鐘頭，就他一個人練。

那時候是 60 年代初，老師還沒收我當徒弟。老師看見我在那兒站著，他就不練了。我心想：「這個老人家新鮮。不行，我還得偷著看。」三爺那眼力，一看就知道我跟誰學過。知道我跟別人學過，就沒想拿著我當徒弟。不過我也不給他惹事兒，離他遠點兒，就這麼一個人練。等老師不練了，我就幫他招呼人兒，我說：「老師叫你們啦。」跟老師練那些人都在別處練，我也都知道，呼啦呼啦都來了，我一看，四十來個人。

後來有個禮拜天，我從順義的廠子回城裏，去得早，四點來鐘去了。老師五點來鐘來了，七點來鐘，二爺來了。我開頭不知道二爺是老師哥哥。二爺來了，找塊兒石頭就坐下了。我在邊兒上壓腿，壓完了就坐那兒去了。二爺這人喜歡孩子，拍拍我肩膀：「累不累啊？」我說：「不累。」「你這練的什麼？」我說：「瞎練。」「有老師嗎？」我說：「沒有。我找不著老師，人家那些老師都不教我。」

．20 世紀 80 年代初，劉晚蒼與弟子王舉興在地壇推
　手照組圖（劉君彥保存、劉源正提供）

他說：「你真是願意練嗎？」我說：「是。」「你哪裏人吶？」我說：「山東。」「哦，老鄉啊。」後來，從第二天起連著四天我都去了，二爺去了三天。第四天那天，二爺就說了：「我給你介紹，你看這老師（指三爺）怎麼樣？」我說：「行啊，是我老師就行。」「我給你說說，你得聽話，好好練。」「哎。」我說。就這麼樣兒，拜了老師。一開始是譚腿、查拳，再後來是太極、八卦……

老師說過：「這功夫啊，不是隨便得的，你得有這個天分，有這個造化，才能得這個東西。沒有這個，你得不到。」我問：「那怎麼回事兒啊？」「怎麼回事兒你不知道啊？練到一定程度就出岔兒了。」老師說：「老說法兒。要有德，第一得祖上有德，你自己還要有德，那才能到了身上去。」老師就講這個。

過了幾年，等教到差不多，我說：「老師，什麼時候拜師啊？」「你不用著急，到時候我跟你說。」我說：「哎。」那時候老師經濟上不寬裕，也不捨得找徒弟花錢。老師找了溫銘三，他是修丕勳的老徒弟，這人好著呢，個頭不是特別高，有點兒瘦，特別溫文爾雅。

老師跟溫銘三說：「這個孩子一定要認我為老師，你給寫個材料吧。」「行，好事兒。」就這樣，我們三個上了老師家附近那個康樂餐館，三個人叫了幾個菜，我掏的錢。老師說：「你沒有就算了吧。」我說：「我還行。」就這麼的，我才掏了錢。老師真是高風亮節，他不是光有能耐，還有德。這事兒，按理說，一張羅就得弄個十桌二十桌的，但老師從不吃學生。

老師是真有功夫，不擅長說，擅長練。我的師父有四個徒弟，我的師兄叫趙興昆，我是老二，老三是馬長勳，老四是趙德奉。趙德奉是哥兒倆，趙二趙德庫，趙三趙德奉，一塊兒都跟老師學，拜的時候是趙三拜的。遞帖的時候，先是馬長勳和趙德奉一塊兒遞的，比我和趙興昆早，但他倆歲數小。趙興昆遞帖的時候，老師說了，現在這年頭，誰歲數大誰就是師哥，都是我的徒弟。要按舊社會，誰遞的早誰就是師哥。

這四個是遞過帖的，磕過頭的，沒遞帖的那多了。

✪ 管用的譚腿

說點兒我練功夫的事兒。我解放前沒事兒就好逛天橋，看練武的。東邊進口是寶三兒，有個外號叫「張狗子」的在西邊口兒萬勝軒門口摔跤。他解放後竟餓死了，真可惜。他有個外甥叫郭全祿，在那兒幫場兒。我就老去看，郭全祿就認識我了。後來就業，我們兩個人在一個單位，他知道我練拳就不服氣兒。

大約 1958 年，我們廠搬到順義，來了 50 輛解放軍新出的那種能拉兩噸的車，幫著我們廠搬家。我當時在那兒當個小頭兒，我跟他們說：「今天咱這三十個人，把這五十輛車裝完了，咱就下班。早裝完了早下，晚裝完了晚下。」他說：「啥？裝什麼？」我說：「什麼重裝什麼啊。」上午十一點，裝完了。他們問我：「裝完了，怎麼辦啊？」我說：「回家吧。願意洗澡的洗澡，我這兒有澡票，一人發一張澡票。」郭全祿說：「今天誰走也不行。一人跟我

摔三跤。」他那時眼睛倒是不太好，有點兒斜愣，外號叫
「郭瞎子」。當時有個跟著我學的，跟他說：「郭瞎子，你
不用跟我師父練，我陪你三跤。」陪了他三跤，贏了兩
個，跟他說：「三番兩勝，怎麼樣，贏你了吧？你還跟我
老師摔，你行嗎？」這以後，郭瞎子對這個事兒，一直有
底火兒。

　　沒過幾年，我到地壇跟劉老師學，一開始就是練譚
腿。趕等「文化大革命」來了，我們廠那時候的人都吃不
飽，我得了痢疾，怕傳染孩子，不敢回家，下班就在順義
那兒遛彎兒。郭全祿那時候在食堂負責出去買菜，食堂裏
有吃的，他沒餓著。有天蹬著三輪車來了，跟我較勁，他
說：「今天就三跤，有什麼摔什麼。」我說：「我現在有
病，拉痢疾，不能回家。你欺負病人啊？你看我有病也不
怕你，來啊。」傳達室門口，很多人都認識，上班下班
的，都不走了。

　　他上來就抽我左腿，我左腿在前面，他一抽，我一
撤，就跳起來了，二起腳，一踢右腿，右腳面就踢著他右
腿了，他不是下的絆子嗎，正踢在他骨頭上，他當時就坐
地上嗷嗷叫。我說：「怎麼個事兒啊？」擼開褲子一看，
碗口大的一個大血包，皮兒也沒破，人走不了了。把他背
到醫務室，把鞋給他放下來了，醫務室的人說：「叫車給
他送醫院吧。」到醫院一檢查，折了。我心說：「真不結
實這腿。」這說明我踢譚腿踢的，這麼大力量，我都沒想
到。咱這十路譚腿確實厲害，就那麼幾下子，自己感覺也
沒什麼功夫，以前老師說管用，我還不信呢。我也沒覺著

練得怎麼著了，怎麼就踢折了呢？

✚ 與老師會日本客人

　　我說個老師露臉兒的事兒吧。70 年代，那時還是「文革」，田中角榮訪華，跟他一塊兒來了個小代表團，二十來個人，會武術的不少。體委安排從前門一直到東單，都是練拳的，讓北京練拳的都到那邊兒練去，讓田中角榮從那兒走，轉一圈兒看看都是練拳的。那時候天安門前頭靠東邊兒有個小樓。體委通知我老師，上那兒去練。

　　我們連去了三天。第一天去了，沒有。第二天，下雨。第三天我們去的時候，田中他們坐著車來了。正好兒我跟老師練推手，他們來的時候，那汽車老師看出來了，就狠狠地打了我兩個滾兒。車站下了，有人下來，問：「這叫什麼東西呀？」

　　老師說：「這是推手。」

　　那翻譯告訴他，這是劉晚蒼老師。他說：「這武術發源於中國，現在你們中國沒有了，到我們日本了。」

　　老師說：「不一定吧？」也沒說別的。

　　日本人說：「哪天咱們交流交流，互相學習學習？」還挺客氣。

　　老師說：「好吧。」

　　然後，他們上車就往東走了。

　　回來大概過了三天，體委約老師上西郊賓館，那時候西郊賓館是專門接待外國人的。那天晚上我上老師那兒去，老師跟我說這個事兒。我和老師說：「您一個人去可

不行，您都這麼大歲數了，我們跟著點兒。把咱打壞了，也得有人給送醫院啊。」老師一想也對，也不一定就咱們贏啊。我就找我師哥趙興昆，趙興昆這人有力氣，個兒又大。就算老師的左膀右臂吧，我們就跟著去了。

到了西郊賓館，大廳裏擺了三趟大餐桌，一趟六個。底下是方桌，上面是圓桌面兒，就擱在這方桌上。這日本人愛吃山東菜，特約豐澤園給做的，都是帶湯兒的。

都擺好了，日本人來了，跟老師拉拉手兒，說：「咱們上哪兒啊？」

老師挺客氣，說：「不用了，就在這兒。」靠南面兒第二趟桌子中間有個挺大的空當兒，兩邊是桌子。

他上來就掰老師腕子，老師胳膊一轉，就一坐腕兒，肘往後一撤，他那後腳跟就起來了。老師一翻掌，那日本人就直不起腰來往後退，一溜歪斜，撞第二個桌子上去了，桌子「哐」就翻了，連湯兒帶水，弄了他一屁股，當時挺狼狽的。他就抹不開了，到後面換衣裳去了。

換完衣裳，出來了，問：「你這是怎麼個事兒啊？」

老師說：「這就是中國的太極推手。」

他說：「哦，這麼厲害啊？回去咱多交流啊。」

「好，多交流。」

後來他又問老師：「你這種手法，北京能有多少人啊？」

老師說：「我們中國的東西多了，不光是北京，老山老域，各城市都有。我不算好的，比我好的多的是。」

這不瞎說，這是我親眼看見的，都是真事兒。

第二天，我就到地壇去了，我問老師：「昨天晚上你怎麼把他整的？」老師說：「你試試啊？」我說試試。老師這麼一掛我，我就鬆手了，因為我沒拿。我這手一鬆，他一搭我這手往這兒一來，往前一領，一送我，我就出去了老遠。老師說：「行，你好好練哈。」我說：「哎。」

✚ 打庫瑪

老師那老爺子不願惹事兒，老了那陣兒，碰上一椿事兒——北京來了個美國大力士，向我們中國人挑戰。那真是個大力士啊，大概將近兩公尺了，二百多斤，在北京體育學院，叫庫瑪・凡士理。門惠豐就找北京的老先生，老先生湊一塊兒，問誰都往外拿人，他拿他，他拿他，問：「劉老師，你這面兒呢？」老師說王舉興不怕大力，他能行。「真的嗎？」老師說：「我的徒弟，我還不知道啊？」

我一開始不打算去，這要給人打壞了怎麼辦？全家人還要靠咱吃飯呢，俺家的也不讓我去。

劉老師說：「你練了半天，現在不去什麼時候去？你怕什麼啊？你也沒有什麼名兒。他打你一拳一掌，也打不死。」

我說：「我不行啊。」

「你晚上到我這兒來吧。」

我說：「哎。」

連著去了三個晚上，他說應該怎麼打，找位置，你要打正了，一下就行了。不行也不用打兩下子，你就贏了。

我回家跟我兒子說：「盤林，咱倆去。要是我被打

了，你趕緊喊停，把我帶醫院。誰也不知道咱們。要碰上了就碰上了，碰不上就算了。」

這不，那天我們兩個就去了。體育學院裏頭有四棵松樹，就在松樹中間，門惠豐說：「……你們兩個朋友，武術愛好者，試試吧。」

那時候我知道盤林，五百斤打不壞他。我開始叫盤林先試試，我看他先邁哪個腿，出哪個手。我一看他按上盤林了，摁得他的後腿直哆嗦。他年輕，怕毀了他啊。我說：「停！」停了。我說：「我給你接接。」就這麼樣兒，我上去了。那時候他媳婦扛著個錄影機，在角兒上錄影。

他上來照我胸口就是一拳。第二個就是背我。這一拳我一抹，沒打上。一背我，我這個胳膊整個過去了。我左手一頂他腰眼子，也不知怎麼那麼正恰巧，他一晃蕩，我使勁兒一壓，他躺下了。

他轉過彎兒來，又摞我胳膊，我一撥他，照著他心口窩「乓」就是一拳，反正有多大勁兒使多大勁兒吧。這一下，他就往後倒退，撞到東北角的那棵樹上去了。我一看，他倚在樹上蔫了，臉都往下白。我跟過去了又給了他一下子。這一下不太文明。

他老婆這回急了，把錄影機扔了，跑過來「嘟嚕嘟嚕」說了什麼。

這時候咱中國的翻譯跟屋裏才出來，翻譯說：「怎麼這麼厲害地打人吶？」

我說：「兩個人比武，打死活該。」比武的事就是這樣，你不打他，他打你。

這時候，學院的學生都出來了，說：「老師，你用什麼招兒把他打成這樣的？」

我說：「你們看見就得了。」

這時候領導都來了：「王老師，我們到門口接你，都沒看見你。走吧，走吧，上樓到辦公室。」

盤林對我說：「爸，你認識這麼多人哪？」

我說：「你個傻孩子，一個我都不認識。只是咱沒丟臉，要是丟了人，一個認識咱的都沒有，你還得送我上醫院。」

就這樣，在那兒吃點兒水果，喝點兒水，我們走了。他們要開車送我。我說我們中國人就愛騎車子，我騎著車子去的，不願意坐車。我就騎車子回來了。

這事兒就是趕巧啦，也不是說咱能耐多大。這事兒是真事兒。

✚ 練拳要下工夫

武林界有個不好的風氣，當面奉承，背地裏踩咕，這個太差勁。老師一生坦坦蕩蕩，從來不幹這樣的事兒。老師這個人啊，品德高尚在哪兒呢？他不瞎吹瞎說，不拍馬屁，不說人短，不跟人家瞎起鬨，就是真實地練。

老師在的時候，我經常到交道口老師家跟老師聊天。老師一生最大的愛好就是練拳，跟我聊的主要也都是練拳：好好練，不說人家張三李四，也不用跟他們聯繫，你就自己踏踏實實練。你好就是好，不好就是不好。有的人表面說得不錯，但不紮實。主要就是這麼一些。

　　老師就是自己練自己的，非常本分，是個真正練武的人，謙虛謹慎。現在人就是宣傳的多，真正踏踏實實練功夫、學能耐的少了，不能說沒有，少了。

　　練拳不容易，光說練不行，得真練。定了鐘點兒，每天四點起來就得四點起來，什麼事兒都不能打擾，那才行。

　　我後來在東單武術館、北交大、中醫藥大學、蒙藏大學（中央民族大學）都教過。特別在大學教拳，每年的學生有新的，有老的，畢業的每年都走。北交大我在那兒待了三年，盤林教太極，我教八卦。在東單武術館也是這樣。我教的人不少，真正的徒弟有四五十個，門下的學生挺多的，在大學教拳，學生一撥就是一百多人。可是，就是沒有能踏踏實實真正下工夫一直堅持練的。

以心行氣，不以力勝

陳耀庭＼口述　季培剛＼整理

理法精當

劉晚蒼老師，我跟的時間比較長。

1967 年夏，「文革」已進行了一年，市內中山公園、勞動人民文化宮，筒子河等處練拳場所，紛紛受到衝擊，跟崔毅士一起教拳的吳彬芝老師也來到了處於城郊的地壇公園，吳老師熱情地跟我說：「要找三爺，我給你介紹！」

他帶我到了地壇西南角的小柏樹叢中，對劉老師說：「我給你帶個學生來，小陳是北京化工學院的老師，曾跟牛春明、崔毅士學過楊式，喜歡推手，你教教他吧！」劉老師熱情地說：「行！」聊了幾句就讓我摸摸手（即推一推手），我右手一伸，手在他胸前就像被黏住似的——被「拿」住了！還沒等反應過來怎麼回事，我已被發出丈遠。回轉身來，再讓我推，我一伸左手，手腕像吊上了繩子，被拉了一下，一下往左栽了過去，他順手一把拉住，

· 20 世紀年代，劉晚蒼與吳彬芝（後排右一）等在地壇合影
（劉君彥保存、劉源正提供）

翻手又把我帶到了他的左邊，我連蹦帶跳跳了好幾步，被其他學生接住了。真是「百聞不如一見」，我心中的敬意油然而起，從此一直跟隨劉老師十幾年。

　　劉晚蒼老師推手，氣勢宏偉，動作舒展，真有雄鷹搏兔的豪邁氣概。他全身能拿人、放人。放時確如拳譜所說「發人如放箭」，一發丈遠。人說：「高手拿梢，平手拿根」，與劉老師接手，只要手一碰到他，無論他是手接、臂接、身接或是胸接，你都會感到通過手梢，全身都被拿住的感覺。外人看不出，但伸手的人自己明白，真的有點「神」！

　　一次我伸手抓他的腕，還未抓實，他手腕往胸前一

鉤，頓感他的腕中發出一種不可抗拒的爆發力，心中一怔，已被發出十幾步外，真是「整、穩、狠」！我驚問：「這是什麼勁兒？」劉老師笑著說：「單鞭。」後又輕輕地補充一句：「這叫『摘花掐葉』。」至今我還歷歷在目。這也成了我最喜愛的手法之一。

後來到 80 年代初，他上北海去了，我就沒再過去。我覺著他給我的東西也挺多。我原來是學楊式的，但是，吳式的東西對我幫助特別大，特別是劉老師，人特別好。

記得 1980 年春，我到老師家去，他說在上海出了一本書，《太極拳架與推手》送了我一本，黃皮，上海教育出版社出版，內有附圖，惟妙惟肖，拳勢磅礡，氣度宏大。我十分珍愛。他當時就翻開首頁，給我簽了字留念。「陳耀庭同志座存，劉晚蒼贈，一九八〇年三月」。談話中他殷切囑我，要認真體悟經典拳論。

回家後，我讀了他對太極拳論的詮釋，喜從心來，即感茅塞頓開，真沒想到老師對拳理體悟如此深邃，至今仍反覆閱讀，終身受益。

他在原書 103 頁《太極拳論》的詮釋中寫道：太極拳論分上下兩段，上段（從「一舉動，周身俱要輕靈，尤須貫串……」到「凡此皆意不在外面」——筆者注）主要講體，下段（從「有上即有下，有前即有後……」到「周身節節貫穿，無含絲毫間斷耳」——筆者注）主要講用。體中講氣、講神，要求全身圓滿、完整。並指出主宰於腰，關鍵在腿。用中講虛實關係，舉上下為例，具體說明其應用，而意味著前後左右都類似。但無論是體、還是用，都

・20 世紀 70 年代，完成接待日本武術訪華團後，教練組和日方主要成員及中方負責人合影。後排左起第五人為劉晚蒼（馬長勳保存、馬駿提供）

必須在「貫穿」和「用意」兩處下深刻工夫。時時用意，處處貫串，拳架如此，打手也如此。

我至今把老師「時時用意，處處貫串」作為自己練拳的座右銘，功夫明顯快速增長，而且我用此教導學生，也收到良好的教學效果。

劉老師對拳論的詮釋，是他畢生對太極拳求索的體悟，是寶貴的遺產。劉老師不但拳好、字好，畫的畫也好，蘊含著大雅風範。

三爺之前收了四個徒弟，「裁縫趙」趙興昆、王舉興、馬長勳、趙德奉，我當時跟馬長勳、趙德奉最談得來。趙興昆、王舉興他們倆勁兒大，我是提筆桿子的，受

不了。我學的時候，「文化大革命」開始了，沒能遞帖拜師，那時候誰敢遞帖子啊？我要拜的話，老師也不會給我拜。其實這東西，老師認了就行了。劉老師給了我很多東西，我也很尊重我的老師。

✤ 清淨無為

在地壇那時候，外面傳得他很神的。有一天，我從地壇西門進來，聽見有人說：這兒有個劉三爺，功夫怎麼怎麼好。怎麼見不著他啊？說是晚上輕功就飛進來了。這些東西當然是不符合事實。但是，這反過來，說明三爺做人非常非常低調，他當時不願意太多地拋頭露面，外場上不大見到他，有的人就把他看得特別神。

三爺那時候，條件差。改革開放後，我記得香港有人重金請他去，我想一可改善生活，二可擴大影響，就勸他去，他搖搖頭。

三爺很多歷史上的情況，像他在西安教拳的情況，我都不清楚。我以前就知道「大槍劉」國術比賽大槍第一，後來跟老師學了很多年，才知道「大槍劉」就是我老師劉晚蒼。三爺他從來不說自己怎麼好，怎麼厲害。這些年看到劉培一寫的一些關於老師的情況，我覺得，哎呀，真不容易。功夫那麼好，外面那麼重視他，他卻那麼低調。他從不褒貶他人，也不准學生們對別人說三道四，評長論短。

三爺當年去見日本代表團，特別客氣。有些事情，我當時就有些看法。我到北京圖書館查日本報紙，人家日本

報紙登了，說日本代表團回到東京機場時，代表團團長對記者說：「我們有幸在北京見到了『中國劉』。」可是照片上，他老排在後面。

北京吳式太極拳協會剛成立的時候，那麼多的人都想當第一屆領導，他就是不願出來，後來其他老前輩推薦，非得讓他當會長，他才答應。

武術界也有些不好的現象，互相貶斥得非常厲害。道家是講究「清靜無為」的，對名利看得稍微淡一些。劉老師是一個非常好的榜樣。所以，我跟劉老師學拳，也學做人。一開始就是為了學點技術，但是後來在長期的接觸當中發現，劉老師的為人不光使我佩服，而且成了此後我生活各方面的楷模。學拳，還得學做人。做人的德有了，拳才能出來。

我跟了老師二十多年。三爺走的時候，我知道。那時候，出國非常難，要蓋 36 個大印。我正要出國，第二天就要上飛機到國外去。那時出國的人很少，我們學校書記等領導都來送，送到機場。沒有辦法，只好拿了幾百元作為治喪費轉交給他家人了。

這個事情，我到現在還感到心裏很愧疚。這是我一直感到遺憾的事兒，最後沒能趕去見一面。

✚ 用意不用力

我確實不是練武的人，我是把拳看成一個文化傳承。我覺著過去那個武功的概念「打遍天下無敵手」，現在已經過時了。我學這拳，真是憑良心說，沒有要想求個名，

也沒有想要得點什麼東西。我在學校工作，有退休金，各方面待遇都挺好，還要這麼個名幹嘛？但是這是文化傳承。我原來不出來教，後來不少人來找我，說你歲數也不小了，應該傳承傳承，我就出來說兩句。遇見功夫好的，我就向他學學，路子不一樣的咱們也客客氣氣。

我就老說：有的人喜歡搓麻將，有的人喜歡下象棋，有的喜歡聽京劇，有的喜歡聽音樂……都好。但是，我覺著太極拳本身不是追求「打遍天下無敵手」，追求的是「用意不用力」。但很多人不信。

實際上，我們求的是人家有力來，我怎麼樣後發先至。你來了，我不接你，就不接勁兒。在接觸那一剎那，讓你先發，我是後發過去的。一定要方向正確了，才能夠長進。

原來我推誰也推不過，總不知道怎麼發勁兒。但是就老老實實跟老師那麼練著，就慢慢理解了。

我和孫連順老師都是跟劉晚蒼老師學的，我們關係特別好。他原來也是想勝人，他一進來，我也化不了，我覺得我化不了，就算了吧。「哎，你這麼動，我害怕。不行，我進不了了。」我這才這恍然大悟，一鬆，人家就進不來了。後來，我就摸索這個，才發現鬆得好，裏面通得好，人家就是進不來。所以這個東西，不是自私的事兒，也要互相研究研究，「你這裏不好，丟了。」「你這東西好，我進不來了。」得互相找手。不這樣的話，長不了。你越著急勝人家，你越化不了。自己有了，自己卻不知道，需要對方說，提醒你。所以現在我給他們餵手，我

說：「這就有了。」「真的嗎？」他們自己都不信自己。但就得這樣，互相說，告訴對方。

現在，真正有太極的東西的傳承很少，外頭學的，大都還是以力勝。能夠以心行氣，用意不用力的，很少見。

✤ 大象顯於恍惚

道家就是無為才有為。你想打人，永遠打不了人；你不想打人，竟把對方彈那麼遠。因為你想打人，這個勁兒就在手上露出來了，露出來就受人制了。你不想打人，就鬆了，他一來，摸著這個東西，你這時候就有個條件反射，後發制人。一摸，他自己就「噹」的出去了。到底怎麼打人的？自己確實不知道。可以說有一些槓桿原理等科學原理，但實際上不是那麼回事。過去不就說嘛，「拳無拳，意無意，無意之中有真意」。在無意之中發出來的那個東西，才是真正的內功。

這確實是這麼回事。

我一想打人，就僵了。僵了就什麼內勁兒都通不出來了。你放鬆了，他過來了，摸你，你只要往裏面想，從手上就順出去了。所以，這一定要經過長期的訓練，而且一定要建立在不想打人的基礎上面，才能發出勁兒來。你專門練發勁兒也不行。這個東西，歸根結底，還是要歸結到輕靈的東西上面。

現在我還是覺著特有科學的原理。因為原來我看了一本書，它主要講，人的大腦分左腦和右腦，中間有傳感神經相連。

　　美國有個醫務工作者發現這兩個腦是不一樣的。癲癇病就是老祖宗留下來的，一代一代傳。他把一個癲癇病人左腦和右腦之間的傳感神經剪斷了，就沒有遺傳病了。所以，他得出一個觀點來，就是左腦是後天的腦，生出來以後，學語言，學動作，學說話，認人，等等。右腦，是老祖宗留下來的。簡單地說，左腦是後天腦，右腦是先天腦。他這個發現拿了諾貝爾獎因為引發出一個問題：人類幾千萬年來累積的東西都在右腦裏面，如果能把右腦開發的話，人就非常聰明了。

　　聰明的人實際上就是右腦發達。貝多芬的音樂天才，不是老師後天教出來的。愛因斯坦的好多科學發現，也不是他老師教出來的。開發右腦，對人類的貢獻會非常大。還發現，左腦運行的時候，右腦就不運行了。左腦不運行的時候，右腦才運行。但是右腦運行的時候，左腦又不運行了。所以，左腦還沒完全休息，右腦又開始接上了，這個時候是最好的。這個時候是什麼時候呢？就是半睡半醒的時候，冥想、遐想之中。很多的科學研究，就是在躺著的時候，在發呆的時候，「哇」，知道了。在公園裏散步的時候，放鬆的時候，知道了。

　　冥冥之中，渺渺茫茫，恍恍惚惚當中出來的東西，是最好的東西。我就覺著我們道家早就發現了。中國文化都是實踐經驗，實踐發現，也是實踐解決了這些問題。大象顯於恍惚，真是太有道理了。

　　冥想、遐想、靜坐、入定，都在這個科學當中。我認為，人的智慧發展，就在這個左腦右腦之間。

現在人用左腦多，學太極拳卻能開發右腦。我推手發人，說實在的，我也不知道是怎麼回事兒。我覺著太極拳講靜，靜到左腦停下來，又沒完全停下來，但是右腦又有感覺了，在這時候，先天的東西就自然地出來了。太極拳就講究後天返先天。這是我自己的感悟，打太極拳一定要先學靜，《五字訣》上就說了，「一要心靜，心不靜則不專」。靜了才能鬆，站站椿，可是站到完全睡著了也不行。靜了以後才能悟，什麼叫「悟」？靜了以後，慢慢左腦不太動了，右腦就開始活躍起來，這就開始有「悟」的事情出來了。你要仔細一想，這怎麼回事？馬上右腦又關上了，又沒了。我寫過一篇文章，叫《太極拳與智力開發》，談到這個。

所以，太極拳講究似鬆非鬆，似有非有。一定要在這個當中求。關於打拳，有人問：「陳老師，你說該怎麼打？」我說：「你就吊兒郎當打。」「你這個能打人嗎？」我說：「你先別管能不能打人，將來你自己還不知道怎麼回事兒，人家出去了。」

我在科學上還是有些成就的，發表了不少研究成果。我認為太極拳對我是有幫助的，它讓我學會了靜，學會了放鬆，學會了思考。我親身體會到，太極拳不僅僅對健康有益，而且對智力開發有很大作用，所以太極拳不是年老病弱的人才練的，建議年輕人也練傳統內功太極拳。

無形無象方為真

潘鳴皋 \ 口述　李培剛 \ 整理

✚ 因禍得福

　　我從 1969 年就跟著劉晚蒼老師，是吳彬芝老師把我帶到劉老師那兒去的。這之前是跟吳彬芝老師學楊式拳，後來我把吳式的東西全擱楊式拳裏去了。吳式也是從楊式裏來的。楊班侯收功夫，給收了，卻讓吳式拳給保留下來了。雖然是楊式的拳，但我打的都是吳式的勁兒。我練拳跟楊式的不一樣，推手都不一樣，我就是跟劉老師學的推手，在那裏頭，跟劉老師時間最長的就是我。老師什麼時候在我就在，老師不在的時候我也在。

　　地壇那兒，劉老師一般早晨八點多鐘到，十一點多鐘就走。「文化大革命」後期，平時哪兒都不讓練拳。只有地壇那旮旯兒，是個小樹林兒，要不仔細看，根本看不到人，蹲下才能看見。平常就是幾十個人，星期日百十來人，各路英雄都有，可不光是練拳的，教授有，唱戲的有，跳舞的⋯⋯尤其「文化大革命」後期，那些下來的幹

部，監獄的、公安局的，等等，光局長就二十多個，副部長四個，「文化大革命」都沒事兒幹了，只有那麼一個空白的地方，任何人都不敢進去，這幫人整天在那兒玩。那地方真是太好了，可以說是個寶地。

當時，有劉老師、吳老師，還有田新作，那是一位老紅軍，是劉老師那個街道的書記，劉老師是街道主任。解放前，老師曾收過一個地下黨，姓王，叫什麼我想不起來了，那是老師在北京最早的徒弟，後來是鼓樓副食店的書記，山西人，相當厚道。

地壇那裏的故事，多著呢。老師不管局長也好、部長也好，窮困潦倒的也好，一視同仁。不是說你職位高、有學識，就跟你套近乎。

劉老師推手，一發就是兩三丈遠，每天都是這樣。大傢伙兒都推完了，我是最後一個。從開始跟老師學拳，一直到老師去世。

我住的地方跟地壇僅一牆之隔，從小我就在這兒住，出門就是地壇。1958 年，我在北京製藥廠，為了從火災中搶救國家財產，我全身被燒傷了，不用上班了，也不用愁衣食住行 —— 國家給養起來了 —— 有的是工夫。從 1958 年一直到現在，什麼活兒也沒幹，從 1969 年開始，純粹就是學拳去了。

當初我為什麼練推手？我這手嚴重燒傷了以後，不靈了，所以我必須得把這手練出來。幹什麼都得用手啊，手不靈就要讓它比靈的還靈。我學拳是 24 小時的，可不是一天幾個小時的。我說話的時候也是這樣，也是在練拳，

唯一的就是丹田氣，得到了丹田以後，我才練了一身的好功夫。

太極拳不光是技擊，練成個打手，把誰誰給打了；它是治病救人的，是做好事的。太極拳是神經運動，是一種神經反應，反應相當快。

太極拳救了我好幾回命。有次我被車從後面撞飛了，但輕輕就落地上了，什麼事兒沒有，連皮兒都沒擦傷。不止這一次，好幾次都是驚險的，都沒要命。所以說，這太極拳太好了。誰得了太極拳，這一輩子享福去吧。什麼是福？身體健康，腦子靈活，幹什麼又俐落又省勁兒，這是最好的。

✛ 鬆淨自然靈

跟劉老師學了太極拳以後，我就開始入了推拿治病這門兒。既可以克服自己的病，還能給別人做點好事兒。我治的可不都是老百姓，有好多的外國專家，也有好多的中國大夫。剛從我這兒走的那位大夫，她閨女是麻醉師，她是北京一個大醫院的內科主任，幾十年的西醫。剛給我來電話的這個，也是一家都是大夫。之前她母親唾液腺功能出了問題，到醫院就得在胃上打一眼兒，插上管，往裏灌。後來把我找去了，在醫院就給她治了，我說：「出院吧。」她把管拔了，出院了就能正常吃飯了，到現在還好著呢。你看這太極拳，又養生，又能幫人。你身上有什麼病，我看得一清二楚，你身上的衣裳，在我這兒跟沒有一樣，看你就像看那熱帶魚。太極拳神就神在這兒，更神的

還有，就不能說了。

太極拳要能學到身上，能享受一輩子。它這享受，不是說有多少錢，吃多少好東西，是精神的享受。精神的享受太美了，精神哪裏都能去，不受干擾，無拘無束。我打起拳來，根本不像太極拳，人家一看，說你這叫什麼呀？對，可動起手來，你可受不了。

老師的東西太好了，應該傳下去。我沒這能耐，只會做、只會說，但不會寫。其實這東西很簡單，就是鬆淨自然靈。全是《易經》上的道理。但很少有練空了的，都是「有」。老師經常說：「無形無象。」混沌的東西你掰得開嗎？掰不開，揉不碎。空空淨淨淨空淨，淨淨空空空淨空。任何人都沒把這寫出來，只有老師這兒有。要真能練空了就不叫空了，叫真有。

「有氣者無力，無氣者純剛」，「拳無拳，意無意，無意之中是真意」。「無意」就是空啊，有拳、有意都不行，「無意之中是真意」，是神經反應。什麼叫神經反應？整個人生都是它，那才叫神經反應。不是這一時，是一世，要練出一世。修道是一世，不是一會兒，這才是功夫。很簡單，窗戶紙一捅就破。問題是緣分未到，誰給你把這層紙捅破？所以說，伯樂太重要了，沒有伯樂，就出不來。

關於養生，不是單純練拳就養生，單吃素就養生。是環境，好多問題都是環境造成的，可是這環境誰也不知道。比如說，不管誰家，都有風，就是再好的房子也有風，你找不著。我這多少年就注意到這個，可以說，我連電扇都不用，我住的樓的窗戶都給堵上了。夏天我也不覺

著熱。如果心不靜，把你擱冰箱裏也熱。我打拳連汗都不出。打拳出汗，就錯了。為什麼出汗？因為僵著，憋著氣兒。再冷的天兒，你要僵著練，一會兒汗就出來了。有時候一著急，比如說，幾百萬一下弄丟了，一著急，精神一緊，汗就出來了。

　　鬆，可不是一點半點兒的鬆，是全身心的，裏裏外外，連細胞都是鬆的。細胞也是有重量、有體力的，它也有時候緊張。實際你緊張，全是細胞緊張。每個人的脂肪球兒都那麼多，無非就是胖的人擴大了，每個擴大一點兒，肚子就大了。我永遠不讓它擴大，就胖不了。胖不是吃出來的，是懶出來的。你要是不懶，永遠胖不了。

　　腎為命之火，腎生骨，骨生髓，髓能生精，只有精能充腦。要神經不老，就要每天還精。這有練習的辦法，就是練拳。我說的這些都沒離開練拳啊，沒離開推手，沒離開陰陽。要把這勁兒練出來，接手你就受不了，要是你身上有，就不一樣。聽勁兒現在快要丟了。聽勁兒不是搭你身上才聽勁兒，而是你往這兒一站，我就聽出來了，你往這兒一站，我已經把你化沒了，你勁兒剛一起來，我就聽出來了。聽你的神經，不是聽你的肉體。要是加上肉體，那就更快了。所以說，「行家一伸手，便知有沒有」。這都是老師說的，我只是老師的話筒。

　　太極是個混沌的東西，掰不開。北京體育學院，就是現在的北京體育大學，劉老師也去教過。但是，民間的傳授方法，在他們那兒行不通。現在一個體育大學出來的太極拳冠軍在這兒跟我學，他就是，你教哪個，就得說清楚

·20 世紀 80 年代中期，劉晚蒼在北京某體育部門與人推手（劉君彥保存、劉源正提供）

了，否則弄不明白，接受不了。

　　現在人的思維就是這樣的，你不給分析清楚嘍，他就接受不了。他是學院派，學院派的思維方式跟民間的不一樣，教法也不一樣，東西也不一樣。他們就是講究漂亮。咱們這個，動作漂不漂亮不管，反正能把你弄倒了就漂亮。這就是功夫啊。現在我看那些散打專家，好些都是憑力。劉老師講過，咱們不講力，全是「用意不用力」。從劉老師走了以後，慢慢兒就失傳了，學出來的很少。當初劉老師說過：「修道的多如牛毛，得道的猶如兔角。」誰看見過兔子長犄角？也就是說，修道的多，得道的少。

　　我練拳是一年 365 天，春節照樣去練，不管什麼事兒，不管刮多大風，下多大雨，下多大雪。這就鍛鍊毅力了。必須這樣，不這樣練不出來。功夫功夫，沒有「工

夫」怎麼能有「功夫」？你這兒等著接孩子去呢，那邊兒
老媽還病著呢，爸爸還癱著呢，能有心思有時間練嗎？你
要學會這個，那孩子我會教育，父母跟著練練身體也好，
整個兒一個和諧社會，這多好啊？記著，練的都是人生。
誰也離不開人生。自從出生那一天起，就是人生。

從娘胎裏出來，就是衰老。從一開始，什麼東西就確
定下來了，連身體也定下來了，就像這一盤子菜。這一盤
東西就是你的，早扒拉早完，一下扒完了，就沒了。慢慢
兒扒拉，省著用，時間就長。現在有些人就在那兒造，不
能造，有多少錢也不夠造的，身體多棒也不夠造的。這人
一造，快著呢！要想把腎練好了，難。身體不像吃好東西
那麼甜蜜，得吃苦，下苦工夫。修道的就講，要自個兒跟
自個兒較勁，別跟別人較勁。跟別人較勁，越較越僵；跟
自個兒較勁，越較越鬆。

我是從死裏爬出來的，九死一生，不走這條道兒，不
會明白這麼深。活著就要好好活著，要活一品質。你跟小
孩兒玩兒，和跟老人玩兒不一樣。要記著，多交年輕人，
別交老年人，少跟老年人接觸，除了自個兒的老人，那沒
辦法。我雖然老了，但我周圍全是年輕人。雖然我老了，
但很多人看不出我老來。我交的人要超過我。我都沒多大
能耐，你要超不過我，那我怎麼能有長進？孔子講：「無
友不如己者。」要多跟高人接觸。

你看我這樣貌不驚人，但從小到現在接觸的都是高
人。年輕時在工廠，我們車間都是「右派」，那都是高知
識分子。人得往上走，不能往下走。你就記住：老跟著時

代，不跟著時代就淘汰。我的哲學就是這些。

我的知識水準不高，但我接觸的都是有知識的人。到了劉老師這兒就更了不得，戲劇家，書法家，中醫師，像趙紹琴那是三代御醫，非常有名的。我學醫就是跟著北京四大名醫孔伯華的徒弟學的。還有胡海牙，天天在一塊兒玩兒，跟他也學。趙紹琴是中醫學院的，他的兒子就在我學醫的老師手下。我還在社科院研究生院那兒待了二十年，送走五位院長，研究生院的人事處長是我的徒弟。但我沒科班學過醫，可我能給大夫治病。北京軍區總醫院、北醫三院也讓我去給治病，也給他們的大夫治病。可以說，我現在的病人，都不是一般的人。

現在，老師那環境太少找了。

劉老師那兒，天天去的，只有我一個，沒有第二個。所以那兒的人和事兒，我很清楚。劉老師的東西，我也能說得一清二楚。到現在，不管颳風下雨，還是天天出去練。除了給人治病，就是在奧體中心裏面練。要是堅持不了，出不來功夫。

不管玩什麼，一定要把身體玩好。你就記住，這人練到最後，沒骨頭沒肉，反過來，又有骨頭又有肉。

養浩然之氣，
行無爲之爲

王雲龍＼口述　季培剛＼整理

✤ 初涉太極拳

我是 1938 年出生的，屬虎，從小愛摔跤。小時候摔跤是摔得不錯的，黃縣一帶摔跤摔得好的，我們都是不錯的朋友。也練長拳，練得不多。我父親是練長拳的。

我年輕那時候看過園子，是 20 世紀 60 年代中期。看園子沒事幹，就在那兒跌跟頭。遇上個老先生，那時候就有七十歲了，叫解華祥。他說：「你怎麼練這麼些玩意兒，我教你點太極拳吧。」我說：「好啊。」——他是北皂的人，洗澡就經過俺那個園子。

他說他的老師是楊班侯的徒弟，他學拳那些事兒，按現在來說就在九十年前了。現在一百二十多歲了。這老先生說他師父厲害，外號「鐵胳膊」，鐵軲轆拉的大車，往這兒走，他把胳膊伸上去，「咯噔」一下就壓過去了。

1968 年前後，也就是在我練了兩三年楊式太極拳的時候，我上掖縣（現萊州市）的修丕勳老師那兒。修老師

的兒子修占比我小九歲，他應該七八歲起就練太極拳。我
當時很有力氣，一搭上手我倆就頂上了，摔到一起，難解
難分。修老師不高興了，一拍大腿：「這哪是推手，這是
摔大跤啊。」完事以後，修占他媽媽就說：「這個孩子，
他父親叫他好好練拳，他不是玩刀就是玩槍。」當時，我
在思想上對太極的真東西還沒認識清楚。

　　修丕勳老師和我說：「我開始先練八卦，在王茂齋老
師那兒推手，我一動八卦勁兒他們都熊①了。我出去練太
極拳，是因為俺鄰居，他是個會計，寫毛筆字兒的。他
說：『哎呀，柱臣（修丕勳，字柱臣），你這個拳我能練，
你和掌櫃的商議商議看看。』我就和王茂齋說，王茂齋一
聽，就說：『都是鄰居，挺好的，叫他來吧。』來了，王
茂齋教了一個式子，三天他都沒學會，王茂齋不要他，可
是王茂齋這幫徒弟覺著他推手當靶子挺好，就這麼的留下
了。他跟這幫徒弟學，有時候也跟王茂齋學。這個人很勤
快，去了就掃地掃院子，這人就是趙鐵庵（趙鐵庵又叫趙
鐵廠、趙崇佑，都是他的名兒）。三年以後，我的八卦勁
兒不好使喚了，就對趙鐵庵不好使喚。我趕快把八卦勁兒
扔了。」

　　修丕勳這個老先生，我到現在都忘不了他，他對我挺
好的，告訴我：「你那不是太極勁兒。」

　　趙鐵庵出去練拳，他練拳那個地方都是些練八卦的，
其中楊禹廷先生就在那兒學八卦，那時候他還沒開始學太

_____

① 熊，膠東方言，慫，認輸的意思。

極拳。「饅頭郭」也是在那兒學八卦，「饅頭郭」就是一九三幾年在萊州國術館教八卦的，「饅頭郭」和修丕勳，一個教八卦，一個教太極。「饅頭郭」看趙鐵庵練太極，就過去說：「你這能打人吶？」但他和趙鐵庵一推就不行了。趙鐵庵學拳是走了個捷徑。楊禹廷一看，這個人管什麼不是[2]，這幾年不見，哪來這麼好的功夫？一聽是跟王茂齋學的，這才拜王茂齋為師學太極拳。

這是修丕勳老師告訴我的，也就是說，趙崇佑練了三年，成功以後，楊禹廷才練的太極拳。

✜ 投師無門

解華祥老先生練太極拳，但他不會推手。我跟他練了六七年楊式，上青島去，在青島棧橋上有一大幫練武的。其中有一個老賀，說是推手最好，他是練陳式太極拳的。但我推了那麼一些，沒有一個是不費勁兒的，全攪斥[3]。叫你也拿不出勁兒來就繳槍了的，沒有一個。

我跟解華祥老先生學楊式太極拳期間，認識一個練吳式太極拳的，誰呢？楊禹廷先生的徒弟，他叫劉馨齋，在家的名叫劉洪斌。我早就聽說太極拳能「四兩撥千斤」，不能單練拳架。這樣就和他走到一塊兒了。俺兩個有時候騎車去海邊帶魚（販魚賣）。他是黃山館（龍口的一個鄉鎮）的，比我大二十四歲，也屬虎。

劉馨齋這個人現在已經不在了，九十歲走的，也算是

---

[2] 管什麼不是，膠東方言，意思是沒什麼能耐。
[3] 攪斥，膠東方言，意思是頂抗、扭打。

楊禹廷不錯的徒弟。他告訴我：「南方過來的，楊老師讓他首先得能把我發出去，能對付得了我，他再對付別的人。」劉馨齋是楊禹廷老師手下的「五虎上將」之一。另外，馬有清 1958 年跟楊禹廷先生學太極拳，介紹人就是劉馨齋。馬有清有封給劉馨齋的感謝信，在我手裏有三十年，後來我把這封信由六合螳螂拳名家趙國忠轉交給了馬有清先生，以作留念。

　　劉馨齋這個老先生有勁兒，馬長勳老師 20 世紀 90 年代到龍口我那兒去的時候，我叫徒弟去找他，他上車不用踩車梯子，一跳就蹦上去了，那時候他就已經七十來歲了。他說推手不能用力氣，我一用力氣他就不讓用了，他說：「你又用死力氣。等你練好了，你的勁兒就都用上了。你現在這個不對。」俺倆一搭手，他先來勁兒，還不讓我動。我一動，他就說：「哎，你看，掙扎，掙扎。」我說：「不對呀。劉老師，你說不用勁兒，你那勁兒老鼻子④啦。」俺倆一直玩了四十年，一直到他走。那時候條件不好啊，炒個雞蛋，炒個花生仁，喝點兒老白干——他愛喝酒。

　　劉馨齋說：「等你去北京，你先找李秉慈。」我去北京好點兒⑤找到李秉慈。他住在那個什麼寶珠子，曲裏彎彎兒的，總算找著了。找著了，想跟他學學。帶了些東西，他也不要，他也不教你。我說：「劉馨齋叫我來的呀。」沒用。我這一趟就是白跑了。

---

④ 老鼻子，膠東方言，在這句話裡指勁兒特別大。
⑤ 好點兒，膠東方言，指特別費勁兒。

這個時候，還沒認識劉晚蒼老師。

✚ 結識劉師

我教了個老徒弟，原來是個金礦礦長，叫聶金良。他上北京去，回來告訴我，說：「北京有把好手，地壇裏的高手，都叫他『劉三爺』。」我一聽就急了，我說：「這得去啊。」那時候還是六幾年，不到 70 年代。

就這麼個情況，我上北京了。我先坐船到了天津，在天津買了去北京的火車票。買票後到天津中心廣場去看了看，見到有一幫人在練拳、推手，就去推推手向人家學習學習。結果從二十多歲的年輕人推到七十多歲的老人，全都是拉拉扯扯不分勝負，沒有一個能使我拿不出勁兒、輕鬆放出去的人。最後來了一個煙台人，這位老鄉四十多歲，體重一百三十斤左右。我們倆又扯到一起，不分勝負。老鄉說這明明是摔跤，哪是推手啊。我們倆都覺得太極拳推手不是這麼個推法，但沒有辦法，遇不著會推的，就得這樣瞎推。實在找不著一個能使人拿不出勁兒，讓人心服口服的人。

這時旁邊一位老先生說：「等一會我們的老師來了，你再試試。」當時已經九點了，我是十點多鐘的火車，所以得趕快走，怕誤了火車。後來和劉老師說起這段事，老師遺憾地說我沒有福氣。這個老先生說的老師其實是郝家俊，是難得的好手。在場的吳彬芝老師也說郝家俊是高手。這件事成了我此生的一大憾事。

到了劉晚蒼老師那兒，我一告訴他我是黃縣龍口的，

他就說：「咱倆是老鄉啊，我是蓬萊的。」我說：「我愛好太極拳，我更愛好推手。」，他說：「你也好推手？好啊，來試試手。」我那時候，三十二三歲、三十三四歲吧。

俺兩個一搭上手，我一掙扎，就出去了。我當時高一米七七，一百六七十斤，還練過外家拳，我推過這麼些地方，都攬斥啊，摔跤啊，還沒個人把我摔倒了。結果和劉老師一搭手就出去了，一出去就是兩三丈，使不出勁兒來，震得腳疼。

我和劉晚蒼老師推手，第一回就會蹦，可現在還不讓蹦——蹦在拳論上叫「被打欲跌須雀躍」，被發蹦出也叫洩力養氣法，有時蹦都來不及，摔個大腔蹲。

劉晚蒼老師特別願意和我推手，效果好啊。潘鳴皋就在地壇邊兒上住，我去就找他打輪推手。潘鳴皋和我說：「你和劉老師你就在那兒裝，和我就拚命。」其實哪是呢？是俺倆不行，一推就摔一堆兒⑥去了。我在青島，在濟南，走這麼些地方，都沒遇上像劉晚蒼老師這麼一個。

劉晚蒼老師說：「你愛練吶？你是個木匠（我是學木匠的）叫他們在這兒找點活兒給你幹著。可上哪兒找？沒有活兒。只能一年去一趟，待個十來天。

我在地壇看劉晚蒼老師和吳彬芝倆推手，還不是打輪，他倆就在那兒弄弄，吳彬芝就退出去了。吳彬芝的手倒是輕，可是他和劉晚蒼老師推回回敗。我和吳彬芝推手

⑥ 一堆兒，膠東方言，指「一塊兒」。

也不頂，他能控制了。

那天我在那兒，來了個大鬍子老頭兒，這個大鬍子老頭兒後來我說給馬長勳老師聽，馬老師說那是吳鑑泉的徒弟。他把拳忘了，又跟他的一個師兄找全了。他說他這個師兄練拳，誰也不讓看，沒人能看到，就這個人給了吳鑑泉一套四合院。這個大鬍子他和劉晚蒼老師推手，也是弄弄就退出去了。劉晚蒼老師是不動的，弄一弄他就出去了，他說：「這個勁兒真好，一放我就走了。」這個老師提出和我推推手，劉老師說：「雲龍你注意，這樣的手在外面你看也看不到。」我理解老師的用意，結果我們互相打打輪就算了，這老師沒有問勁兒，說挺好。

還有一次，我到劉老師家，老師很高興，說：「雲龍快來，今天就咱爺倆，不要像在公園裏那樣，還有些不好意思。今天把你所有本領全拿出來，只要別砸了家具就行。」其實每次和老師推手，我都不是做假，就是不行，稀里糊塗的就被放出去。今天沒旁人看，老師又叫把本領都拿出來，我想那就盡力和老師拚一拚吧！結果一接手就不得力，想什麼辦法也不好使，前俯後仰，站立不穩，什麼也摸不著。那時老師大約 77 歲。

我問劉老師：「您與李經梧老師推過手嗎？」他說：「以前在你王子英師爺家推過。李經梧的手兒挺好。」再沒有說別的。

後來在煙台太極拳劍比賽大會上，我遇上李經梧老師的徒弟楊玉岐，他說李經梧老師認為目前北京推手最好的是劉晚蒼，再是王培生。

　　我認為，劉晚蒼老師七十七八歲那時候，最空曠、最好，長的也威嚴，真有個大武術家的氣勢。

　　劉老師八十歲，一個人從北京上龍口我那兒去了。上我那兒去，嘴就已經喎了，他說：「我中風了。」我說：「咱回蓬萊一次吧。」他說：「不去，管誰⑦別告訴，管誰別說我上龍口了。」所以，蓬萊老家的都不知道。他在我那兒玩了就頂十來天，正好是拔麥子的時候。剛才說的我那個當過金礦礦長的老徒弟，我就把劉老師安排在他那兒了，他還跟劉老師學了趟太極劍。

　　劉老師來的時候，和我說：「雲龍啊，你看幾好個人⑧推不了你，但是你還不行。」我到如今記著。這又二十多年了，又孜孜不倦地練，也不能說行。不過得相信，太極拳這個東西，一定不是力氣活兒。你越撕掙，他威力越大，叫你拿不出勁兒來，捕風捉影總是被動。

✤ 日常處處是太極

　　劉晚蒼老師告訴我太極勁兒的問題。

　　他說：「你看這個小鳥落在樹上，有的時候一落，『撲哧』就從樹上掉下來了。它不知道這個枝枯了，它當成好樹枝了。」這就是講的空，他的內勁兒，他的神意氣，就在這兒托著你，你試試是有點東西，可是他不是力氣，是力氣就頂了，他一撒，你就按空了。

---

⑦ 管誰，膠東方言，意思是「不管是誰」。
⑧ 幾好個人，膠東方言，不同語境下含義不同，這裡指水準不一般的人、大多數人。

「小鳥又一來，這個樹枝一軟乎，『噔』又把它彈出去了。」這是講什麼？引進落空。

他又講，他說：「你爬山，挺陡的，拽到一棵挺硬的草，你使勁兒一拖，毀啦，草斷了，『踢騰撲哧』一溜滾兒下去了。」

這是個斷勁兒。你往高手身上一按或一拽，自己覺得能按上，但突然斷開沒有了，他把你給空出去，就是這個勁兒。

他又和我說：「那些年吶，我回家都走龍口，船在外面進不去，坐著舢子運到海邊，再踩著橋板上岸，橋板有時候兩三節，七八十米，五六十米，多的時候也有百八十米，它根據潮水的大小，潮水大點兒，安一節就登陸了。你們那兒有抬煤的，你看前面一個，後面一個，『呼哧』『呼哧』，得合拍，不合拍就掉海裏去了。橋板想向上的時候你往下落，這不就頂了嗎？」這個講的是什麼？合一，倆人得合上。

合勁，這個「合」，不是指打拳中開合的合，是陰陽合一的合。太極拳中的神形合一、天人合一、陰陽合一，都是很難練到的功夫。比如，天人合一，指行拳中定，大氣貫通，氣達四梢，能手自舞之足自蹈之，飄飄然，似行雲流水，好像是騰雲駕霧，和大氣合合在一起的感覺，很美；神形合一，是指在發勁兒的一瞬間，身形很順，周身一家，能手與足合，肘與膝合，肩與胯合（是「外三合」），再與內裏的神與意合，意與氣合，氣與勁合（為「內三合」）結合起來，突然內勁爆發，如虎嘯猿鳴，野

馬脫韁，威力神速無比；陰陽合一，是指對方一動，要與
對方之勁合起來。所以說，「陰陽相濟方為懂勁」。

　　這個陰陽合一，很難，在和對方一搭手的瞬間，就要
無過不及地合好，運用的勁大一點不行（過了），小一點
也不行（不及）。所以接勁要無過不及，恰到好處。合得
要如水磨催緩急，水流大、快，水磨轉得快；水流小、
慢，水磨轉得就慢。所以要急動急應、緩動緩隨。這就是
陰陽合一。陰陽合一很舒服，在太極圖上，陰陽魚的中線
就是陰陽合一。

　　「大浪撞岸邊石頭上，它又反回去了。」你來勁兒，
截勁兒，合得合適就有。當然，人比這個要強多了，那個
是死的，人有化拿。

　　他說：「你看那碼頭，大浪來了，捲一個花兒回去
了。」這個東西就是張式聚老師說的「雀起尾」勁兒：搭
上手，小尾巴一翹，就彈出去了。

　　還有，他說：「上南方去，在個沼澤地，陷那兒去
了，越固擁⑨越深。一個老鄉說：『別別別，別固擁，再
固擁就沒影兒了。』他拿個板過來托著，這才出來。」這
也講的太極勁兒，搭手就讓對方起根，他越使勁兒越吃
虧，越使勁兒越沉，沉沉，就沒有了。咱拳論上說「仰之
則彌高，俯之則彌深，進之則愈長，退之則愈促。」

　　……

　　劉晚蒼老師講這些勁兒講了不少。他能講，這就說明

---

⑨ 固擁，膠東方言，指掙扎。

他精心研究過，他能用，有體會。反正是我走了不少地方，沒遇上比劉老師再好的。

劉晚蒼老師沒告訴我他跟誰學的，光推手我知道從40年代是跟王子英學的。應該說，劉光斗在那個期間，他的文化水準最高，師兄弟中沒有一個比他再高的，他是大學生。應該說，他能把劉晚蒼老師制服了，一定不是力氣活兒，他力氣能有劉晚蒼老師大嗎？我是這麼悟的。

趙崇佑是王茂齋的好徒弟，修丕勳是，應該說，劉光斗也是。在一些介紹上沒寫劉光斗，這是不對的。劉光斗當年十六七歲、十七八歲，劉晚蒼老師比他大六歲，劉晚蒼老師多有勁兒啊，誰也不服，他就弄不了劉光斗，劉光斗肯定有好東西。再從他寫的那些東西看，有好東西。

他說練拳手上脹乎乎兒那個勁兒不要丟。全身鬆透了，全身是個大氣球，手上到老脹乎乎兒的，得著這個，就憑這個沾黏連隨，引進落空。

有些人的勁兒，裏面缺不少材料，是因為沒有腰。真正的鬆腰是氣下到湧泉穴，你不用想它就上來了，上來了，就是劉光斗說的手心脹乎乎兒那個東西。離開這個東西，就是力氣。力氣哪來的沾黏連隨？力氣一上去就頂，一頂就摔跤。其實要是練好了，十年八年的，就能練出好東西。但不能說行，因為藝無止境。

吳式太極拳，最好的就是王子英，劉晚蒼老師說：「老師摔我一個我得一個。」就是說王子英老師用的勁兒就都上他身上了，他都得著了。

劉晚蒼老師很有悟性，你看他給我說的這些勁兒，誰

能說出這麼些勁兒來？幾乎把太極拳的勁兒都包括了吧？引進落空有，截勁有，合勁有，滲透勁有……都包括了。

我反對力氣活兒，我以前淨是力氣活兒，摔僵勁摔了三十多年，後來我就算是推不過你，我也不拿勁兒。舊勁兒不去新勁兒不生啊，你到老⑩力氣不想甩了，還想長太極勁兒，門兒都沒有。

✚ 扔僵勁用了二十年

我再說哈爾濱的兆麟公園吧。

我們龍口有個叫周金鼎的，他是山東國術館的學生，還有個呂高舉，也是山東國術館的學生。這倆人在山東國術館和誰是師兄弟呢？李天驥，李玉琳的兒子。周老告訴我，王歷生在兆麟公園裏，他說：「我在那兒推手，都是高手，王歷生啊，李天馳（李天驥的哥哥）啊……」他還插了這麼個小曲：「李玉琳教了個徒弟，多少年不來，有年過生日來了，來了不服老師，和老師推，叫李玉琳把他發到葡萄架頂上去了。」李玉琳可了不得，他是孫祿堂的徒弟，是真有東西。據傳他和孫存周不對付，所以才上東北了。

我上兆麟公園一看，這幫人真規矩，練拳練得真好。但是推手，從二十來歲的推到七十來歲的，還是推不好。

王歷生老師說：「你上我家去。」我沒有去。我那時候就認識劉晚蒼老師了，我告訴他劉晚蒼老師怎麼怎麼

---

⑩ 到老，膠東方言，意思是「一直」「總是」。

樣，他說：「你哪有條件上北京那兒去學拳？路費多少錢？住宿多少錢？我給你介紹個好老師吧，我的個師弟。」他給寫了封信，讓我拿著找萊州的張式聚老師。

張式聚老師，是王茂齋的外甥，外名⑪叫「炕頭大王」，這是一點兒不假呀。我每一趟去，他都在炕上躺著，他愛睡覺。我就是從東北哈爾濱那兒回來，萊州那兒淨是拔麥子的。我走錯道兒了，應該從朱橋下去，二十五六里地，一直到呂村。結果我上了平裏店，都是小道兒，曲裏拐彎，好不容易找去了。

找去了，家裏沒有人，我光看見張老師在炕上躺著睡覺。我沒想到張式聚老師能活到九十五歲。我去那年三十八歲，他是六十四歲，和我父親同歲，屬鼠的，現在要活著，是一百零兩歲。他當時拉血，臉焦黃。他說：「我一蹲就是兩個點兒啊。過年初一，要吃餃子了，等我就是等不來了。我一看茅坑裏，都是一片紅的，拉血。」他告訴我：「我一練拳哪，腦子就想事兒。要是王茂齋再活幾年，靜坐我就會了。」我琢磨著，他躺著在那兒幹什麼？靜臥啊──躺著，什麼都不想。他得道了，不然他活不到那麼大歲數兒。我現在七十六了，比他那時候六十四歲年輕多了。可是，去年我去，我那師兄張繼先（張式聚老先生的兒子）拿出張照片，告訴我：「這是九十二歲的時候我給照的。」我說：「哎呀，比六十來歲的時候都好啊。」紅彤彤的。

---

⑪ 外名，膠東方言，意思是「外號」。

　　張老師的推手和劉晚蒼老師的不太一樣，但有太極勁兒，能叫我拿不出勁兒來。俺倆一搭手，他就先叫我拿出勁兒來，控制我動。劉晚蒼老師不是，在劉晚蒼老師那兒你隨便兒，你一動他就合上了，一發兩三丈。輕輕一點勁兒，就能控制你的勁路。太極勁兒沒有底。來個一百斤的，我手穩[12]他身上，他還能固擺；來個二百斤，手輕輕往他身上一穩，他就完。不要怨人家不鬆、不整，怨你自己的功夫不夠。功夫到了一定程度，穩上就完，穩上就動不了了。

　　張繼先我那個師兄是真好。每次去，都是：「雲龍，來來來，我就不信我走不了你的手。」我們倆誰也推不好誰。有趟去，他說：「雲龍，等等，我給你找個人，你倆推手合適。」一會兒騎車來了一個人，比我年輕三四歲，一百八十來斤（我最多一百五十來斤），叫羅同新，是修丕勳的徒孫，住在羅家，離呂村半裏地。他師父是修丕勳最好的徒弟，叫周風岐，這個人死在東北，據說和東北一個練形意拳的幹，受傷了。俺倆搭上手，他也是被動，拿不出勁兒來。

　　我還帶了一個人，叫張克雲，我平時和他推手推不好，他個兒小但很壯實，就是個老虎。俺倆一推就摔跤，天昏地暗。可是，老老實實地說，張繼先也好，修占也好，羅同新也好，推張克雲，都推得比我好，雖然裏面都還帶力氣。尤其羅同新，一掌就把張克雲打出去一丈來

---

[12] 穩，膠東方言，意思是「放」。

遠。我說：「哎，我怎麼就不能呢？」

可這之後，我扔僵勁扔了二十年，和張克雲一搭上手他就丟，他就動不了了，他說：「這才是太極勁兒，我跟你再重新練吧。」我說：「從二十多歲練到五十多歲了都沒練好，還練什麼。」他就不高興了，以後再沒有來往。

我這個師兄（張繼先）和我說：「雲龍，你不知道，萊州沒有不知道你的。」其實，我要是還是那個勁兒的話，現在我這些徒弟一個都不用推了。我有個徒弟叫王東，二百多斤，是體育老師，從小練武術，能舉三四百斤。我以前那個勁兒能對付了王東嗎？開玩笑。所以說，「四兩撥千斤」，不是沒有道理的。

✚ 王門軼事

說說我第一次見馬老師（馬長勳）。我去劉晚蒼老師那兒那麼多次，沒遇上他。我說想見見師兄，老師說：「他們都忙，你不用找他們。」還有一個叫趙興昆的，也說：「你不用找他們。」

劉晚蒼老師上我那兒去的時候八十歲了。他回去以後，我心想：以後老師不在了，人家都說他這些徒弟裏真有好徒弟，我還不得聯繫聯繫嗎？所以我就上北京去了，馬老師他不接見我，告訴我「劉晚蒼老師在北海」，往外推。虧著我一個同學在馬老師那兒練，叫逢兆蘭，她也在七七二廠上班（和馬老師一個廠的），很熱乎地招呼我，就這樣，馬老師才和我推。我之前有了體會了，和馬老師推，馬老師一放，我就出去了，馬老師也挺高興的。

　　其中有一個人，六七十歲，我去的時候，見他和馬老師在那兒打輪，他（看了我和馬老師推手後）說：「你們這是真的嗎？」馬老師就說：「你和他試試。」他還真和我試，沒過一會兒我就給他造了個大腚蹲兒。馬老師和我說：「你別看他推手不行，散打你乾脆不行。這是董海川的第四代徒孫，在北京很有名，教了不少徒弟。」

　　後來，我叫馬老師上龍口來了兩趟。我這些徒弟和馬老師推手，我一概囑咐：「這樣的手你們連見也撈不著見，不准攪斥，你就聽聽勁兒。」所以馬老師來龍口五六次，和我這些徒弟玩得都很好。

　　馬長勳老師和我說：王茂齋的這些徒弟，有一兩個人，和劉老師推手，劉老師能贏個六七個，他贏個兩三個。只有王子英，我遇上的這麼些人，沒有一個說王子英不行的，一個都沒有。

　　馬老師是劉老師的正規徒弟，也跟楊禹廷學。

　　楊禹廷跟他說過：「你們老師的功力深啊！」

　　應該說，北京吳式太極拳研究會現任會長關振軍說得非常坦誠，他說：「我的恩師王培生，在他們師兄弟中，最佩服、最尊重的就是劉晚蒼師伯，他對我多次說過，劉師伯武藝高強，無人能比，尤其是他的濟人不求報的品格，真正做到了助人為樂，分文不取，這是武術俠義的最高境界。」（見關振軍《懷念師兄劉培一》，《吳式太極拳》2015 年第 1 期，總第 33 期）

　　萊州還有一個人，是李經梧的大徒弟，叫郭少良。他也跟陳發科學陳式。他有個徒弟叫郭廣成，跟我學了十多

· 1982 年，上海吳式太極拳名家吳英華、馬岳梁蒞京會議暨同門合影留念。

年，我就和他，還有我另外一個徒弟張雲峰去了。

　　郭少良人挺好的，給我講了些勁兒。他跟張雲峰說：「跟你老師好好學，我老了。」我去那年，他正好八十歲。他也屬虎，比我大二十四歲。他和我說了個事兒，他在西單，在商場當保管，在外面練拳，楊禹廷先生看見了。楊禹廷先生那時候七十來歲，就問：「你跟誰學的？」說跟李經梧。「會推手啊？好，推吧，咱試試勁兒。」一試勁兒，楊禹廷沒處理了。

　　他還告訴我：有一次，楊禹廷遇上李經梧了，說：「經梧，來，咱倆試試手。」李經梧上去就把他給抓起來了。郭和我說：「這是和李經梧關係非常不錯的一個朋友告訴我的。」李經梧說：「楊禹廷八十歲以後，別說我，就是在北京，也沒幾個能和楊禹廷推手的。」

　　我問黃山館的劉馨齋師父（楊禹廷的徒弟），我說：「楊禹廷先生是不是八十歲以後才好？」他笑一笑，說：「對。」我說：「王子英好，還是楊禹廷好？」他說：「都好，都不錯。」他說吳圖南欠些。70 年代，他上吳圖南那兒，吳圖南說：「馨齋啊，你饒了我吧，沒勁兒和你推了。」他還說，北京的高手如楊禹廷、吳圖南，等等，他都摸過手，唯獨王子英簡直就是爆炸。

　　劉馨齋和我說，有次在楊禹廷老師的拳場遇見王子英，想和他推推手，王子英不推。等王子英走了，劉馨齋問楊禹廷：「怎麼師叔不和我推手啊？」楊老師說：「在外面怎麼和你推？你上他家去啊。」劉馨齋這就上王子英家了，搭上手就被王子英發到了立櫃上了。劉馨齋跟我說：「那個立櫃高啊，我爬上去都費事，我都不知怎麼被發上去了。」

　　應該說，王子英最好的徒弟，是劉晚蒼。別人現在不大提劉晚蒼，光提李經梧。而李經梧說：最好的是劉晚蒼，其次是王培生。

　　我那次看完了郭少良，郭少良就走了。

✥ 「凌空勁」與「離沾黏」

　　再是煙台的孫振嵩老師。我見孫老師那天他剛從醫院出來。我們上午九點到，他十點出來的。孫老師告訴他的徒弟說：「我不在了，你上龍口王雲龍那兒去，他練得對。」有些人也去找過孫振嵩，人家是不歡迎的。但是孫老師有好勁兒。他為什麼死那麼早呢？他三十歲就是嚴重

的先天性心臟病，不練太極早死了，得這麼看問題。

　　我去的時候，他說：「你把凌空勁寫一寫。那個記者給我寫的不對。」我到他那兒以前，我哪會凌空勁？不會。不過是也沒白去。我那個跟著一起去的徒弟張雲峰，孫老師用凌空勁放他放得很好，孫老師知道我能練出凌空勁，我回來很快就有了。

　　凌空勁這個東西，不是對任何人都好使喚，但是一個練太極拳的人，沒有凌空勁，不能稱其為高手。我和劉晚蒼老師推手，我說：「這個勁兒，我覺著你不碰著我，我也能出去啊。」劉晚蒼老師說：「是啊，這叫『離沾黏』啊。」我第一回聽說「離沾黏」，都說「凌空勁」，他說「離沾黏」。我的這些徒弟，我都能打凌空勁，四十多個，源源不斷。其實，凌空勁和太極勁一樣，你打不出凌空勁，說明你那個太極勁有問題，缺東西，太極勁雖一觸，應包含引化拿發，引化半個圈，是引進，拿發半個圈，是放，是合即出。所以說妙手一著一太極。裏頭帶力氣，永遠打不出凌空勁，凌空勁是純粹沒有力氣。

　　所以，太極拳這個東西，非要有大悟性、大德性，才能有得。第一得不怕丟，丟了怕什麼？不丟能長嗎？怕丟不行。但是也不能和任何人都推。所以，修丕勳老師對我的幫助挺大，他就告訴我：「你甩吧。」我見了劉晚蒼老師以後，更是趕快甩僵力，非得把自身僵力甩掉，才能逐漸生出太極勁，即似鬆非鬆、將展未展的內勁。

　　太極拳不是力氣。得養，不夠就得養。所以，要只管耕耘不問收穫，不斷「養吾浩然之氣」。

承前啟後的
仁愛之師

劉培俊＼口述　季培剛＼整理

當初，劉光斗老師教劉晚蒼和我父親劉煥烈的時候，十路譚腿是我父親和劉晚蒼都學了。十路譚腿學完了以後，其餘譚腿門的拳是分開教的。

那時候，劉光斗也挺忙，要上學，他說：「我給你倆分開，學完了以後你倆再串一下。」像十路行譚、二十四式、串拳、練手拳這幾樣兒，是教的我父親，劉晚蒼主要是短打、查拳、六家式。太極、八卦這些主要的，他倆是都是劉光斗老師親自教的。

劉晚蒼 1950 年前後回了一趟老家，我那時候也就六七歲，剛有那麼點兒印象，個頭兒挺高的一個人在我家練拳、馬眉刀什麼的，從那兒以後他再就沒回來。

到了 60 年代，我本家堂兄到北京探親見到了劉晚蒼，回來後帶了劉晚蒼的口信：「在家下苦功，好好練，我一生所練的東西都裝在口袋裏，練好了來北京，我掏出來你就能拿回去，練不好就別來，來了也拿不回去。」

我當時聽到此話，感到雖是通俗白話，卻寓意深刻，

・1974 年，劉煥烈到北京，與劉晚蒼合影於安定門內大街劉晚蒼住所後院

回味無窮。

　　1974 年，我父親去了趟北京，他自己在老家一直練原來學那些拳，但是太極手兒什麼的，沒人和他研究，欠缺不少。那趟去北京，劉晚蒼幫他看了看，改了一下，給他說了說手兒。劉光斗這個人本身有文化，他教的太極拳和原來王茂齋的不太一樣，做了些改動。劉晚蒼對劉光斗教的拳架整體沒改動，但一些細節的地方，經過他自己一生的琢磨，也有一些變化。

　　那次我父親回老家時，劉晚蒼跟他說：「你看家裏哪個兒子練得好，肯下功夫，領來一個，我教教他。」

✚ 地壇寒冬溫情在

　　1980 年冬月初二，我父親帶著我和劉晚蒼的外孫女（劉晚蒼的女兒劉鍵輝嫁在老家東許家溝北面的韓家村）

·1974 年，劉晚蒼在京與劉培一（左一）、劉培良（右一）合影（劉君彥保存、劉源正提供）

出發去北京。車到了交道口，我父親和劉晚蒼的外孫女下車去了劉晚蒼家，我是直接到了北苑我三哥劉培一家。我三哥是「文化大革命」結束以後到的北京。之前他在西安部隊裏「支左」，支完了以後上了河北蔚縣，從蔚縣又調到了北京砲兵研究所，才上劉晚蒼那兒去學拳，他每天早晨騎自行車去，劉晚蒼把所有的拳都教給了他。我父親跟劉晚蒼寒暄之後，自己又坐車到了北苑。

　　第二天一早，我和父親從北苑到了地壇，劉晚蒼是從交道口家裏走過去的，那時候，他已經七十五歲了，血壓不太穩定，趙紹琴、胡海牙這些大夫不讓他騎自行車。我們一見面，他就說：「當初沒有三爺爺，我能學到這個拳嗎？」在舊社會，都得有點身分的人才能學，咱是底層，哪能學到？劉晚蒼當初學拳，是我爺爺劉桐楣（也就是他的三爺爺）給引薦的。他還說：「我這些東西兒，都讓外府外縣的人學去了，我自己那些兒都不行，他們都不練。怎麼的也該在我們自己家紮個根兒。」所以，我這回到了北京，他拿我特別為重。隨後，讓我把在老家練的拳全部

‧20 世紀 80 年代初，劉晚蒼在北海公園練太極
劍組圖（馬長勳保存、馬駿提供）

練一遍給他看看。

我陸陸續續把十路譚腿、查拳、十路行譚、二十四式、串拳、燕拳（掩手母子）、短拳（短打母子）、練手拳、六家式、如意刀、馬眉刀、羅家槍（華槍）、秦家鐧（雙楲）、雙手帶、春秋大刀、吳式太極拳、太極劍、宋派八卦掌、純陽劍、楊家大槍，等等，都一一練了。

看完我練的練手拳，他說：「這個拳一點兒毛病沒有，不用改。」

我又練了六家式，他說：「這個拳我都忘了。」有些手兒他覺著不太對，給我改了改。我的短拳、查拳、六家式都是在村裏跟劉煥慶學的。解放前劉晚蒼有時候過年回老家，教我叔劉明甫，我叔又在村裏教劉煥慶。我年輕的時候，白天幹活，趕晚上到劉煥慶家去，跟他學了六家式這些拳。我叔劉明甫後來也把這些拳都忘了。

二十四式、雙手帶、太極劍，我是跟我叔劉明甫學的，他也是原來劉晚蒼回老家的時候教的，劉晚蒼讓我練給他看。劉光斗太極劍練得很好，當年北京城在中央公園舉行拳術表演，他穿著大褂兒，飄飄依依地把劍走出來，特別精神。我練完太極劍，劉晚蒼說：「咱這劍，有些地方還缺些東西，你逐步練，再琢磨琢磨，把它弄好。」

我練完楊家大槍，劉晚蒼說：「這套大槍是唐興福從劉德寬那兒學來的，是個好兵器。我現在都忘了，不過哪招兒怎麼用我還能想起來。」

我把會的都練完以後，劉晚蒼上來第一個就問：「雙刀和虎頭雙鉤你會不會？」起先，這兩樣兵器，劉光斗只

教了劉晚蒼。我說：「這兩樣兒我都不會，我父親會的我都會了，你會的我不會。」他感到有點惋惜，說：「劉光斗老師傳的些東西都不錯，路也好，撂了可惜了。」

劉晚蒼把不少拳都忘了，他後來能練下來的就是十路譚腿、短打、查拳這三樣，他的徒弟像王舉興他們都練了，劉源正、王盤林等這些歲數小的也都練了。我三哥到了北京以後，劉晚蒼讓他把原來劉光斗老師傳的譚腿門的其他拳、器械，教一教那些年輕的，像劉源正、張楠平、孫長青、王盤林這些，讓他們也都練一練。

我練完後，劉晚蒼當時就說：「不錯，這些拳都是劉光斗老師教的東西，你在農村能堅持練成這樣也不容易。我這回把七星桿和八卦刀這兩樣東西教給你。」

那天中午，劉晚蒼就把我父親和我請到他家吃飯，他親自下廚炒的菜，其中炒了一個青椒，那種辣椒我在家還從沒見過，肉挺厚，他切得厚薄合適，火候也把握得好，炒出來口味特別好，我跟他說：「你這個辣椒炒得挺好啊，我在家裏到大辛店飯店也沒吃過你做這手兒。」他說：「我這個一般飯店做不出來，放在北京也上數。」他在做菜方面也喜好研究。我從老家給他帶了兩瓶蓬萊老窖。吃飯倒酒的時候，他自己就倒一小盅，一兩來酒，不多喝，已經養成這個習慣了。我父親喝了一盅也不再喝了，劉晚蒼說：「二叔，你一盅可不行，我知道你的酒量。」

第二天再到地壇去的時候，我就開始學七星桿。董公創下的這套七星桿套路精妙絕倫，實為八卦獨門兵器。劉

晚蒼每次就教四個式，我學完以後回去自己復習。他一邊教我，一邊跟我講了當年跟劉光斗學拳的一些事。從那兒以後，每天風雨不誤，除非下大雪不能練了。劉晚蒼平常也不是天天都到地壇去，一般每個星期去三回。我到北京後，為了好好輔導我，那段時間他天天去。那時地壇不要門票，多早過去都開門。我一般早晨五點來鐘就去了，劉晚蒼稍晚一些時候過去。

我沒什麼事，在地壇待的時間長，劉晚蒼走的也晚，其他人都上班去了，劉晚蒼又給我從頭整理太極拳架。從起勢到攬雀尾，嚴格要求，式正招圓，從頭至尾規範校正，他說：攬雀尾是太極拳的總手，太極八法盡寓其中，練不好攬雀尾就練不好太極拳。按拳理習拳法，明虛實，知剛柔，懂勁法，舉腿投足靜有韻、動有勢。

太極架子好學勁難找，用勁不對不用勁也不對。太極功深的人，聽覺、視覺、觸覺中樞神經高度靈敏，輕輕一搭手就知對手的企圖、動向、力點、重心，謂之聽勁。怎樣聽勁？能沾黏才能聽勁，才能隨屈就伸，黏即是走，走即是黏，陰不離陽，陽不離陰。聽勁關鍵在鬆腰，用意念覆蓋對方以偵查情況，細微而靈動，因勢利導，達到聽勁準確，然後化勁發勁在剎那間完成。

每天在地壇學完回到北苑，我三嫂都說：「準備準備好吃午飯。」我說：「先別，你們先吃著。」我到後面的煤場，那兒沒人，在那兒把七星桿熟練一下，晚上我也在那兒練拳。第二天再到地壇，我一練，劉晚蒼說：「可以。練好了我就接著往下教你。」一邊教著，一邊把用法

也講了一下。邊學七星桿，邊插空把其他拳練給劉晚蒼看，只要他會的，都給指一指，改了改。那時候，刀、槍等器械什麼的，劉晚蒼基本都不練了，就是在我練時，他告訴我哪個地方該怎麼走。

在地壇逐步見了劉晚蒼的那些徒弟。劉晚蒼的徒弟不是天天早上去，有的是星期一、星期三、星期五，有的是星期一、星期五，也有星期三、星期五的，星期六、星期天一般都過去，人就多了。

1974 年我父親到北京那趟，在地壇劉晚蒼那兒見過吳彬芝，回來跟我說過。吳彬芝跟劉晚蒼會面比較早，他會的東西挺多，跟李景林的保鏢學過。這個保鏢有錢，也愛好練拳，他學東西的時候都是給李景林送大煙土，那時候這個貴重。吳彬芝跟他學，光劍他就會好幾套，昆吾劍、武當劍他都會，還會孫式太極拳，跟楊澄甫的徒弟武匯川也學過。吳彬芝到劉晚蒼這兒以後，劉晚蒼的一些徒弟都跟他學過東西，我三哥跟他學過幾趟劍，馬長勳也跟他學過。劉晚蒼會練武當對劍，可能就是當初跟吳彬芝學的。胡海牙也會武當對劍，他是以前在杭州的時候跟黃元秀他們學的。劉晚蒼和胡海牙以前還經常練武當對劍，後來也不練了。不過，我這次去地壇，沒見過吳彬芝，可能已過世了。

我沒去北京以前，我三哥回來告訴我：「你和王舉興（推手水準）差不多。」這之前，王舉興有次和我三哥推，被我三哥推倒了三下，等劉晚蒼去了，跟王舉興說：「這回你知道有能把你推倒的了吧。」那時，王舉興的推

手還不太行。我三哥跟我說：「我也不知道怎麼回事，他一來勁兒，我一下把他給推倒了。」王舉興一直跟著劉晚蒼，下的工夫也比我三哥多，後來我三哥就不大推得了他了。我這趟去北京，和王舉興也推過，那時王舉興長期跟著老師，學了不少東西，我和他也就推了個差不太多。

當時劉晚蒼在跟前，王舉興說：「你看我這手兒，咱倆推著還行，上老師手裏面就一點兒也不好使喚了。」劉晚蒼後來和我說：「王舉興在北京沒敗在別人手底下，就敗在我手底下了。」

當時，陳耀庭我也見過，劉晚蒼給介紹說是大學老師。陳耀庭原來在杭州跟牛春明學的楊式太極拳。到北京以後，又跟崔毅士他們練。吳彬芝原來跟崔毅士、汪永泉他們都在一塊兒，也幫他們教過拳。陳耀庭想跟吳彬芝學推手，吳彬芝告訴他：「你想學推手真東西，到地壇去找三爺。」就這樣，吳彬芝到地壇跟劉晚蒼說：「有個小陳，是大學教師，想跟您學推手。」劉晚蒼這個人，不管是誰去他那兒，只要是人品好，他都指導你。哪手兒怎麼用，都親身示範，耐心解說，一點架子都沒有。

潘鳴皋，我也是從那兒之後就熟悉了。他也是吳彬芝帶到劉晚蒼那兒的，天天靠在那兒，專跟劉晚蒼學推手。劉晚蒼在那兒和別人推手，他就在那兒看著。有回我看劉晚蒼和他推，他的手照劉晚蒼的胸部就去了，劉晚蒼胸脯就這麼一固攍①，潘鳴皋「騰」的一下就出去了，劉晚蒼

---

① 固攍：膠東方言，在這裡指一種模糊的、看不清來路的「動」。

· 1980 年冬劉煥烈
帶四子劉培俊到北
京跟劉晚蒼學拳，
於 1981 年春節合
影於頤和園（劉培
俊保存、提供）

的身法老是保持中正在那兒。潘鳴皋幾步又跑到劉晚蒼跟前伸手繼續推，他挺靈活。

潘鳴皋告訴我：有一回，香港來了個人，說要見劉晚蒼，潘說：「要想見老師，得先經過我這一關。我這一關過去了，才能撈著見他。」說「行」，兩人一搭手，那人出手就照潘鳴皋去了，讓潘一下把他扔躺那兒了。爬起來之後，又來了猴拳什麼的，把自己練的都拿出來了，結果都讓潘鳴皋給放那兒去了。潘鳴皋告訴我：「我不看別人的，我就專門研究老師的推手。」

潘鳴皋還和我說：「劉光鼎下的功夫也不比你少啊。他和老師寫《太極拳架與推手》，就在地壇這兒，我都看到的。」劉光鼎當時在上海，為出這個書，有時候就到北京。他跟劉晚蒼說，在上海和顧留馨推過手，顧也沒推得了他。顧留馨也挺有名的。

·1981 年初，劉晚蒼作《晴嵐暖翠》（劉培俊保存、提供）

　　在地壇，我跟潘鳴皋推手推的多，再是王克南去的時候，我們推的也挺多。當時，王克南是聾啞學校的校長，每個星期天騎自行車五十多里到地壇。我倆推了很多次手，關係不錯。初次見面，我就是和他打打輪、揉和揉和，他說：「來，發兩個勁兒。」我一發，他說：「哎，這個好，再來。」又繼續來，他認為我這個勁兒走得挺好。

　　我父親 1974 年到北京的時候，還跟溫銘三推過手。這次我們在地壇，溫銘三也去了，一見面，說起玉摩杖，我跟劉晚蒼說：我要跟溫銘三學學玉摩杖。劉晚蒼說：「這個東西不錯。原來在西安的時候，劉光斗老師就告訴我以後回北京要跟王子英學學玉摩杖，後來光跟王子英研

究推手了，沒有機會學其他的。這個東西不錯，你跟著學學也行。」

在我學玉摩杖的時候，溫銘三說：「我教你這個，我跟你學馬眉刀。」我之後跟劉晚蒼說溫銘三要跟我學馬眉刀，劉晚蒼說：「原來他跟我學過，沒學會。他教你玉摩杖，他又樂意學馬眉刀，你教教他也行。」劉晚蒼的意思是溫銘三和他自己的歲數都大了，教起來太費事。

我在那兒看劉晚蒼和別人推手，我也研究這個，摩這個，老師的東西得多去悟。和劉晚蒼推手，我還用了些腿法，我蹲下去出腿攻下盤，問他這個腿怎麼破，他說：「這個好弄。」兩個手指頭輕輕一點，我就躺那兒去了。他說：「那些外家的東西都好破。你要能把這太極掌握好了，什麼也不怕。不管他手段多毒，力氣多大，都不怕他。」

那年快過年的時候，劉晚蒼說：「過年這幾天，咱就不來了，回家過年，團圓團圓，過完年再來。」正月初一五更起來，我三哥帶我到劉晚蒼家拜年，然後上午又去在北京的幾個本家親戚家轉了一圈，像劉培植等，都是本家，他在體育館附近住。他以前就在體育館跟李天驥學過簡化太極拳，是單位派的帶工資去學的。「文化大革命」期間都停了，李天驥也被趕出了北京。直到 70 年代，「文革」結束了，早上起來去體育館那兒鍛鍊，才偶然碰到了李天驥，上前見面兒說說話兒。李天驥說：「現在北京，『文化大革命』搞的，有功夫的老武術家不少遭了難，現在就剩一個劉晚蒼，太極推手最好，他的推手在北京最

高。」劉培植說：「這是我本家的一個堂兄。」李天驥沒想到劉培植竟和劉晚蒼有這麼個關係，還特地叫他給劉晚蒼帶個問候的話兒。

那年過年，劉晚蒼應邀到人民大會堂去表演，他表演的就是七星桿。

後來，我七星桿學得差不多了，想把八卦刀也學一下，劉晚蒼怕自己年紀大一些翻身動做作不規範，說讓王舉興教我。八卦刀不大好練，我就跟王舉興學了開頭的幾個動作。

冬月、臘月、正月，三個來月過去了，我是二月初二以後回的蓬萊老家。

臨走之前，劉晚蒼和我說：「你這個手兒，來這一趟還不行，有機會再來一趟。」臨走的時候，劉晚蒼又叫我到他家吃頓飯，還送了點禮品給我。到劉晚蒼家，見牆上貼了張他自己畫的山水畫，我也愛好字畫兒，一直在那兒看，劉晚蒼跟我說：「你要喜歡，就摳下來帶回去。我等有工夫再給你畫個大的。」

在劉晚蒼家吃飯的時候，我問他：「你不找個時間回老家去趟嗎？家裏很多人都知道你功夫挺高，都沒見你這個人什麼樣。」他說：「怎麼的我也得回去趟，我四十多年沒回去了。」

我父親、我和劉晚蒼的外孫女這趟返回，是坐的九點來鐘的火車，劉晚蒼的大兒媳婦，也就是小正（即劉源正）他媽，安排去火車站送我們上的車，她在北京做服裝的手藝很好，經常給國內外領導人做衣服。

✚ 北海飄雪續師承

1984 年，我再到北京的時候，劉晚蒼的大兒媳婦就已經去世了。劉晚蒼和我說：「我這大兒媳婦一去世，我在家裏操心的事就多了。」日常花銷，米麵什麼的，全都得他費心。他也上了點火，耳朵有點背。我去家裏看他，他給了我一幅大的山水畫，還有一盒點心。

這個時候，劉晚蒼已到北海教拳，胡海牙、趙紹琴給包的每年的月票，這個地方離他們比較近。

每天早晨，北海公園六點開門。北門檢票那個地方，裏面有個小屋，有人在那兒看門，劉晚蒼的一些桿子什麼的都放在那兒，誰去得早，就拿到五龍亭那兒去。劉晚蒼教拳的地方在五龍亭和北海餐廳之間那片開闊地。

那時，馮志強在北海九龍壁那兒教陳式太極拳，王選傑也在北海教大成拳。劉晚蒼當時已經七十九歲了，他每天晚上還要到紫竹院那邊的植物研究所看大門，在那兒有幾個大學生趕著晚上時間還跟他學推手。他一般下午五點從交道口家裏坐公交車過去，早上再坐車回來，到北海公園下車，練完了再回家。

我第一天去北海，和劉晚蒼一搭手，上去就是一個八卦的獅子揉球，劉晚蒼說：「好手！到我這兒不行。」一笑，他身上稍微一化，我就出去了，一丈來遠，不過我沒摔倒，一個馬步站住了。

1980 年到北京那次，我基本上天天去地壇，但沒見過趙興昆、胡海牙、趙紹琴。他們都是 1984 這回到北

·20 世紀 80 年代初，劉晚蒼在北
海公園練馬眉刀（馬長勳保存、
馬駿提供）

海才見到。趙興昆，大家都叫他「裁縫趙」，他是個裁
縫，改革開放以後，家裏開了個裁縫店，買賣不錯，他天
天早上都到北海去，太極是我倆一塊兒練，他在前面，我
在後面，練完拳架就推手。當時劉晚蒼歲數大了，我跟裁
縫趙推手推得比較多，天天推。他講手兒講的不少，裏面
的理講得也挺好。他跟我說：「太極勁兒，說有就有，說
無就無。有就得到，無就得一點兒沒有。」他也有不少自
己的體會。裁縫趙有回跟我說，有個輩分挺高的人（沒說
什麼名字），和他搭搭手，裁縫趙上去就把他拿住了，動
不了了。

　　我和胡海牙、趙紹琴也都推過手，每天都推，他倆也
是每天都到。他倆推手也不錯，不過每個人的勁兒也不太
一樣，相對來說，胡海牙的手不如趙紹琴的輕。

　　當時，劉晚蒼還親自領我練馬眉刀、春秋大刀，他雖
然歲數很大了，但練得都很不錯，只是練完後明顯感覺有

點喘，我告訴他：「您先停一停，我練，您給看一看就行了。」

胡海牙、趙紹琴、裁縫趙他們在北海那兒還教了幾個徒弟，像殷鑑，裁縫趙教他譚腿。劉晚蒼告訴我殷鑑正在上大學，還讓我領他練譚腿，我還給他糾正動作。

張楠平每天早晨都到北海去，我們倆推手推得也挺多。劉晚蒼還讓我教張楠平練雙手帶。星期天張楠平不上班，我們倆從北海練完就直接到地壇去找潘鳴皋，在那兒再玩一會兒。去了，經常看潘鳴皋自己還在那兒帶著大棉手套兒，練八卦掌的轉掌。張楠平跟潘鳴皋推一會兒，他倆推完我再和潘鳴皋推。潘鳴皋也和我講他那些手兒是怎麼回事，用法。他不保守，意思是都是跟老師學的。我約摸時間回北苑去就行了，12 點吃午飯。

潘鳴皋家離地壇很近，他每天上午去地壇練，下午還要去一趟。當時，門惠豐的一個同學，姓楊，北京體育學院畢業的，個頭挺高的，他也在地壇跟潘鳴皋學，他跟我說：劉晚蒼的羅家槍練得好，走出那勁兒，那個味道，體育學院那些練新套路的，沒有一個能走出來的，那精氣神就是兩樣，誰也摩不出來。

我 1980 年到地壇，八卦刀只跟王舉興學了幾個動作，這回經常去地壇，跟潘鳴皋把八卦刀都學下來了。潘鳴皋告訴我，八卦刀、七星桿都是吳彬芝教的。

我剛開始到北海，一直沒見到溫銘三，他沒大到北海去。我跟我三哥說了，他說：「我也有段時間沒見到他了。等趕上禮拜天咱倆到他家去趟。」溫銘三家住在天安

門還要往南去，挺遠，住那地方也不好找。我和我三哥早晨從北苑出來，直到上午十一點才找到他。他自己一個人單過，有兒子，離著遠。溫銘三家裏條件也不太好，也得出去幹點兒零工，看個大門，掙點錢。見完溫銘三，他知道我到北京來了，第二天也到了北海公園。我把玉摩杖又練了練，他給看了一下。從那兒以後，他就常過去，我們倆也推手。上次他在地壇跟我學馬眉刀，沒學完，這次接著往下學。不過他歲數大了，學不大好，也記不住。練完以後，我和他一塊兒從北海後門出來，他一路上就給我講他知道的過去北京練拳有名的一些人，像劉光斗的徒弟，王子英推手的情況，等等。他和我說：「王師爺（王茂齋）推手是點到而已，在王師爺這門兒裏，唯獨王子英、劉光斗、劉晚蒼他們三人是一個風格，搭手即放，出手冷、脆、快。」我三哥和我說：「溫銘三有五路大槍挺好，你跟他學學吧。」我三哥那個人也好學，別人有個什麼好的，他都想學學。我跟他說：「還是不學那麼多了。」

　　在北海那兒，我還見到一個內蒙古人，可能也是練吳式太極的，出差到北京，到北海找劉晚蒼，還到劉晚蒼家去過，他帶著相機，拍了些照片。我倆還推了幾回手，那人推手推得也挺好。

　　有一回早晨練完拳，我和劉晚蒼一起從北海北門出來，他和我說：「今天咱不回去了，去吃個北京的豆腐腦兒，你跟著嘗嘗。」坐上公交車，不遠就下來了，吃完以後，我要掏錢，他不讓，說：「我掏錢。兄弟過來了，我掏錢。」說什麼也沒讓我掏。之後，我和他一起回家，到

他家裏坐了一會兒。

這趟到北京，趕空兒我就到劉晚蒼家去，經常早晨到北海練完了以後，下午再到他家去一趟，他給我講手。他家裏非常窄巴，得把他屋裏畫畫兒的那個桌子抬到一邊兒，騰出個地方。太極的很多手兒都是他在家裏給我說的。宋派八卦掌也一一拆開講解，告訴我哪一手兒是怎麼回事。還有七星桿，1980 年那次我只是學了套路，真正的用法都是這趟在劉晚蒼家裏他給我講的，他拿根筷子都可以講，走出來就是不一樣。劉晚蒼跟我說：「這些手兒，對你以後都有好處，都有用。」給我講過這些以後，他還說：「回去得注意，你這手兒已經容易傷人了。」

劉晚蒼每天晚上都要到植物研究所去看大門。我當時跟他說：「不要再去看大門了，都這麼大歲數了。」他那時候家裏經濟條件也不大好，覺著出去幹點零活可以貼補點兒日常花銷。看門的屋裏冬天生爐子，早晨起來，爐子上的洗臉水太熱，要到外面弄點兒涼水兌一下。那天外面下了點兒小雪，他出門腳下打了個滑，但沒摔倒。到了北海，他說：「我今天不好，有點兒頭暈。」我說：「您就在旁邊看一會兒，別練了。」又過了一會兒，他說：「不好，我得回去。」一聽他說「不好」，胡海牙、裁縫趙這些徒弟都到他跟前了。我跟他們說：「你們不用管了，我順路給送回去。」上了公交車，車上挺滿，七點來鐘，正是上班時候，有個小學生挺有禮貌，給讓了個座。

第二天早晨，我再上北海去，胡海牙就告訴我：老師昨天挺重，半夜十二點劉鍵英（劉晚蒼的大兒）騎自行車

去找他，那時公交車都沒有了，他也是騎自行車過去給扎的針。胡海牙說是「中風」，實際就是腦血栓，嘴喎了，手也不能動了。那天早晨練完，我就直接去了劉晚蒼家，他老伴兒和我說：「不行啊，他在床上我弄也弄不動，他分量兒也重。」劉晚蒼跟我說：「我這就叫病啦。」

這之後，我又繼續到北海去了一兩週。那時候快過年了，我跟我三哥說：「我回去吧。」

本來，劉晚蒼計畫讓我臨走之前到他家吃頓飯，還說等和我一起去拍個合影留作紀念，結果因病沒能拍。我臨走的時候，劉晚蒼還告訴我：「我要有那天，得給你信兒。」

我回了蓬萊老家，劉晚蒼的病後來也慢慢好了，從那兒以後，他就拄了個拐棍兒，畢竟快八十歲了。

劉晚蒼對我的希望挺大。他本來告訴我，怎麼的也要回老家一趟，沒想到 1990 年夏天，他因感冒導致肺部感染，醫治無效去世了，最後也沒回來……這一晃就二十五年多了，想想還都像是眼前的事。

·1983 年夏，劉晚蒼作《溪山樓觀》，1984 年冬贈劉培俊（劉培俊保存、提供）

『厚德』與『高藝』互為表裏

張楠平＼口述　季培剛＼整理

✚ 不忘先賢

我父親（張洪祥）去地壇跟爺爺（劉晚蒼）學拳比我早，70年代初我上初一那會兒，他把我介紹過去了，譚腿、短拳、查拳、練手拳、八卦掌、太極拳……陸陸續續都學了。我們一直都是以爺孫相稱，實際就是爺孫關係。

爺爺談到他的太師爺和師爺時，讓人感受到他對先賢們的敬仰之情。武學的傳承是每一代人的心血和智慧的付出，後學者不應忘記。

爺爺是劉光斗的弟子，同時又曾得到師爺興石如的傳授。劉光斗的吳式太極拳傳自王茂齋，宋派八卦掌傳自興石如，教門譚腿傳自張玉連。王茂齋的吳式太極拳來自全佑，興石如的宋派八卦掌來自宋永祥，張玉連的教門譚腿源自巴溝。

王茂齋和吳鑑泉是吳式太極拳的代表人物。爺爺跟我說，他沒有直接得到王茂齋的傳授。當年，溫銘三經常和

爺爺在一起練拳，他是王茂齋的賬房先生。溫銘三跟我講了一些有關王茂齋的經歷。有兩件事，他親眼所見，給我留下了深刻的記憶。

一件事是鳥在手上飛不起來。一天，溫銘三跟著王茂齋出門辦事，走到鼓樓，見到一位賣鳥的老人，兩人認識，打了招呼就聊了起來。王茂齋開玩笑地問：「你的鳥會飛嗎？」回答：「怎麼不會飛？不會飛還是鳥？」王茂齋伸手從籠子裏抓了一隻鳥，接著又說：「你的鳥能在我的手上飛起來，我就把一籠子鳥都買了。」王茂齋把鳥放在手掌上，只見鳥撲扇著翅膀，卻飛不起來。因為鳥不斷蹬力，王茂齋的手隨著蹬力不斷下沉，合力為零。我們常見鳥落在棉花堆上飛不起來就是這個道理。

另一件是王茂齋突然遇到襲擊的事。一天傍晚，夥計和徒弟都在屋裏等著吃餃子，王茂齋拿著碗出門去買醋，見門外站著一位壯漢。買醋回來，剛走到門口，壯漢從背後撲來，使出全力，用拳擊打王茂齋的腰部，拳還未到，王茂齋把碗向前上方一拋，腰一弓，把壯漢重重地打翻在地，同時又接住了醋碗。王茂齋連頭都沒回，就走進屋裏，給大家講了剛發生的事。一會兒工夫，就聽到壯漢的敲門聲。進屋後，壯漢非要拜王茂齋為師。王茂齋說道：「我們要出遠門辦事，你把地址留下，我們回來就給你去信，你再來。」壯漢走後，王茂齋說：「他已經受了重傷，活不過一百天。」徒弟聽後不太相信。

剛到一百天，就去了一封信，回信告知，此人已經去世。王茂齋一生習武，從不主動傷人。壯漢下此毒手，沒

害了別人卻害了自己。

溫銘三跟我說，太極拳練到王茂齋和劉爺爺這樣水準的不多。劉晚蒼先生是武術界公認的吳式太極拳的代表人物。

知道宋派八卦掌的人很少。爺爺給我講過宋永祥。宋永祥住在分司廳宋家花園胡同。他家在胡同口開了一個茶棚。董海川常去喝茶，見宋永祥伶俐好動，提出教他練拳。宋永祥就成了董海川的關門弟子。宋永祥個子不高，練下盤掌，輕功很好。他的兒子、女兒都跟著練拳。爺爺給我講了宋派八卦掌的輕功，丈八尺的牆頭，縱身而起，手一摁，身子就過去了。一次，宋永祥出門辦事，很晚沒回家。第二天早晨，門房跟家裏人說，東家昨晚沒回來，而此時宋永祥正在屋裏睡覺。宋家姑奶奶嫁到張家口一個大戶人家，居住在高牆大院裏。她經常進家不走街門，縱身就進了院子裏。

興石如是宋永祥的高徒，爺爺跟我多次提到過興石如。興石如是前清的官員，據王培生講，興石如做過九門巡檢。按清制，九門巡檢為從一品官員。具體情況還有待於今後的進一步考證。興石如早年也是從譚腿入門的，後來主要練的是宋永祥所傳的八卦掌。興石如教拳很嚴，練不好決不往下教。一次，有個徒弟進了興家的院子，在台階下站著，興石如讓他練上次學的一路譚腿。徒弟練完後，興石如一句話沒說，轉身進屋把門一關。從此，這個徒弟每天刻苦練拳。過了一段時間，又在興石如面前練了一遍。興石如看後，又往下教了一路譚腿。教八卦掌前，

先站三年椿，看你的基礎行了再教轉掌。譚腿和宋派八卦掌都非常吃功夫。練拳的時候，要求膝與胯平，似蹲非蹲，似坐非坐，拳式舒展大方。

王茂齋、興石如和張玉連三人的關係很好，經常在一起進行武學交流。劉光斗是他們共同教的徒弟。爺爺多年跟著劉光斗練拳，曾經跟隨劉光斗到過華山，後來跟我談到過那時的情況。夜間，山上寒冷，需要蓋兩床被子。吃的用的都由山下背上山。有位五十歲上下的和尚，天一亮就下山，往返八十里山路，太陽落山前背回一袋麵。劉光斗和一位老和尚談佛學，老和尚說不過劉光斗，急了要和劉光斗比試武功。爺爺勸解說：「出家人不該有這麼大的火氣。」老和尚一聽，變怒為笑，二人和好如初。每天早晨，爺爺練拳時都能看到老和尚站椿。老和尚有常人不及的功夫，他站椿時，能見到手指尖冒出半尺長的氣；夜裏，身著單衣，睡在一塊半截探出懸崖的青石板上。

劉光斗傳授給爺爺宋派八卦掌和教門譚腿的同時，對吳式太極拳的一些式子也進行了改進。這就是爺爺的吳式太極拳有別於他人的原因。爺爺教我太極拳時，哪個式子是劉光斗改動的都加以說明。

✥ 以事實說話

爺爺在武術界的地位，我覺著要給他說出來。爺爺自己從來不說。我後來碰到一些台灣人或者海外的人，說到他，人家都知道。

比如 70 年代跟日本人三浦英夫那次比手交流，在當

時那是獨一無二的。為什麼？在當時，武術界各位武術家有沒有把手伸出來全都給人，在讓拿好了的情況下再化的？有沒有？劉晚蒼做到了。三浦英夫絕不是個一般的人，他在日本那兒是一個真正的武者。爺爺跟我說過三浦英夫使那三手，一個是外扳筋，一個是懷中抱月，一個是拿肘和腕，說：「人家拿得非常精妙。」三浦英夫當時說：「在日本，沒人化得了我這手的。」他有這個自信心，日本武術界對他絕對佩服。人家拿得恰到好處，爺爺化得恰到好處，又不傷和氣，把事情給解決了。這是需要有深厚的功力的，需要真本事，才敢跟日本人這麼動手，才敢全給他，捨棄自己。

三浦英夫回到日本，下了飛機，就在日本報紙上說了：我在北京見到了「中國劉」。當時報紙的具體報導，去圖書館查一查就知道了。日本人是很認真嚴謹的，不做那麼些虛的，就是真實的拿，真實的化。可以說，三浦英夫就是只求一敗，就是要看你到底行不行，看看誰的東西好，這種求真的追求精神，是非常值得肯定的。人家說「我在北京見到了『中國劉』」，那是發自內心的，人家高興啊，輸了也高興。我記得爺爺跟我說過，好像是上海一個人給他來過一封信，那信現在有沒有了我不知道，那人說在這之前他輸給日本人了，他用的太極推手不行，覺著臉上無光，爺爺聽說這事兒以後，非常高興。

過去都講：「窮文富武。」你要是整天吃不飽飯，還那麼玩命去練，能受得了嗎？爺爺跟我說過，剛到糧店學買賣，一開始是扛麻袋包什麼的，非常累。（我在地壇跟

爺爺學拳的時候，有個長鬍子老頭兒還常來，爺爺說那是少東家。）後來，就是負責買糧，每天早晨，早早兒起來，到和平裏火車站，買一整車皮糧食，打個電話去人一接，之後他就沒事兒了，就練拳去了。練完拳，他就在外面的飯館吃飯，醬牛肉他能吃兩斤半。吃完了，那飯館兒都有大炕，收拾得乾乾淨淨，躺那兒睡一覺。要是沒有這樣的條件，他那功夫怎麼能練出來？窮莊稼漢練出好功夫的，那實在是太少了。你看山西那幫練形意拳的都是些什麼人？都是晉商大買賣家的。

　　關於八卦掌，爺爺說，董海川的徒弟中阮珍谷練得是最好的，其次就是宋雲甫，也就是宋永祥。這是老輩人告訴他的。宋雲甫家就在分司廳那兒的宋家花園，那條胡同都是他們家的。爺爺說，他年輕的時候練八卦掌，膝胯水平能走半個小時。他講到輕功的時候說，你八卦掌要能練到把三塊磚頭立起來，輕輕一起身就能站到上面，丈八尺的牆一提腰一下就過去了。過去在燈市口那兒有人比輕功，地上放十個雞蛋，功夫最好的那個也就能剩六七個，沒有十個雞蛋都不碎的。他還講踩笸籮，那笸籮你上去之後它是不斷晃的，一腳踩上去要翻，另一腳又踩上去了，就是不讓它翻。這八卦掌和譚腿都很吃功夫，你得練到了。但是還有一樣兒，練到了一放下就不行了。太極拳不一樣，練它就長，不練也不會丟。

　　談到八卦掌的滲透力，他舉了一個例子。有個熟人開玩笑，故意往他身上撞，他用手輕輕地在胸前迎了一下。過了些天，兩人見面，那人說他被打壞了，已經吃了好幾

副藥。他邊說邊掀起後背的衣服，手掌和分開的五個手指印清晰可見。

爺爺後來給我講大槍的時候，他說過，30 年代在陝西國術館，國術比賽，大槍第一名。那時的大槍比賽是真扎，絕不是套路。槍頭用布包著，上面有白粉，那就是往身上扎的。他當時非常有名氣，都管他叫「大槍劉」。

他說，當時在那比武場上，好些人都在那兒，其中有一刀斧手，以前是專門行刑殺人的。這些人心狠手辣，一般人不跟他們交流。這個人找到劉爺爺，要跟他比試，要用刀對槍。那麼多人都在看著呢，爺爺說那試就試吧。就在這刀斧手的刀橫著推過來的時候，爺爺一仰身，過去了。再來的時候，那刀是斜著往下推。爺爺講：當時後腦勺都著地了，才算躲過去了。等那刀斧手的刀往後一撤，爺爺手裏的大槍橫著照他膝蓋就掃過去，把那刀斧手一個跟頭打出去了。

爺爺還跟我講過一事兒，可以看出他的槍法到了什麼程度。他曾經給一單位的工地看料場，晚上去了好幾個要強拉沙子的。爺爺拿著個鐵鍬，說：「我在這兒看著，你們誰也不能動。」「我們就弄了怎麼了？」「你們還就弄不走。」結果呢？爺爺拿那鐵鍬，往那些人身上一點，「啪啪」兩三個，都跌地上去了。爺爺那槍法絕對是到了。他太極拳推手發放，實際就是大槍法那勁兒，一抖，人「噔」一下就出去了。

他的推手，是綜合的，有八卦的，有太極的，也有他那譚腿的東西。太極是柔化，我見過練太極練得好的，極

柔極柔，人家那太極拳也是非常好的，咱們都得承認人家。但是，爺爺有他自己的風格。他那發得整，拿得那恰到好處，還有那些手法，你上哪兒見去？

當時，到地壇那兒活動的人多了，最多的時候每天上百人。去了，第一次見面，爺爺一搭手，就知道你是練什麼拳的，給你說得清清楚楚的。爺爺這裏，和和氣氣地來了，我既不傷你，也跟你切磋，來者不拒。孫德善原來是跟汪永泉學的，也跟爺爺那兒一塊兒活動，後來讓裁縫趙給按了一跟頭，很要面子，就不去了。

地壇那個摔跤很厲害的石匠高，兩個胳膊都是碗口粗，三百斤的石頭都能搬起來，這可是很多人都聽說過的名人。他對爺爺也很服氣。爺爺不是沒跟摔跤的試過，跟爺爺試過的那是全國摔跤冠軍李明元的師父，把爺爺的衣服抓得一條一條的，也奈何不了爺爺。

有一天，爺爺跟我說，南京軍區的副司令員錢鈞專門到家裏去訪他。少林寺不是出來兩個將軍嗎？一個是許世友，另一個就是錢鈞。錢跟爺爺說他的鐵砂掌一般人接不住。爺爺讓他照身上拍了三下，打了兩掌，爺爺沒動，最後一下直接把錢鈞扔床上去了。

爺爺以事實說話，從來不背後評論人家張三李四的好壞。爺爺這個人又很謙虛。他跟我說過：「這個太極拳，我沒有練好。」原來我不理解，我說：「您練到這個份兒上，還不好嗎？」爺爺說：「這東西總是相對的，永無止境，你練得再好，針尖兒那麼大你練不到。」我現在是很有體會，今天覺著是這樣，明天可能覺著已經不對了，其

實不是不對，是長進了，這是一個過程，藝無止境。

爺爺教拳，一輩子沒收過一分錢，有始有終。生活清貧，不愛財，不持技獲利。爺爺跟我說：「都指著工資養家餬口，我掙了人家的錢，人家家裏怎麼生活？」「我生活實在困難的話，我找地方幹活兒掙錢去，我也不指著教拳掙錢。」爺爺說到做到了，他晚年都快八十歲了，每天還從安定門外大街交道口坐公交車到紫竹院附近的植物研究所，晚上在那兒看大門，早上再回來。另一方面，我覺著爺爺認為要把拳練好，是很不容易的，能練出來的很少，所以，我教你，我問心無愧，我沒收你錢，學好學壞那是你自己的事兒。北京體育學院曾經還聘請過爺爺，月薪給 190 塊錢，爺爺不去。爺爺是覺著那套教學模式根本教不出東西來，拿了那錢，心裏有愧。他跟我說：那是捆住手腳在賽跑，這種東西就沒有意義了。

爺爺八十多歲的時候，有人追著他要跟他學拳，他說：「我不教。」我說：「為什麼呀？」他說：「我都這麼大歲數了，我教不了人家，我不能耽誤人家啊。」

有一次，我就在爺爺身邊兒，來了一個人找爺爺說：「我介紹一個人來跟你學拳。」爺爺問：「這個人練過拳嗎？」他說：「沒練過拳，不過像地壇外牆這麼高的房子，這個人一躥就上去了。晚上我給帶來您看看。」爺爺說：「您別帶了，我不教。」後來爺爺跟我說這是做賊的，功夫不能教給這種人。爺爺說，這教拳還得對社會負責任。

爺爺一輩子沒教過一個女徒弟，他說過他不教。因為

．劉晚蒼八卦掌照（劉君彥保存、劉源正提供）

· 20 世紀 80 年代，劉晚蒼與張楠
平合影（劉君彥保存、劉源正提
供）

女孩子練拳不太可能練出來，有時候還容易引起一些口
舌。爺爺這兒練拳，就是踏踏實實練功夫，不像其他一些
人教拳那麼隨意。

爺爺教拳的一個特點是，讓人覺著舒服，不是要人家
必須怎麼的，我只點到你那拳該怎麼練，具體怎麼練那是
你自己的事，看你自己的悟性，你自己願意來就來，不願
意來就不來。順其自然，不強求任何人。一強求別人，往
往就有目的了，爺爺從不這樣。你是軍人，你是幹部，你
是掃地的……什麼都無所謂，你來了，到我這兒，我都一
視同仁，都一樣的教你，不是說你是高級幹部我就多教你
點兒，他不是這樣。不過有一樣兒，胡大夫（胡海牙）說
了，老師打誰打得最狠、時間最長，他就是對誰最好的。
胡大夫看出來了，他的眼睛是看得很準的，說實在的，他
是老江湖了。我在跟爺爺學拳的過程中，周邊很多人跟我

東說西說，爺爺從來不多講，你就練去，最後一旦明白了，再說出來就不一樣了。爺爺還說，這個拳一個人練出來一個樣，沒有完全一樣的。

✣ 剛柔合一

太極拳一個鬆、一個柔，這是兩個核心問題。一開始要克服大力，是非常大的難題。要能克服了大力，其他問題都好辦了。這大力確實是難克，你不能跟他頂，又不可能不頂，你頂也不對，不頂也不對。只有一個空，讓你按不著我，這個問題就解決了。但是，按不著，你這人還得在這兒，不能躲開。得練到光在那站著，對方都感覺自己僵，他都不敢伸手，一伸手就挨打，得到這個份上。

爺爺對太極拳的體會很深，他講的拳理都是實踐的深刻體會，淺顯易懂，容易領會，只有練到了才能講到。他給我講過「蚊蠅不能落」的切身體會，說：「蒼蠅、蚊子落在皮膚上，落的地方一抖動，就落不住了，馬、牛等動物就有這樣的功能。我們練拳學的就是鳥獸之靈。」

太極拳的「一羽不能加」是講身體的重心平衡。我在電視上看到一位用道具表演「一羽不能加」的藝術家。道具是一些精心設計和加工的木條和一根羽毛。十幾斤形狀各異的木條被表演者精心地擺放在一個架子支點的兩邊，最後把一根羽毛放在一邊的一根木條上，這時可以看到兩邊處於靜止的平衡狀態。當表演者拿掉羽毛，瞬間木條散落一地。這個表演難度很大，在道具的擺放過程中，表演者需要平心靜氣，手拿道具極輕；場地上不能有人走動，

不能有一絲風和一點聲音。一聲咳嗽，足以讓表演前功盡棄。加一羽與不加一羽決定著道具的平衡與否，一羽雖輕，卻不可小視。能用道具表演「一羽不能加」的藝術家十分罕見，可見難度之大。

太極拳的重心平衡是一種動態平衡，交手雙方在運動當中既要保持自己的重心平衡又要破壞對方的重心平衡。「四兩之力撥千斤」講的就是攻擊對方的重心不需要多大的力量。電視上播放過一個節目，一個 75 公斤體重的人站在河岸上，用手拽著一根繩子，可以拉動一條載著一台 36 噸重吊車的船。這說明極重的物體，當重心浮起時，用極小的力就可以使之移動。由此可見太極拳的「四兩之力撥千斤」並非虛言。

中央電視台講過一件事，有些朋友不相信，問我太極拳是否真的能練到這種程度。這件事講的是有位日本武林高手，為某一空手道流派的創始人，力大無比，可以摔倒牛，走遍二十多個國家無敵手，回國前的最後一站來到了香港。就是這一站給他留下了終生難忘的記憶。他遇到了六十多歲、個子不高、身體瘦小的陳老先生。在比試武功的過程中，這位日本武林高手用盡了全力，打不到、摁不住、摸不著陳老先生，最終只能認輸。人們普遍認為太極拳只能健身，不能用於武術技擊，原因是身體力行者太少。陳老先生是一位身體力行者，值得我們敬重。

爺爺重視太極拳的實踐，只有經得起實踐檢驗的太極拳才是能用的太極拳。

談到太極拳時，人們常說到以柔克剛，卻很少有人提

到以剛克柔。剛與柔是太極拳裏要解決的一個大問題。柔是指柔化，在遇到強力時，不丟不頂，完全化解對方的力量。剛有兩個含義：一個是對方的剛猛之力，需要你有靈敏的聽力和高超的柔化之功，才能克服；另一個是攻擊對方的剛猛之力，這個力具有脆、快、猛、重、透的特點，使對方無法抗拒，實際上力量並不大，但需要你具備陰陽變化自如的太極拳功夫。通常人們很難分辨剛柔、疲軟、僵硬的不同。疲軟與僵硬是指對抗強力時，採取不是躲避就是頂撞的兩種方式，其共同特點是糾纏不清。剛柔變化是太極拳克敵制勝的關鍵所在。柔需要極鬆、極靜，在對方不知不覺中化掉威脅之力。剛由柔變，在不費力、對方又完全不知曉的情況下給予重擊。剛柔變化是在「人不知我，我獨知人」的條件下完成的。

有些不懂太極拳的人認為爺爺的力量太大。其實是對陰陽、剛柔變化的認識問題。爺爺給我舉了兩個例子很能說明問題。在和平裏火車站，人來人往，有位壓糧車的保鏢，身高、體壯、武功好，沒把爺爺放眼裏，用手指拿起爺爺的肩往身前帶，他認為已經拿起了重心，就一掌踏下去，卻被彈出去好幾步遠，感到莫名奇妙。由此可見爺爺聽、化、拿、發的過程合一，而又不露痕跡。有一位美國留學歸來的體育博士，不相信太極拳的柔化功夫，找到爺爺比試，結果在事實面前只得相信。

總而言之，爺爺是一個透過武術修德的人，有高德，還有高藝。一個好的武術家，一定是德很高，這是互為表裏、相輔相成的。

『太極』本是『無極』生

孫長青＼口述　季培剛＼整理

✛ 手把手教拳

「文化大革命」初期，1968 年前後，我父親孫連順在地壇跟劉晚蒼爺爺學拳，跟陳叔（陳耀庭）、潘叔（潘鳴皋）他們基本上是一起的。他以前沒練過拳，身體不好。父親去學了四五年，我上初一那會兒，他把我也帶了過去。當時，劉源正、大張（張楠平）、小張（現在叫不出名字了，光知道叫小張）、王盤林，我們幾個都一起練，都是每星期天去。從外家拳開始學，譚腿、查拳、短拳、練手拳、二十四式、串拳……兵器練過羅家槍、馬眉刀，還練楊家大槍，揉那大白臘桿子。

我練了兩三年，環境寬鬆了，練拳這些事兒慢慢兒又起來了，這些人都回來了，開始練拳了。原來在「文化大革命」一開始的時候，都不讓練，更不能收徒弟。後來，文藝界不是有點兒抬頭了嗎？拜師什麼的。咱這邊呢，爺爺說收我為關門徒弟。原則上要有帖子什麼的，但那時還

都不敢。當時，師父歲數也不小了。

我們那會兒還小，也就看著那些大人練。這兒來人，那兒來人，咱都不認識，沾不上邊兒。不過，我學的這些拳，都是爺爺手把手親自教的，不是讓別人帶的。宋氏八卦掌就教了我兩掌，那時候小，連頭一掌都走不好呢。

八卦掌那時候還真沒教幾個人。我那時候的十路譚腿練到什麼份兒上呢？我這手能摸著，腳就能彈到。這手還不是站著摸，是跳起來摸，跳起來能摸到，腳就能夠到。當時我家小房上有竹竿，我跳起來能摸到那竹竿，我腳起來就能踢到那根竹竿。反正那時候也算是下工夫了，大冬天的，揣個笤帚到練功的地方去了，把雪一掃，就開練。

另外，我記得最清楚的一點，就是爺爺在那兒跟他們推手，我們都看著。每回等到都該走了，不管我在哪，在跟誰推，爺爺都點名把我叫過去，跟我搭搭手，推推手，發兩下，走了。這起碼是讓你多體會體會這勁兒。

70 年代，姚宗勳落實政策，回了北京，他家房子都抄了，回京租的小白家的房。那時候，小白子、小劉天天和我一塊兒練，但各練各的東西，人家學的別的。姚宗勳租他家房子，他就跟姚宗勳練。那會兒我也去。

當時我剛練拳嘛，還有點門派觀念，覺著不能讓咱師父知道上姚宗勳那兒去看別人練了。每天晚上，姚宗勳和他家老太太吃完晚飯，在四合院裏擺上八仙桌，沏上小茶，那幫徒弟開始練。小白子讓我跟姚宗勳的兒子推手，說你們倆試試。我按上去就不讓他動了，他起不來，但弄他也弄不動。姚宗勳看出來了，跟他兒子說：「歇會兒，

歇會兒，歇著去。」

　　我回去跟爺爺說，爺爺說：「姚宗勳那拳也是好拳，在北京，大成拳也是出類拔萃的，鬆到家了。你多見見，多看看，長點兒見識。」他沒有門派之爭，他跟姚宗勳是一代人，姚宗勳對爺爺也是服氣的。

　　中央提倡「百家爭鳴」那會兒，這些門派沒有了，都特別團結。據我知道，這幾大派都到一塊來，坐在一塊聊聊，推手，沒有門派之爭。比如說西單，那時候爺爺給介紹這是哪派的誰誰誰，這是哪派的誰誰誰，幾大派都到一塊兒去，關係都特別好。

　　爺爺不但功夫好，還攏得住人，大彩兒願意聽他的，也能聊到一塊去。這就是德性的問題了。大伙兒坐一塊了，人家能搭手讓你推，這就是緣分。要是大家都不跟你動手，你找誰推手呢？要是大家都不跟你練，出去遇見比你高的手兒，肯定是淨挨打。

　　爺爺講的拳理，通俗易懂。打比方說那吊車，能吊50斤，你要讓它吊51斤，可能就折了，吊48斤，把東西擱哪都行。這就是講那功夫深淺的問題。練拳方面，「站住中正往開裏打」，這是爺爺說的，「你接人你必須得看著人，跟人動手了，還不拿眼睛看著人家？心不在焉哪成？必須得眼神叮住了他。尤其對手是個兒高的，你必須得眼神盯起來。」

　　從道理上，爺爺跟我說：做人得正本。另外，養生的東西也跟我說了不少。他說：每年秋後弄點黃耆，回來蒸軟了用蜂蜜泡，吃了補氣。

他還跟我說：農村不是養馬嗎？有那卡咪（牛虻），它是從哪出來的？就那刺兒菜，麥子熟的時候，刺兒菜也開花了，在麥熟之前，這卡咪的卵就下在那刺兒菜的花裏頭，你找去吧，凡是那刺兒菜花有眼的，你給它掰開，裏面準是一大蟲子。你把這刺兒菜連根兒拔了，放在床沿兒底下陰乾了，連那蟲子一塊磨麵，這就是過去練武的人挨了打以後吃的那藥，舒筋活血。挨了打了，身上紫了，趕緊弄點這個吃。後來我還真到麥地裏找這東西，還曬了點，但是沒用過。

我直到 19 歲參加工作，這中間斷斷續續在地壇練了七八年。後來一參加工作就很忙，先是上了一星期的學習班，跟著就拉去練車了，不讓回家，學了一年半的車。

當時的工作性質，就是吃住在工地，不能常回家。所以，我練拳就是 70 年代在地壇那時。後來 80 年代初，爺爺到了北海，我沒再去過。我父親在我不練了以後不多久，因為搬家的原因也不大去了，就自己練，但之前那一段已經成型了。

1990 年，爺爺走的時候，還撂下話來，說：「自己練自己的，別瞎摻和，外面亂著呢。」

爺爺病了以後，找我找不著，就跟他兒子和大張（張楠平）交代，說：「長青現在工作忙，以後要是什麼時候不幹了，想學拳了，就讓張楠平負責傳給他。」後來我回家，我父親說：「你師父走了，趕緊去吧。」我到了爺爺家，劉源正的父親跟我說：「默叨了你一個星期，最後把這事交給張楠平了，給你留了點東西，在我這了。」有師

父的一幅畫，還有一些拳譜。大張後來也把師父的原話帶給我了，說：「師父有這意思，你以後什麼時候願意學，咱就一塊玩唄。」

後來，直到我五十歲那年，感覺身體不太好，這才趕緊把拳撿起來，一點一點往回撿，自我感覺撿的還不賴。反正，我這一生是得著練拳的好處了。

太極練的是「出」和「收」

過去傳授的東西，一來二去，丟的多，內裏的東西傳承下來的少。現在人的觀念是變了。反正，夠吃夠喝，跟玩似的，鍛鍊身體是對的。練拳這東西，我老實說，不管跟誰學，都得自己體會，體會成自己的。現在外面不少練太極拳的，跟廣播體操似的，內在那勁就出不來。

爺爺的老師劉光斗寫的《太極拳論》真是好。人家悟

· 1988 年春，劉晚蒼作墨竹四條屏之風竹（孫長青保存、提供）

性高，家底好，也是碰到師父真教他了，所以他二十來歲就出山了。那時候，爺爺比他還大六七歲，個頭力氣也都比他大，還拜在人家手底下，從現在分析看，就證明人家碰到真人，學到真東西了。現在不光是「太極十年不出門」，都四五十歲了，還都練不出來，或者說剛練出來。人家劉光斗二十來歲那會兒就練出來了。

這就證明，東西要是學對了，不管多大歲數，都能練出來。要是有點底子，再有好的辦法，三五年的，基本就感覺掉到坑裏了，真東西就出來了，剩下的就是積累功夫的過程，這就像從五千年的算盤直接過渡到計算機時代。我說的掉坑裏了，就是沉下去了，那感覺真是非常美妙。你每天走路的時候還都端著肩膀呢，突然有一天，發覺這肩膀怎麼沒有了？整個兒都是在底下運動。你再跟人搭手，你就永遠在人底下，你在人底下，你就占先了。

拳譜上不是講嗎，太極源於無極。這怎麼理解啊？你學太極，必須先學無極。否則，內裏的東西出不來，打的全是廣播體操太極拳，還把腿打壞了。這東西不是我說的，是國家體委總結出來的。某個全國太極拳冠軍，都換了兩次膝蓋骨了。某名家還是到美國換的，他自己不敢說。為什麼呢？誰也沒學到這無極。

無極就是站無極樁，其實也就是太極拳那起勢和收勢，就那麼兩腳併起來站著。這東西是這樣，頭一步是先站下去，人身體裏有空氣，先站成一塊鐵，落地上，這就瓷實了。

第二步，是藉著地面的反作用，人又漂起來了，等漂

起來的時候，整個球就足了，一摸就起來了。等於是只有底下一點和頂上一點。就像扎槍，只有槍尖和槍把兩頭，中間沒有。但沒有那個過程就沒有這個過程，你得先把自身練下去，落了地，從腳踝以上都不要了。等落了地以後，再起來，這東西就足了。你自己要是不空，這人就打不起來，非得你自己空了，對方比你硬，對方出的是硬手，摸上之後空了，他才能打起來。如果說你不是球，兩人棍對棍，永遠是掙巴。

掙巴的東西就不是內在這東西。即便你能把他打出去，他也不服氣。只有自己空了，成為一個球，對方越來摸，他自己越起，越來摸他自己越挨打。

這練功夫，打個比方，你就會有體會。家裏訂報紙，看完了扔了，就如同咱每天打趟拳扔了，一輩子也沒得到什麼。你要看完報紙往這兒一擱，一天一份報紙要是擱三年你看看這報紙得有多少？摞一大摞，這還不說，底下那些報紙你沒刻意壓它吧？可是拽都拽不出來，壓得一點縫都沒有，倍兒瓷實。咱們練功夫就如同擱報紙，站三年椿，自然地一點一點沉，沉到家了。這東西不是一口吃一個胖子，你得透過三五年的累積。你看它簡單吧？很簡單。可你要是不練，就沒這功夫。

外家拳我好幾十年都沒練，歲數又大了，體質又不行了，手無縛雞之力了，應該是沒勁兒了。但是，透過站椿，就我手現在這勁兒，一般人就動不了，一摁上，就像扎到骨頭裏了，如同那針灸扎針，一摸就到骨頭裏了。你要說給人瞧病，哪不舒服，給揉揉，就把這手往上一擱，

就受不了。這功夫是怎麼出來的？就是站樁，天天往下沉，再天天想著「形於手指」，功夫就上手了，太極的內力的功夫就出來了。出來以後，一般人一摸就受不了了。

咱可沒天天打鐵砂掌去，可這手上的勁兒就是有，太極這內勁兒，就是鬆著出來的。真鬆到家了，倒是有勁兒了，倒是跟鐵棍子似的了。你要天天去練這鐵棍子，你練不出來。

這與練拳架子一點不衝突。內在功夫出來了，再練那些拳，一點兒不費勁。因為你下去了，鬆了，打那拳打出來的味兒也不一樣了。打太極拳，時時刻刻記住「三鬆一緊」，你就永遠不僵，不雙重。

這個很重要，哪個腿著地哪個腿緊，剩下的另一條腿和兩隻手都要鬆，這是規律。打拳找的就是那「緊出緊出緊著出，出到家了還要出；緊收緊收緊著收，收到家了還要收」的纏纏綿綿、舒舒服服的勁兒。

太極拳練的實際就是倆字，這倆字就是太極那起勢和收勢，一個出，一個收。以前都是講「鬆」，這「鬆」不好理解，「鬆」哪兒啊？「收到心兒裏去」，這就好理解了。「收到心兒裏去」最後也不要了，從頭頂上出去了，提起來了，那虛領頂勁就有了。

楊家拳是大開大合，咱說實話，大開大合的東西是對的，就是那「緊出緊出緊著出」，就是太極拳那大架子，那種威風凜凜的勁，也是內裏的東西，出去從遠處接著人。咱吳式拳那老架子，動作小、巧，講究內涵的東西多了。你看那上步摟膝的勁，必須把手擱到耳朵這兒來，手

找耳朵，上身鬆了，重心移到了前腿，後腳才自然起來了。不擱耳朵這兒，你就叼不起人來。這拳得從小打到大，先把自己練整了，練大了，練出去，再從大收回來，收到心裏去了，這就美了。這打拳，你就想著自己像是九十歲了，呼呼帶喘了，打不動了，這樣倒出功夫。但上手教人可不能這麼教，一開始還是得正正規規學架子，先把框架學好了，再自己找這內裏的東西，自己得舒服，怎麼舒服怎麼來，就算對了。

說實話，拳譜上沒埋沒東西，全說出來了。比如說「無極生太極」，無極是什麼啊？現在也講站樁，但只要站樁有形，你就不容易站出來。一開始站就抬起手來，肯定是僵的。

站這無極樁，得感覺自己就像那雞毛撢子。什麼都不想，慢慢就找著了，那球本身就在自己找平衡呢，就跟那秤盤子似的，自己就在找平衡。時間長了，等別人一摸，它自己就動了，它永遠不跟你頂，一摸它就跑了，永遠摸不著它的心。自然功就出來了，無極球就出來了，太極不就出來了嗎？打拳也不僵了。這球自己找平衡，是自然而然的功夫。你要沒得著這個自然的功夫，說等著別人推我，我再想著變，晚了。所以說，你先從理論上把這摸透了，再學別的也就快了。

再輔助一下推推鉋子，推推船，劃划船……行走坐臥都在練這個。你一天打兩遍拳，頂多也就倆小時，我一天行走坐臥，最起碼也十多個小時吧？所以進度比光打拳還要快。就先單練這站樁，樁一出來再打拳就不一樣了。每

天站個半小時到 40 分鐘，往鬆裏站，不能站僵了。頂多一年半載的，就出來了。等哪天早晨起來，非常明顯突然感覺掉坑裏了，就再也上不來了，那感覺非常好。

　　我們也接觸了些人，也練了二三十年的拳了，但是一摸就沒有，跟他一說，回去一練，感覺很好。咱們也不保守，逮誰跟誰說，好的東西還是應該讓更多的人知道，大家都受益，這多好啊？

　　做人的德有了，拳才能出來。學的拳再好，這德你沒有，最後拳也不會好。練太極拳，越要越得不到，越不要反而能得到。你仔細看看，凡是要的，最後全是奔名和利去了，真東西就沒了。只有不要名不要利，大德在那兒，心靜自然涼，啥都不要，真東西反倒出來了。拳練到最後，還是要歸結到養生上，誰練誰受益，自得其樂。

與世無爭，
其樂融融

劉源正＼口述　季培剛＼整理

✥ 有「德」才能有「得」

　　我從小就跟爺爺劉晚蒼住在交道口那兒，原來那就是爺爺他們開的恆記糧店，建國初期公私合營，買賣都歸了公家。

　　我跟爺爺學拳，主要是上世紀六七十年代在地壇那兒。六歲就跟爺爺去地壇。當時，我們現在所熟悉的這幾個人都在那兒，趙興昆、趙德奉、馬長勳、王舉興……王舉興是常去，馬長勳不大常去。趙興昆每天都去，但基本碰不上面，他都是每天早晨五點來鐘就去，等這些人去的時候他已經走了，他自己有一買賣，裁縫嘛。

　　我們這些人進門開始學拳的時候，爺爺都講：「這人得有德性，沒德性，一輩子也練不出來，就算練出來了，對社會也是一個危害。」還說：「學拳的人和教拳的人，都得有德。」這是最關鍵的。人家不好你可以不學，人家好，甭管是誰，你都可以去學。這本身就是一種德性。而

·劉晚蒼（1906—1990年）

且你還不能胡說，你拿教拳招搖撞騙，這就沒意思了，本身也進步不了。爺爺出去訪那些高人，訪哪個他不尊重人家啊？沒有。尊重人家，人家才願意告訴你，甭管哪個門派的，人家願意告訴你，人家也有德性。有「德」那才能有「得」啊。

　　那時候爺爺帶我們出去參加活動，他與各大派的人關係都特別融洽，而且彼此之間都特別尊重，不管是摸手也好，聽勁也好，那真是一種享受。人家會的，年長的，給我們這些年紀小的餵手，人家就是為了讓你長進。

　　六七十年代，爺爺不但練拳，還擔任過好幾任的安定門大街居委會主任。那時候是「文革」期間，得執勤、巡邏，沒有工資都是義務的，但是你得把人組織起來，中央有文件，還要組織大夥兒學習，念報紙。一有什麼事了，領著街坊們巡邏。他講話，這都是德性的一面，你必須這麼做，因為你有這責任。

「文化大革命」時期，街道把家裏的兵器都收走了，還寫了一條兒。「文革」結束了，我找街道要，他們不給，最後說給折三千塊錢。

那些都是寶貝啊，尤其那八卦刀，上面有七個環還是九個環的，剁鋼筋，「噹」一下就兩半了。兩把雙刀，刀鞘是鯊魚皮的。還有幾把劍，稍微一般，上面也都鑲著寶石。還有幾個大槍頭，一副雙鉤。

✚ 安貧樂道，毫不保守

不管練什麼拳，都得先練心，你要敬畏它，敬畏就要付出，就要捨棄一點東西。你又想練好拳，又要出去掙大錢，這不大可能。所以，爺爺一輩子愛好練拳，又安於清貧。他平時一門心思都用在練拳上了，奶奶就要給家裏這些人做飯。原來我們是一大家子，我叔、我嬸，都住在交道口，我叔沒結婚的時候都是一塊住，結婚以後在馬路對過兒又租了一間房子。

當時，爺爺、奶奶、我父親、母親、我姐姐、我，還有我七叔，都住在一塊。我父親和我母親掙了錢，都交給我爺爺。我七叔結婚以後，也同樣把錢交給我爺爺。很長一段時間以後才分開家，各過各的。

交道口那地方，真就是臥牛之地，整個房子只有三十多平方米，分三個屋。來客人了，練拳在這兒練，推手在這兒推。包括寫那本《太極拳架與推手》，劉光鼎一到週日就來我們家，爺爺給他講手，他就記，倆人就是在這個小地方研究，寫出來那本小書。寫到高興的地方，弄點小

酒，也不多喝，一人一兩。那時候的酒便宜，八分的、一毛的地瓜酒，弄包花生，喝上一口。

那時候窮，想喝大的也沒有，連炒菜都沒有。我奶奶講話：「來人啦？來人多放點鹽吧。」那本書，當時有文章說是「同類書之冠」，總共印了將近五十萬冊。全國各地好多地方包括香港都有來信，我記得日本、澳州都來過信，爺爺都一一給他們回信。別人說這本書寫得不錯，他說：還有很多地方有待改進，不完善。

爺爺喜歡練字、畫畫，喜歡讀書看報，每天這是固定的。他看過去的老書，是逐句地看，不是像別人那樣泛讀。他每天練字寫那詩詞賦，都是背出來的。畫畫的時候，還往往題上一小首。他看報紙，訂《參考消息》，每

·20 世紀 80 年代，劉晚蒼與夫人、長子劉君彥在家中合影（劉君彥保存、劉源正提供）

·1988 年初春，劉晚蒼
作墨竹四條屏之一雨竹
（劉培一保存、提供）

天看完了不扔，用那報紙練字。他平時也喜歡喝茶，那時候自己也買不起什麼好茶，一般就是最普通的花茶。

不過，那時候谷牧、榮毅仁、葉道英沒少給爺爺茶，這些人都是我父親的朋友，都知道劉晚蒼的名號，葉道英學太極就是找爺爺學的。另外，爺爺也懂一些醫藥知識，包括過去那跌打損傷藥，都是自己配。

爺爺一生除了對武術的學習與研究，和對古代文化、書法及繪畫的喜愛外，沒有其他的嗜好。他的生活非常簡樸，有規律。做事認真、執著。他老人家在生活中很多的點滴小事，都對我們後人是一種鞭策。記得爺爺生前每天只喝半兩白酒，以達到舒筋活血的作用。

有一天中午，爺爺從地壇公園回來後，高興得自己斟滿了一杯酒，是一兩。看著爺爺高興的樣子我不解地問：「爺爺今天遇到什麼喜事了？」

　　爺爺笑著回答：「是。今天一個賣小人書的（書攤）攤主幫我找到了我找了好幾年一直不認識的一個很生僻的字，還給我講了字的意思和用途。所以得慶賀一下。」雖說是非常小的一件事，然而對我觸動很大！

　　爺爺活著的時候，我從小到大，每天午飯和晚飯這兩頓飯，是給我上課的時間。從我懂事開始，每天兩頓飯這課必不可少。不光是拳的事，各個方面。

　　比如，他跟我說人要儉樸，那時候窮，也不會提起大魚大肉的事，但是他告訴我不能浪費糧食。說做人要厚道，不管做什麼事情，你不能欺負人，哪怕他再壞，不至死，你都要給他留條生路，不能一棍子給他歇到那兒，讓他抬不起頭來。

　　爺爺說：「咱得做到半夜有人敲門，來的都是咱的朋友。」意思是說，不能幹壞事，不幹虧心事，不幹喪良心的事，也不跟人結仇結怨，做人要坦蕩，清清白白，問心無愧。

　　在我爺爺看來，練拳這都是開放的東西，包容的東西，不是閉塞的東西，這樣才能真正發揚光大，傳承下去。大夥兒願意學習的，有德性的，誰都可以學。學完了，只要他學得好，他就能把咱這東西傳下去，有什麼不好？說他那拳不是咱這門的，哪門的啊？沒那回事。跟這學的，都是咱這門的人，他既是咱這門的人，也是別的門的人，那又如何——沒有什麼區別。所以，不光是北京的，哪兒的人都來跟他學。

　　他還講：各個門派都有自己的長處，咱要虛心向人家

‧20 世紀 80 年代初，劉晚蒼在家中留影（劉君彥保存、劉源正提供）

‧20 世紀 80 年代劉晚蒼和弟子及再傳弟子在家門口合影（馬長勳保存、
　馬駿提供）

學習，但一定要學好的東西，別什麼都往回拿，咱這兒也擱不下。

　　後來我問他：「什麼拳是最好的拳呀？」

　　他說：「就是摔跤，你要能練到家了，跟太極，跟八卦，一樣。」他還說：「誰好就得向誰學，把別人好的東西變成咱的東西，把咱好的東西告訴別人。」

　　這就叫「德性」，有德性的人才能得到這些東西。中國這些東西，老的那些玩意兒，不分家，都是人為地把它給分開了。

　　過去的東西，到現在丟得多了。不光是拳術方面，包括其他各個門類，一個重要原因就是被保守的觀念束縛了，什麼傳男不傳女，傳家裏人不傳外面人。其實得與時俱進，順應當下的社會形勢。有好的東西，大夥兒要共同用，誰健康了，都好，誰得著這真東西了，都是幸事。至少，我可能傳不下來了，別人有可能就傳下去了，它總歸能傳。好的東西，最後丟了，都是掖著藏著弄丟的。

　　這個道理，就像現在互聯網的雲數據，提倡的是分享、共享。要是搞成一個壩上國度，這村建一壩，那村建一壩，整個水系都不通了，活水都變成死水了。高山大川，把那河流截了，都成潭了，一潭死水，能不出毛病嗎？中國傳統講的東西多好啊，山脈、血脈……多大啊！你要搞個大壩，把水一截，水面提升多少米，整個這一帶的自然地理環境氣候都變了，不自然了，沒準會出問題。再想恢復，可能已經晚了，就像人害了一場大病，傷了元氣。

✤ 講拳通俗易懂

中國的東西，就跟炒菜似的，宮保雞丁，都是這個配方，每個人炒出來都不是一個味。一人一個味，高妙就出來了，個性化。太極拳也是如此，只不過大家悟到什麼程度，怎麼理解這個東西，都不一樣。

我爺爺那時候就說：太極本無式，為了把這東西延續下去，才編了很多特別實用的式子。現在這式、那式，改來改去，都是為了好記。實際要真正領悟了這裏面的東西了以後，可以不定式。要真正把它那味兒打出來，把它在自己身上呈現出來。

爺爺講：「練拳不能跟豬八戒吃人參果似的，你得能咂摸出滋味來。練拳最後得練成自己的，上身了，練到自己身上，你還要把它給練出去，不要留在身上當負擔。」我說：「這怎麼解釋啊？」他說：「這麼說吧。夏天天熱，穿短袖背心，那冬天的衣服怎麼辦？擱櫃子裏。什麼時候冷了，打開櫃子再穿上。你不能夏天還穿冬天的衣服啊，都扛著它，你累不累啊？」當時我還不理解這些話，現在有一點理解了。怎麼叫「練出去」？就是這拳練到身上，還要把它練沒了，這才達到一定境界，然後它就是自己的東西了，它就是隨心所欲的。

這就像國畫，天天臨摹，天天照別人的畫，那還是別人的東西。什麼時候自己體會出來，自己展現出來，才是自己的東西，那種感覺非常美妙。

以前教拳，這話可不說，因為你不是我這門裏的人。

· 1984 年 11 月 28 日，劉晚蒼
在家中與請教者推手（劉君彥
保存、劉源正提供）

但我爺爺那時候沒這想法，很多那時候他身邊的人，都應
該知道他說的這些話。

　　爺爺講拳理，都是按通俗易懂的方式講。說「四兩撥
千斤」，「四兩」怎麼破那「千斤」？一堵牆，要倒了，
弄個棍一支，牆就倒不了了。想讓那牆倒，一提那棍的
腳，「呼啦」一下牆就倒了。因為它支點沒了。

　　兩個人對壘的時候，「就是長一寸短一寸的事」，這
是當初爺爺的原話。說：我打他，沒打著，長一寸就有
了；對方比我功夫高，一拳打過去，他含胸一寸，你就打
不著他。這就看誰的功夫深。所以，走拳架的時候也要這
麼練，出拳無限大，收拳無限小，那勁兒就出來了。孫長

青現在為了讓人好理解，換了一個說法，就是「緊出緊出緊著出，出到家了還要出；緊收緊收緊著收，收到家了還要收」。講的就是這個意思。

聽勁，摸是聽勁，看也是聽勁。爺爺說：對方膀子一動，他肯定要有動作。練拳身上不能緊，一緊一僵，血脈不通，拳是白練。不管打什麼拳都得放鬆，全身氣血貫通，才能出來。拳練到家了，應該是全身上下暢通的，無阻的，肌肉鬆弛的，勁力收斂入骨的。周身上下血脈暢通，通則不痛，身體也沒毛病。老想著別人怎麼氣他了，我怎麼不服別人了，心態一不好，就容易氣血不通不順，往往身體也出毛病。

說練氣功，老想著把氣集中到一個地方，這人就容易練壞，氣要順其自然地走。還說，打雷儘量別練，容易驚著。我爺爺每天晚上都打坐，腿一盤，就在床上這麼坐著。也站樁。但是，颱風、打雷，他都不練。

爺爺說，練拳初期的時候，覺著長了功夫了，老想跟人試試手，見誰都想打打。但是真正練到高深的時候，那就沒有動手的意思了，都是點到為止。哪怕遇上混混、小流氓，也不能出手傷人。你跟他不在一個層次上，你等於是欺負人，他就是偷東西，也不至於要他的命。你要真正練到自認為頂級的時候，也應該是別人打你兩下也打不著，傷不著你，而不是你出手傷人，一下把人打死。這也是德。

爺爺總說：「練武不是簡單的抻抻筋，壓壓腿，盤盤架子，推推手。而是要用所學的方方面面的知識，加上自

己的智慧去理解和運用。」這一席話看似簡單，但理解和運用起來卻有很大難度。記得最初和爺爺學習推手時，使出了全身的蠻力但仍被爺爺扔出好幾米之外，事後他老人家講：「太極練的什麼？是平衡，陰陽平衡，不是平等。如果是平等就沒有四兩撥千斤了。搏擊的時候，就是要破壞對方的平衡，保持自己的平衡。世間萬物，哪個缺了平衡都不靈。

太極、八卦這東西，說到底就是一個陰陽，這陰陽隨時隨刻都在變化，沒有說它是一個固定的模式。一會兒是陰，一會兒它可能就變成陽了，參照物在那兒呢。人要是失去了平衡就會摔倒，世間萬物失去了平衡，就會出問題。然而這一切都是在無窮無盡的變化中，所以要學會在變化中找到平衡。」這句話不但對我當時學習太極拳及推手有很大的幫助，乃至在我以後的生活和工作中都起了相

· 20 世紀 80 年代中後期，劉晚蒼遊頤和園（劉君彥保存、劉源正提供）

當大的作用，獲益非常多。

爺爺說：練太極不但身體好，能防身，工作上也用得著。街坊四鄰，你不把這兒擺平了，那兒就出問題。你把那兒弄的太旺盛了，這兒出問題。

一個道理。有人犯錯，你要儘量疏導，提前讓他別犯錯，你要告訴他。這跟現在說的預防犯罪不是一樣的嗎？爺爺說：「方方面面的事，將來你用太極都能處理。」那時候不理解，工作以後真理解了。解決問題，你不能光看一方面，各個方面都得轉轉，想想，跟打太極一樣。

不管練什麼，還是得練對了。玩出一身病、一身氣，這都不靈。遇見著急上火的事，要想著「緊著收」，洩了它，引進落空，把它擱一邊去不就完了嗎？

爺爺這個人很豁達，一般小事都不往心裏去，但該認真的時候認真。「別人好了，比咱好了強。」這是爺爺的話。要有這種胸懷，你才能為人處事，把事辦好了。你要老想著把好東西都擱自己這，那別人又不平衡了，讓別人不平衡了，你自己也好不了。

✚ 尾　聲

我十八歲到北京的順義插隊，怎麼出發的？——「午門斬首」。整個北京市下鄉的人，全部到午門集合，從午門開著大車，天安門出去，完了就走了。插隊後，把拳都扔了。我是在北京的郊區，但那時候也不好回來，交通不方便。我原來那大槍抖得特好。八卦掌我學了幾個掌，後來都忘光了。八卦掌當時練的時候，要求嚴格，站樁就得

三年，那站樁一般人站不了，前腿出去以後，後腳的腳後跟、屁股和後腦勺得是一趟線，這腿還得平，這起勢叫「龍蹲虎坐」，一開始得靠著牆站，太難了。後來就很遺憾了，荒廢了很長時間。雖然後來荒廢了，但起初那幾年打下的底子，非常必要。

爺爺臨去世的時候，跟我說：「有點亂。你呀，願意練，以後就自己練，不願意練，就不練。不要跟著他們摻和了。有些事，以後跟張楠平和孫長青一塊多聯繫。」這是原話。因為我們仨都差不多大。

現在回頭想想，過去每天跟爺爺吃飯聊天那段時間，我得到的都是非常有用的東西。爺爺過去講的一些很經典的話，至今記憶猶新。

我爺爺這人，你說有多逗吧。我奶奶比我爺爺多活了十來年，101 歲去世的。那時候家裏沒有廁所，都是上馬路對過兒的公廁，奶奶有一天去公廁，三個台階，下來的時候一腳踩空了，打了個滾下來了，完了以後回家了。街道旁邊那個老太太跟我說：「源正，你奶奶剛才摔了一跟頭，沒事吧？」我爺爺聽到了：「喲，怎麼啦？」奶奶說：「剛才上廁所，不小心，跌一滾下來了。」你猜我爺爺說什麼？「哎喲，我這練了一輩子拳還不及你呢。」

1984年初春，劉晚蒼作《寒林欲雪》（培一保存）

太極打手的擊拿發放

劉晚蒼、劉石樵

編者按：本文選自劉晚蒼、劉石樵《太極拳架與推手》，上海：上海教育出版社，1980 年版。劉石樵即劉光鼎曾用名，本篇題目為編者後擬。

對於擊技，太極拳術和其他中國拳術一樣，都包含有擊法、拿法和發人法。

擊法就是用剛勁之力以擊人的方法。太極拳術並不是不注意擊法，而是很講求擊法，但它的擊法與其他拳術不盡相同，別具一格。太極拳架中，用捶進擊的只有五處，即太極五捶：搬攔捶、肘底捶、撇身捶、栽捶和指襠捶。它們的共同特點是：所用之拳都隱於掌後肘底；所擊之處或肋，或襠，或腰胯，都是重要的部位。

用拳擊人的方法可以有許多種，但在太極拳中只有此五捶的意思是說，經過提煉和總結，認為只有這五捶是行之有效，而又符合太極拳法要求的。它們的用法，或在變換身形，或是攔架敵拳，都能於被動之中爭取主動，不擊

則已，一擊必中，中則必倒。

此外，太極拳架中，分腳是點踢，蹬腳是蹬踢，也屬於擊法。它們的共同特點又都是隱於掌下。這是由於拳打肩歪，腳踢膊斜，都不利於自己身體的平衡，因此，不在對方失去沾黏連隨時，不在自己手掌的護持之下，應用擊法就容易受到對方先化後打的反擊。

拿法是擒拿對方身體的一部分，而使其失去抗禦的能力，或分散其注意力的方法。太極拳術中拿法很多：懷抱琵琶、海底針、玉女穿梭、倒攆猴等都是拿法。有拳架中這些拿法作為基礎，再透過推手實踐，融會貫通，靈活運用，可以使拿法達到極為廣泛的多樣化，隨便什麼情況都能擒拿對方。

例如，懷抱琵琶，在拳式中指的是：對方以拳掌進擊我胸腹時，我用右手握住其手腕並作旋擰，用左手扶住其肘部以為支持，於是，擒拿住對方小臂，使其肘腕關節必須支撐其全身重量以致受制。

但是，在熟練之後，只要對方向前施力於我身體上，我先緩其前進之力並扶其肘部而略加旋擰，即使單手也能完成這個拿法。

應該指出，任何拿法都有解法。過於追求拿法，往往弄巧成拙，反遭擒拿或喪失平衡。因為對待拿法的基本問題是鬆柔，而不是剛勁；是順其勢，而不是逆其鋒。

前述的懷抱琵琶擒拿對方的臂肘，對方只要放鬆肩胛關節，並順其勢而使臂前伸，則能破壞平衡穩定，克制擒拿。這樣，不要講對待功深基厚的拳術家，就是一般掌握

太極拳法，身體靈敏而能鬆柔的人，拿法則未必能奏效。因此，拳術家所謂「好拿不如癩打」，則指出拿法本身的這種缺點。

擊技中最重要的技藝是發法，即將對方擲發出去，或使其重心偏離體外，失去平衡而跌倒。太極拳架中，處處講求的是發人之法。提手上勢、如封似閉、玉女穿梭、攬雀尾等都是發法的基本訓練，而高探馬、倒攆猴以及其他許多拳式都是拿中有發的基本方法。

推手中，掤、攦、擠、按、採、挒、肘、靠則是發法的基本手法。為了提高太極拳的擊技水準，必須在發法上下深刻工夫。

「八字歌」對於掤、攦、擠、按、採、挒、肘、靠作出高度評價，主要也是從發人之法的角度出發的，同時，也還指出，發法的關鍵在於沾黏連隨，捨己從人。

太極拳「打手歌」：「掤擠按須認真，上下相隨人難進。任他巨力來打我，牽動四兩撥千斤。引進落空合即出，沾黏連隨不丟頂。」則明確地指出太極打手獲致發人之法的原則和途徑。

推手打輪時，認真完成掤、攦、擠、按，是為發人的技術奠定基礎，也為自己化勁的順遂打下根底，所以，在任何一次循環往復之中，都要求將掤、攦、擠、按四個字打出來，即在思想意識中對這四種手法有明確的概念和嚴格的劃分，儘管其形態表現為這樣或那樣的圓弧動作。掤、攦、擠、按都是全身運動，其關鍵在腰；必須全神貫注，呼吸通靈，上下相隨，腰襠開合，虛實轉換，周身完

扁踩　　　　　　攬雀尾按勢　　　　　　攬雀尾擠勢

彎弓射虎　　　　　　　　左顧右盼

· 劉晚蒼拳照組圖，1980 年代攝於地壇（劉君彥保存、劉源正提供）

整一氣。如果不能協調一致，則必有停頓或空當，即有失機失勢的可能性存在。由此也可見，打手中「用意」和「貫串」的重要。

　　太極拳法努力於四兩撥千斤，以弱勝強，以小制大，以靜禦動，以柔克剛。所謂四兩撥千斤，並非全然無力，只是所用之力比對方之力略小。這樣，不僅可以保持自己進退旋轉的餘地，而且可以在最敏感的狀態下，去秤彼勁之大小，權其來之長短。四兩撥千斤還說明要用小力去轉移大力，這裏包括使對方的勁力作用於其自身，或者使對方的勁力在我旋轉滾捲之中失去作用，反而破壞其自身的平衡。此處「撥」有略微改變方向的意思，即不能正對來勁的方向，與對方頂撞。

　　因此，太極拳法要求，對於剛勁的攻擊，採取柔化的戰術策略，用沾黏連隨去瞭解敵情，摸清虛實變化；在隨屈就伸之中，既要順其勁勢，又要加以改變，不使它作用於我，卻要受我力的牽動，造成我對敵發放的好機會。這就是太極拳法中所謂「棉裏藏針，柔中寓剛」的意義。

　　「打手歌」明確而概括地闡述了太極打手的主要問題，其中指出的「引進落空合即出」，在原則上和方法上都具有提綱挈領的意義。

　　所謂「引進落空合即出」，也正是因勢利導。順應對方勁力的來勢不丟不頂是「引進」；或作進退，或作滾捲轉動，務使其勁力不作用於我身體上而破壞我的平衡是「落空」。對方勁力落空，勢必使其腳跟離地，身體騰虛，處於最不穩固、最易喪失平衡的狀態。此時，對方失

機失勢，而我得機得勢，應立即轉入反攻，「合即出」。只有做到引進落空，才能四兩撥千斤，也才能以小制大，以弱勝強。因此，要想獲得引進落空，就必須因勢利導，因對方進攻之勢，導向有利於我的條件。

在太極打手中，要在思想上和動作上都貫徹沾黏連隨，捨己從人的方法，並從其中創造機會和條件，完成「引進落空合即出」。

「引進落空合即出」，也就是古典拳論中所謂的黏走。制人為黏，化人為走。「人剛我柔謂之走，我順人背謂之黏」，是對以柔克剛的具體解釋。這裏包含在戰略思想中先做退讓以瞭解敵情（聽勁），和在瞭解敵情過程中判斷形勢和掌握時機（懂勁）兩個方面。但是，不能由於退讓而招致潰敗，形成八公山草木皆兵的局面。退讓的目的是「避其銳氣，擊其惰歸」。

因此，退讓的準確含義應該是引進落空，就是走。然而，走即是黏，黏即是走。因為第一，不能由於引進落空而失去沾黏連隨，相反，只有在沾黏連隨中達到引進落空，否則即喪失對情況和規律的瞭解，也就無法判斷得機得勢的條件。第二，走中要有黏，黏中要有走，既不能只化不制，也不能只制不化。必須先化敵勁力，達到我順人背，才能制人而不被制於人；所以，克敵制勝，必須化勁順遂，自己首先平衡穩固。因此，化為制因，制為化果，黏走相生，引進落空合即出。

太極拳法反對頂扁丟抗，而要求順對方勁力以制化，即走化要順應對方勁力，發勁也要順應對方勁力，否則即

玉女穿梭

下勢（側）

上步七星（正）

退步跨虎

· 劉晚蒼太極拳照組圖

不能達到四兩撥千斤的效果，所以，太極打手必須捨己從人，因勢利導，不能捨己，就不能從人，由己則滯，從人則活。由己與捨己是相互對立而又統一的兩個側面，不能捨己以從人，則必為人制；只有捨己從人，才能從其中抓住關鍵，化卸對方勁力，聽問對方動向而施力，克敵制勝。所以，你有力，我使你力更大，但不作用於我身；你要前進以作攻擊，我使你前進更遠，但不能破壞我的平衡，從而，「仰之則彌高，俯之則彌深，進之則愈長，退之則愈促」。

因此，太極拳法要求因人所動，隨屈就伸，絕不是被動地任人擺佈，相反，是用主動精神去從人變化，在順應對方的變化中，自己有改變對方的自由能力。也只有如此，才能「任他巨力來打我，牽動四兩撥千斤」。

李亦畬在論述太極打手時，曾經作出《撒放秘訣》，用「擎引鬆放」四個字，對太極打手的方法做了概括和總結。《撒放秘訣》是：「擎起彼身借彼力（靈），引到身前勁始蓄（斂），鬆開我勁勿使屈（靜），放時腰腳認端的（整）。」

「擎引鬆放」就是這四行歌訣的句頭，是用來說明太極打手過程中的四個基本問題，並作出方法上的指導。其實，這也是對「引進落空合即出」的具體闡釋。

「**擎**」是提上拔高的意思。太極拳法要求，發放對方必須以其腳跟離地，身體騰虛為先決條件，因此，要使對方身體提上拔高，則需擎起對方。

古典拳論指出：「如意要向上，即寓下意，若將物掀

起，而加以挫之之意，斯其根自斷，乃壞之速而無疑」，則說明擎起對方身體的意義。但是，要將對方身體擎起，又必須符合太極拳法的基本要求，用意不用力；即使用力，也必須如「四兩撥千斤」中所指的小力，而不是用全副勁力去將對方提起。

　　一般人體有百十斤的重量，如將此重量提起，則絕不是用小力（如四兩）所能辦得到的，更何況人的勁力有限，而對方又非木偶那樣聽任擺佈。因此，須使身體靈動，以依賴對方的勁力把對方的身體擎起。或者，靈動是感覺敏銳，既能聽出對方的勁力，又能採取適當的措施利用對方的勁力。能借力，則能打人。

　　借力的方法很多，歸納起來，基本上是兩種：一是順對方勁力的方向移動使其落空；二是滾動和轉動，使其著力點改變。

　　一般地說，上下臂的旋轉多稱為滾動，或滾捲；腰胯的左旋右轉，稱為轉動。提手上勢、扇通背、玉女穿梭等拳式中手臂的滾捲，都能起到借力的作用，正如勁力作用於滑軸上，滑軸稍作滾動，此勁力即已落空。

　　所以，無論是移動或滾轉，都是要使對方的勁力落空，而落空的結果是對方身體自然騰虛，腳跟離地，對我來說，則獲致擎起的效果。這種情況即所謂靈動。四正推手中轉腰作，四隅推手中捲肘化靠，都表現這種靈動。

　　「引」是牽引的意思。太極拳法要求沾黏連隨，自然而不僵滯。但是，在需要使用勁力時，即使是四兩那樣的微小勁力，也必須有一個蓄斂的過程。有蓄才有發，蓄而

後發。這裏有兩個問題需要解決：第一，蓄勁的過程應於何時開始？第二，應如何蓄勁？

選擇蓄勁的時機很重要，過早蓄勁容易陷於僵滯，也容易為對方發覺而預作防範；過遲蓄勁，則無發放之力。最適宜的時機是在隨曲就伸中，用意識將對方牽引到自己身前，即將達到落空而還未落空的時候。這時，即使對方察覺，也難進行防範了。至於蓄勁，必須斂意斂氣，將勁力收斂於脊骨內。蓄勁如張弓，腰為弓把，腳手如弓梢；發勁似放箭，無蓄勁，則無發箭之力。吸為合為蓄，呼為開為發，一蓄一發應完成在一吸一呼之間。人體猶如氣球，牽引對方勁力至我身前，我身體收縮，勁力蓄斂，為反攻進行了充分的準備。

「鬆」是輕鬆，不用力，不僵滯。這裏有兩重意思。首先是既要放鬆腰脊、肩胛、肘、腕各關節，又須保持掤勁，上下臂不能彎曲過甚而失去弧度。其次是對方勁力作用於我身體任何一處，我都能保持鬆活，順其力而變化，左重則左虛，右重則右杳，物來順應，不丟不頂，使其勁力不得施展。

但是，「鬆開我勁勿使屈」卻又包含另外一種意思，即上體與手臂在受力時，應用掤勁保持原狀，承受勁力而不屈，寓意於沉靜，同時腰胯鬆活，使對方在無法察覺中身體騰虛。這樣，始終保持心靜意靈，精神貫注於對方勁力作用處和自己的腰胯上，既偵察敵情，判斷虛實，又能相機變化，克敵制勝。「鬆開我勁勿使屈」正確地說明了對待敵人進攻的方法。

敵進我退，退時不能失去掤勁而扁屈。對方勁力挨我何處，我的精神要貫注於何處，但並非一定該處要靈活，關鍵是腰胯要能靈活。

「放」是對敵發放。此時要求身體上下一致，完整一氣。發放的前提條件是對方腳跟離地，身體騰虛。一旦達到此條件，發放的形勢與時機成熟，即應將全身所蓄的勁力一呼即出，由腳而腿而腰，疾似勁弓電掣。發勁必須沉著鬆淨，專注一方，腰脊用力，前腿弓，後腿蹬，腳趾抓地，上下相隨，完整而富有彈性。

一般地說，任何一次發放都可以有幾種不同的方位：四個正向，四個斜角，正而偏上或偏下，斜而偏高或偏低。但開始學習發放時，只能是何處順，往何處打；熟練後，不僅能準確恰當地掌握發放的時機，更能在發放的方位中取得自由，意向何處，即往何處放；不放則已，放則要將全身勁力打到對方腳跟上。

《撒放秘訣》用擎、引、鬆、放四個字從勁力的角度概括了打手中的太極拳法，將「引進落空合即出」作了細緻的刻畫。但是，《撒放秘訣》還沒有從呼吸的角度來闡明「氣」在太極打手中的應用。

太極拳法要求用意不用力，在意識的統率下，使呼吸與動作相結合。從而，要以心行氣，以氣運身；在行功走架時，要行氣如九曲珠，無微不到；又要氣遍身軀不稍滯。這些原則要求，不僅在走架時，就是在打手中，也必須貫徹。

李亦畬在《五字訣》中兩次談到「氣」的問題，直接

將「氣」與打手聯繫起來：氣向下沉，由兩肩收於脊骨，注於腰間，此氣之由上而下也，謂之合。由腰形於脊骨，佈於兩膊，施於手指，此氣之由下而上也，謂之開。合便是收，開即是放，具體地闡明呼吸與開合、收放的關係：「吸為合為蓄，呼為開為發。蓋吸則自然提得起，亦拿得人起，呼則自然沉得下，亦放得人出」，直接用呼吸來論打手。氣和力都是在意的統率下，互相協調，緊密配合的。意到氣到，力亦到。因此，動作有虛實、開合，氣有呼吸，浮沉，也必須協調配合。

打手中，呼吸的要求不僅是深緩細長，直送丹田，而且要以對方的動作為自己呼吸的依據。能呼吸，然後能靈活，否則即成為僵滯不得運化。掤勁向上向外，敵進我退，以柔克敵，在氣中應為吸浮；勁向旁側以化敵攻，要吸而能沉；擠、按兩勁是在化法上的進攻，應以呼為主。

但是，呼吸必須根據對方的情況以作變化：吸以掤，對方攻勢未止，我則吸而有餘；對方轉入防禦，我則又能立即轉入呼氣，呼以擠按，對方化勁未已，我則能夠呼氣，又能隨時轉入吸氣；對方化勁已止，我則進而愈長，能夠繼續呼氣。同樣，沾黏連隨也應與呼吸行氣相合，掌握對方呼吸進退，合拍合節，息息相關。沾以應敵，必須與敵呼吸相應，才能不丟不頂，黏以留意繾綣，必須從人呼吸，才能如膠附著；連以因人所動，必須呼吸有餘，才能順遂圓活；隨以應對敵情，必須在呼吸中轉化，才能制敵無滯。

「引進落空」應是吸氣，為合為蓄；對方腳跟離地，

失去憑藉，我則「合即出」，立即發放，應是呼氣，為開為發。這樣，無論走架，還是推手，都必須使呼吸行氣深緩細長，遊刃有餘，順遂通靈。否則，不能俯之則彌深，仰之則彌高，退而愈促，進而愈長，使呼吸跟隨對方的進退變化，則必不能完整貫串，從而，在走架中，氣勢散漫，失去滔滔不絕的江河形象；在打手中，黏走相乖，僵滯不化，成為自己失機失勢的條件。

從呼吸行氣來論述太極打手的有「敷、蓋、對、吞」四字秘訣：「敷者，運氣於己身，敷佈於彼勁之上，使不得動也；蓋者，以氣蓋彼來處也；對者，以氣對彼來處，認定準頭而去也；吞者，以氣全吞而入於化也。

此四字無形無象，非懂勁後練到極精地位者，不能知，全是以氣言。能直養氣而無害，如能施於四體，四體不言而喻矣。」

「**敷**」是塗抹的意思，輕微接觸對方的勁力，即使我呼吸與勁力和對方相沾接，敵進而我能順應，改變其勁力不為其破壞平衡。

「**蓋**」是由上而下鋪覆於其上的意思，對方勁力作用於我身體的任何部位，我的意識和呼吸就必須集中地覆蓋於該處，因其動而運化。

「**對**」是針對的意思，也稱為吐；在精神貫注於對方作用處，呼吸和勁力與對方相應合，我則黏走其勁力，對準其落空失著之處，沉氣外呼而發放。

「**吞**」是不經咀嚼而咽，有承受對方勁力，或用身法吸入對方來勁的意思。敵進我退，你進已深，而我吸更

長，且退有餘地，則對方莫測我之虛實，我卻得順應其勁力，改變其平衡。

「四字秘訣」同樣也包含有聽勁和懂勁的過程，和打手原則完全一致，只不過從氣的角度作出概括的論述。

呼吸在太極拳術中占有重要的地位，從而，要求氣宜鼓蕩，神宜內斂，並將人體看成是氣球，稱為太極。氣球的運轉要前進不凸，後退不凹，左旋不缺，右轉不陷，周身完整，式式貫串，混然一氣。這是太極拳法對行功走架的要求，也是對打手的要求。其實，沾黏連隨是柔中寓剛，黏走相生，就是貫串；不丟不頂是輕靈圓活，鬆穩勻靜，必須用意。換句話說，太極拳運動必須在意識的引導之下，使呼吸和動作完整貫串，協調一致。

在這樣一元化的原則指導下，太極打手的發法是不難獲得的，而擊法和拿法也必然會在推手實踐中逐漸熟悉，以致運用自如。因此，我們也無須具體贅述多種擊法與拿法的微末細節，而只強調指出；提高太極拳術的造詣，必須「明白原理，練熟身法，善於用意，巧於運氣」，並堅持不斷地在實踐中鍛鍊學習。

但是，應該指出，作為鍛鍊的推手和實戰的打手之間還有一個接手問題，即首戰序幕的揭開問題，必須恰當處理。實際打手是鬥爭，絕不會先作搭手，再行出擊。相反，盡人皆知！拳法和兵法一樣，要求運用聲東擊西、指南打北、上驚下取一類有虛有實的具體戰術，在示弱中包含有進攻，以獲取鬥爭的勝利；甚至強調「兵不厭詐」，以建立起真真假假、虛虛實實的鬥爭藝術。

　　對於太極拳術來說，在技擊中獲取勝利的來源在於聽勁和懂勁，只有雙方接觸，才能開始聽勁和懂勁，否則只能猜測對方的勁力虛實與動向，而無真憑實據。

　　正因為如此，太極拳術就更需要慎重處理初戰的接手問題，堅決反對魯莽從事。然而，接手問題實質上在太極拳法中已經解決，其方法仍舊是：儘可能地瞭解敵情，正確地作出判斷並及時地作出反應。「彼不動，己不動。彼微動，己先動」「動急則急應，動緩則緩隨，雖變化萬端，而理為一貫」。

　　此外，太極拳法的戰術原則是由沾黏連隨，以獲得知己知彼；太極拳法的戰略原則是由敵進我退，以進行積極防禦。因此，在對方進攻的面前，往往採取先退讓一步的辦法，來恰當地解決接手問題。退讓並非示弱，而是誘敵深入，以利於我掌握敵情，發現漏洞，及時地組織反攻。這樣，使初戰的接手也建立在充分瞭解情況的基礎之上。

　　和解決初戰接手問題一樣，採用上述戰略戰術原則，還可以解決經常會遇到的突然襲擊的問題。而且，沾黏連隨本身就是防止突然襲擊的。

　　根據這種原則，太極拳法要求，無論對待何種強大的對手，都必須「內固精神，外示安逸」，以在瞭解情況的基礎上，作具體的分析和對待，正確處理複雜多樣的矛盾變化。

　　蘇洵在《權書・心術》中曾經指出：「善用兵者以形固。夫能以形固，則力有餘矣。」所謂形固，就是「內固精神，外示安逸」，也就是在戰略上藐視敵人，在戰術上

重視敵人，排除一切雜念而集中精神，對待任何艱難困苦，都能做到心不慌，手不軟，敢於鬥爭，善於鬥爭。從而，遇弱不懈，逢強越勇，既不驕傲而輕敵，也不自卑而氣餒，完全根據客觀情況作具體分析，充分利用有利的形勢，力爭主動地駕馭鬥爭的發展變化，防患於未然。

因此，太極拳法並不反對在得機得勢的情況下，充分發揮自己之所長，以獲取勝利。許多拳術家由於熟練地掌握某些招法，如野馬分鬃、左顧右盼、斜飛式等，善於以己之長，攻人之短，克敵制勝，或者由敗轉勝。

針對不同的對手，採取不同的對策，是具體對待；根據實際情況，揚長避短，發揮自己的長處，以對敵人之短缺，也是具體對待。

不具備客觀條件，而強行運用自己之所長，肯定會碰壁；得機得勢而不發揮自己的威力，必將坐失時機。

同樣，太極拳法並不反對出奇制勝。奇是手段，勝是目的。不能獲致勝利的奇，只能認為是妄動，並不是真正的奇。普通拳式，形式上並無奇特，但能針對具體情況，因勢利導，獲取勝利，雖屬普通平常的招法，卻也具有奇的性質。

必須牢固地建立起這種認識：敵我雙方的鬥爭，我方勝利的基礎在於自己的平衡能在運動中穩固地保持，遇剛則柔化，遇軟則堅硬，及時瞭解情況的虛實變化，恰當而合理地處理對方的攻擊，以致雖受大力作用或突然襲擊，仍能平衡穩固，及時化走，毫不動搖。對方的失利則在於他自己失去保持平衡的條件，或者過剛而不能圓，或者過

柔而失卻運化，以致稍受外力打擊，立即傾跌移動。因此，勝利與失敗的關鍵在於自己，對方所能收到的明顯效果，只不過是在因勢利導地瞭解情況中，發現弱點或錯誤而集中力量加以攻擊而已。

在這種認識的基礎上，吳式太極拳術的技擊，始終把楊祿躔告訴全佑的話「占住中定，往開裏打」奉為推手的秘訣與準則。

最後，我們指出，在學習太極推手的過程中，不要過分地計較勝負。「勝負乃兵家之常事」，更何況技擊是一種體育鍛鍊，是友誼競賽。從整個太極拳術的學習和提高的過程來看，很少有，甚至不可能有始終保持勝利的拳術家，這和軍事上只有英勇明智的統帥而無常勝將軍是一樣的；相反，許多造詣高深的拳術家都是在失敗中得到成長，其中的重要關鍵在於總結經驗，汲取教訓，而不在於一次勝負。

勝負都有其原因，或者是技藝不高，實力不足，或者是處理失當。及時地找出其中的原因，對於提高拳術水準，大有裨益。只有勝而驕，敗而餒，才是以後大敗虧輸的重要因素。因為這樣必不能認真總結經驗，及時汲取教訓，從而，也就不能再往前進。

博採眾家之長，深研太極精髓

劉光鼎

良師益友

晚蒼先生原名劉培松，是我的堂兄，也是我的良師益友。1941 年，我十二歲時，在老家山東蓬萊遭受侵華日軍的殘酷迫害，家破人亡，孤苦無依，隻身流浪來京。蒙表伯曹伯垣收留，到北新橋競存中學寄宿讀書。這時，交道口恆記米莊就成為我每個星期日必去之處，因為這裏有我的三哥劉培松。儘管培松三哥在恆記米莊打工，但每次都熱情地接待我，一壺茶可以談笑風生兩小時；有時逢上吃飯，還會有一碗麵條和一盤豬頭肉拌黃瓜，再加上三哥的趣聞軼事，每每使我流連忘返。這樣，使初到北京的我在孤寂的學習生活中產生了熱乎乎的家的感覺。

我在蓬萊時，曾經跟隨大哥劉光斗（劉元化）學過幾天拳，照葫蘆畫瓢般地比畫一番，實質上卻是一竅不通，什麼也不懂。到北京與培松三哥接觸後，很快就萌生出學拳的想法。培松三哥同意了，並親自傳授了我譚腿、八

卦、太極和七星桿、馬眉刀，其中講解和指點最深的是太極拳術。

應該說，我與晚蒼先生交往達半個世紀之久，不僅得到先生親傳拳術技藝，而且在先生誠樸的言談身教中受到薰陶。不論我在北京大學讀物理系期間，還是後來在國內外進行油氣和海洋地質勘探時，凡有機會到北京，我必然要到交道口恆記米莊探望，或者直奔安定門外地壇公園去練拳推手。晚蒼先生和善樸實的形象就像一塊強大的磁鐵吸引著我。

每次在地壇公園西南角的松林中與晚蒼先生習練太極推手，我大多沾上即受到發放，像遇上彈簧一樣被彈擊出去，而晚蒼先生則是引進落空合即出，就如同彎弓射箭一般。這樣的太極推手習練煞是好看，人被打得滿場亂飛，可真是切實地加深了對「沾黏連隨」「不丟不頂」「站住中定往開裏打」等太極拳術古典理論的體會與認識。

休息時，拳友們都圍繞晚蒼先生而坐，聆聽他講述拳術源流。楊祿躔[1]、董海川等祖師爺們的故事，以及茶館

---

[1] 楊祿躔，寫作「露蟬」「祿禪」「儒禪」等等不一。據《武當》2003 年第 11 期 張玉華的文章《楊祿躔名字被誤傳八十年》所論，「古人有名有字，在取名字上，名和字之間要有著意義上的聯繫，這是命名取字的規律。以字託名，名字呼應，使名與字的含義更加明確、突出，以表達長輩對晚輩的祝福和期盼。所以，名與字的各自內含都有相通的意義」。「魁」與「躔」都與天文星相有關。而「躔」字在明清各地方誌中都有，並不那麼生僻。民國時有寫為纏，雖比「禪」「蟬」更接近，但不如躔義更合理。李瑞東一脈保存的王蘭亭的《太極拳譜》抄本序，記為「躔」。編者認同此種說法。特為之注。

．20 世紀 70 年代，劉晚蒼與劉光鼎合影於北京地壇（劉君彥保存、劉源
正提供）

宋（永祥）、煤馬（維琪）等前輩練拳行功的逸聞事蹟。
這樣，在餵招、講解中改正動作，領會精神，提高技藝，
同時又在講授做人的道理。

　　「文化大革命」期間，我從繁忙的海洋油氣勘探工作
中解脫出來，除了蹲牛棚，接受批鬥之外，大多處於閒散
狀態。於是，我和晚蒼先生商量合作寫一本《太極拳架與
推手》，系統地整理並論述晚蒼先生數十年在太極拳術方
面的傳授、教誨以及個人的心得體會。

　　在得到先生的同意之後，我跑圖書館查閱文獻資料，
與晚蒼先生共同回憶往事，並列出提綱多次討論。同時還
約請晚蒼先生去地壇公園，用我在蘇聯買的費得照相機，
拍攝下來彌足珍貴的太極拳架與推手的照片，儘管我的攝

影技術不高，照片品質不佳。隨後，我每寫完一章，即與先生逐字逐句地認真研討、修改。全書完成之後，我又與先生通讀一遍，作了最後一次修改，並於 1980 年由上海人民教育出版社出版，首次印刷 42000 冊，不久即售盡。1983 年再版，印數達 33 萬冊。2005 年 5 月再次印刷，印數 5000 冊。

晚蒼先生一生質樸，和平待人，從來沒有人前阿諛奉承，背後詆毀褒貶。既不持技凌人，更不追求名利，實心誠意地傳藝、授徒、探討交流，發揚光大中華武術，實為一代楷模。1990 年 7 月 5 日，晚蒼先生以 85 歲高齡溘然與世長辭。我在痛失良師益友的同時，一直惦唸著晚蒼先生生前的一再囑託——對《太極拳架與推手》作進一步的修改與補充。但是，今非昔比，國家對油氣資源的需求迫切，我從事海陸油氣勘探，整天四處奔波，始終沒有找到時間來完成先生的囑託，內心深感愧疚歉然。

1989 年，我奉調到中國科學院地球物理研究所工作，次年參加廬山會議期間，由於在山上練拳而結識軟體所許孔時教授。在他的督促和鼓勵下，遂在《太極拳架與推手》的基礎上，增加了太極拳術的力學基礎、生理保健基礎，以及太極拳術引論等章節，並重新定名為《太極拳術——理論與實踐》。補充的這幾章都未能經晚蒼先生審閱，也無法請先生署名，是我的遺憾之處。

✚ 拳架基礎

太極拳術是我國傳統文化中的一朵奇葩，也是中國獨

有的一種技擊運動。它在我國悠久歷史文化的薰陶下，以太極陰陽學說為理論基礎，指導拳架動作和推手應用。長期堅持太極拳術鍛鍊，可以增進健康體質，治療一些慢性疾病，還可以陶冶性情，修養情操。但是，太極拳術畢竟是一種技擊運動，所以對它的闡述，以及對其理論與實踐的認識，都必須以技擊作為主線，體現太極陰陽學說，使動作準確，姿勢適度，趨路聯貫，進而在意念的統率下，達到動作和呼吸順遂協調。為了使盤架子能夠逐漸達到圓融精妙的境界，我們特編製了一個歌訣：

太極歌訣

心率氣行布四梢，頂靈身端蓄腿腰。
神舒體逸守丹田，虛實變化因意高。
動中寓靜靜猶動，圓中有直直亦圓。
太極一元多辯證，陰陽兩儀不固定。

並根據古典拳論，明確提出習練太極拳術的十項要求。

晚蒼先生傳授的吳式太極拳架有十個來回趨路，108個拳式。但在編寫《太極拳架與推手》的過程中，晚蒼先生卻要求將重複的拳式去掉，集中論述其中 39 個基本拳式，包括太極起式和合太極。為了強調太極拳架中的技擊作用及其中的變換，還特地對這 39 個基本拳式各編寫了一個歌訣，既闡明其作用，又便於誦讀和記憶。這對於普及推廣太極拳術是有重要意義的。

　　晚蒼先生尊師重道。在《太極拳架與推手》的編寫過程中，他首先要求收集並精選有關太極拳術的古典拳論，並對它們加以簡明扼要的說明，以便於理解和推廣。遺憾的是，雖然晚蒼先生提供了他記憶中的一些拳論，又在北京圖書館中查閱到一些，但保留在山東蓬萊東許家溝的一些拳論如劉光斗撰寫的《太極拳論》（見劉培一、劉培俊著《劉氏傳統武術集》），當時就沒有瞭解，也沒有去收集。

　　晚蒼先生在傳授太極拳架的過程中，始終堅持「入門引路須口授，工夫無息法自修」。他認為，太極拳術有許多流派，即使是一師所傳，也會有所不同。大家都是根據太極陰陽學說對傳統套路長期不斷的修練中積累起來的認識和體會，必須給予充分的重視和尊重。只要像《太極拳論》所要求的那樣，在行功走架中貫徹「貫串」和「用意」，符合原理，就不應該過分挑剔。

　　拳架是太極拳術的基礎，也是技擊中的知己功夫，必須長期堅持盤架子。既要深入領會太極拳架都是取法乎自然，在輕、慢、圓、勻、穩的動作中連綿不斷，端莊穩重；又要領悟太極陰陽之理，力求用意完整，「周身一家，宛如氣球」。嚴格遵守太極拳術的基本要求，經過長期盤架子鍛鍊，將使外形完滿、協調，空鬆圓活，而內勁又輕靈流動、圓融精妙。

✛ 推手習練

　　太極拳是一種技擊運動，其基礎是太極拳架，應用實

·20 世紀 70 年代，劉晚蒼與
劉光鼎推手（劉君彥保存、
劉源正提供）

踐的習練則是太極推手，也是知人功夫的訓練，因而有
「練習太極拳而不練推手，等於不練」的說法。「走架即
是打手，打手即是走架」，要求在太極拳行功走架中，處
處擬想與敵人打手，無人若有人；而在推手時，則應靈活
運用拳架中的技擊招法，有人若無人。這樣，在太極拳術
中走架與推手是學以致用的兩個階段，而且是相輔相成
的。因此，只有推手與走架多次循環反覆，使之互相緊密
結合，才能達到高深的太極拳造詣。

　　晚蒼先生在傳授太極推手時，首先說明太極推手八
法，即四個正方向動作：掤、攦、擠、按稱為四正；四個
斜角動作：採、挒、肘、靠稱為四隅。四正如拳架中的攬
雀尾，四隅如卸步搬攔捶，它們合起來組成太極拳對敵打
手的基本方法。

　　其次講解太極拳術中對敵打手的基本原則，即沾、黏、連、隨，和主要禁忌，即頂、匾、丟、抗。然後再反覆闡釋輕、重、浮、沉的重要性，進而指出這些名詞之間的關係，它們既是相互對立，又是相互依存的，必須用辯證觀點來對待。

　　正如太極理論所指出的：「陰不離陽，陽不離陰，陰陽相濟。」因此，在對敵打手中必須用意於貫串，連綿不斷，捨己從人，否則勢必陷於停頓和僵滯，遭受打擊。

　　初學太極推手，對上述 20 個字雖反覆聽到講解，但大多仍是處於似懂非懂的狀態，必須經過一段時間的實戰練習，在不斷的體會中，才能逐步領會和認識。

　　太極推手有定步與活步之分。晚蒼先生經常演習的是定步四正推手，透過推手雙方打輪來認識、理解和應用掤、攦、擠、按。應該說明，四正推手便於示範餵招，及時講解改正，有助於傳授和體驗太極拳的技法。

　　一般地說，經過相當時間的四正推手習練，逐步加深了對太極拳架的認識和理解，同時也開始對聽勁和懂勁有了體會。往往就在這時晚蒼先生會講述一個故事，道出吳式太極拳術的精髓：「春節來臨，楊祿躔從北京回老家探親。全佑依依不捨，跟隨驟車送行，送了一程又一程。楊老說，回去罷，不要送了。全佑則堅持再送一程。驟車到了盧溝橋，楊老對徒步扶車送行的全佑先生說：回去好好練，站住中定往開裏打。」正是「站住中定往開裏打」的指示，經全佑先生融會貫通於拳架和推手之中，才形成後來的吳式太極拳術。

晚蒼先生繼承吳式太極拳的優良傳統，並加以發揚光大，極重要的關鍵是對「站住中定往開裏打」下過深工夫。每次和晚蒼先生推手，他腰似弓把，腳手如弓梢，引進落空合即出，正是「站住中定往開裏打」，以至動似放箭，上百斤重的漢子立即被彈發出去，既體現出「撒放秘訣」中靈、敏、靜、整的太極打手原則，又在沾、黏、連、隨中乾淨俐落地深化出一個「脆」字，形成了晚蒼先生沉粘古樸、靈潛宏偉的個人風格。

晚蒼先生傳授太極推手，並非只講定步四正推手。他也曾講述過體現採、挒、肘、靠的活步四隅推手，並且指出這是從上步、卸步搬攔捶演化出來的，得到楊式太極拳的闡發，成為楊式大，得到廣泛流傳。

應該說明，晚蒼先生曾經教過我一種圓形推手，其手法仍是掤、攦、擠、按，而步法卻沿圓線變化。這樣，腳扣腰撐使身體作大幅度轉動，能夠膝頂腳踢，肩靠肘打，展現出激烈的攻防運動。

✚ 聽勁懂勁

作為技擊運動，太極拳術要求在盤架子的基礎上，經過推手訓練，學會聽勁，最後達到懂勁。古典拳論明確指出，練太極推手而未能懂勁，則運用毫無是處。因此，要求「由著熟而漸悟懂勁，由懂勁而階及神明」。懂勁是太極拳術的高級階段。

太極拳術非常講究聽勁和懂勁。所謂聽勁，就是對技擊對方進行調查研究。透過沾黏連隨來瞭解對方施加於我

的勁力。「彼之力挨我何處，我之意用在何處」，將自己的意念集中於對方勁力施加於我身的著力點上，並努力精確地瞭解此勁力的大小和方向。

所謂懂勁，則是根據聽勁所瞭解到的情況，經過分析和判斷，搞清對方的意圖，並迅速做出反應，不失時機地將應對決策施於對方。「彼不動，己不動；彼微動，己先動。」這樣，晚蒼先生依照古典拳論，將人體比作氣球，而將聽勁和懂勁形象地概括為「你挨我何處，我何處與你說話」。晚蒼先生盤架子，早年與晚年有很多不同，明顯地反映出先生對太極拳術理解的深化和提升。仔細探索其發展和演化的路徑，可以找出兩個原因：

一是透過盤架子和推手的大量實踐融會力學原理，貫通於太極拳術之中；

二是對聽勁和懂勁不斷深化，達到高深造詣。

一次，晚蒼先生在地壇公園作盤架子示範時，我發現在白鶴亮翅和玉女穿梭中都明顯地出現了小臂滾捲的動作。對此先生給出兩種解釋。

首先，先生觀察到用圓木墊在笨重物體之下可以輕易地移動此物體；其次，拳論要求「擎起彼身借彼力」，對方施力於我小臂，如我臂順其力滾捲，則不要多大力量使著力點落空，對方身體勢必騰虛，腳跟浮起，而我臂再作反向滾捲，恰好正擊中對方。這樣，向後的滾捲是順其力，使著力點落空，則反向滾捲，又是我發放的落點，使對方傾倒。這正是「亂環決」中所謂「發落點對即成功」，也是聽勁與懂勁的結果。

　　應該附帶說明的是，白鶴亮翅與玉女穿梭在習練中都必須從小臂到後腰有勁，不得丟匾，順勢滾捲和反向滾捲也都必須以腰為軸，力求完整。

　　在技擊鬥爭中，首先要將自己安排好，這就要靠平日盤架子的工夫了；其次要透過聽勁仔細瞭解對方情況，明白其真實意圖，迅速做出分析、判斷，再根據力學原理，從弧線與直線、分力與合力、轉動與滾動、槓桿與螺旋等方式選取最有力的作用，破壞對方的平衡。

　　晚蒼先生長年堅持在地壇公園演練太極拳術，由示範、餵招、講解來說明聽勁和懂勁，由實戰來認識技擊的全過程，應該說，先生講解的是拳理、拳法，但處處符合物理學中的力學原理，並能用生活中的實例作比喻和加以闡釋，體現出先生在長期太極拳術鍛鍊實踐中達到了極高的境界，他無師自通地理解力學原理並將其融會於太極拳術之中的悟性和功底，令人十分驚奇和由衷地敬佩。

✚ 深刻懷念

　　太極拳術繼承並發揚中華民族源遠流長的文化傳統，融會貫通了中國哲學、醫學、美學等多種思想智慧，既博大精深，又為廣大人民群眾所喜愛。太極拳術流傳廣泛，凡是接觸到此拳術的中外人士，大多會產生興趣，甚至沉湎於太極功夫之中。

　　長期堅持太極拳術鍛鍊，確實可以達到增強體質、陶冶情操的效果，而太極推手的習練，不僅可以提高攻防技藝，還可以有無窮趣味，深化對拳理的認識。

　　中國古代哲學中，經常使用「矛盾」這個詞。矛是進攻的武器，用以消滅敵人；盾是防禦的器械，用以保存自己。兵書上講求矛盾，實質上是探討攻防、敵我的鬥爭。《老子》是我國最早的一部兵書，「歷記成敗存亡禍福古今之道」；宋周敦頤的「太極圖說」，用「陰陽」作為基本理論，來概括人體及其運動中相互矛盾對立、又相互統一的事物，如動靜、虛實、開合、蓄發、呼吸、進退，等等，以認識其變化規律；孫武在春秋戰國時就從兵家角度對戰爭規律和攻防原則進行了總結，並指出「知己知彼，百戰不殆」，「後人發，先人至，此迂直之計也」。孫武認為「先識迂直之計者勝，此軍爭之法也」。在充分調查研究的基礎上，根據情況，因勢利導，實現迂直之計是鬥爭取勝之道。毛澤東在總結敵我強弱的情況下，進行游擊戰爭的指導思想仍是因勢利導：「敵進我退，敵駐我擾，敵疲我打，敵退我追。」

　　在敵我鬥爭中，這些思想原則的高度總結既是積極的防禦型戰略，同時又是具有戰術指導意義的。將它們具體化到太極拳術的技擊鬥爭中，所謂「迂直之計」，就是曲線與直線的轉化：人擊我時，要使其循曲線而進；我擊人時，則要沿直線以對。也就是「引進落空合即出」「站住中定往開裏打」。由此可見，太極拳術長期在中華文化的薰陶中，融會貫通其精髓於技擊運動。因此，要想發展太極拳術，除開堅持鍛鍊太極拳架與推手之外，還必須廣泛而深入地瞭解中華文化。

　　劉晚蒼先生長期居於北京交道口恆記米莊，安貧樂

道,淡泊名利,而專心致志於研習太極拳術。他自幼酷愛
中華武術,博採譚腿、八卦、形意等眾家之所長,深刻領
悟太極拳術之精髓,獨闢蹊徑,達到圓融精妙的境界,並
在太極推手上形成「沉粘古樸、靈潛宏偉」的特色。

筆者認為,晚蒼先生之所以能夠達到這樣的造詣,和
他日常以書畫自娛,不斷深化對中華文化的理解有關,當
然,也和他數十年如一日,堅持鍛鍊,刻苦鑽研,並在北
京地壇傳授太極拳架,訓練太極推手有關。

總之,劉晚蒼先生奉獻於太極拳術,承上啟下,繼承
中華優良文化傳統,精研太極拳術並加以發揚光大,堪稱
一代太極大師。正如王羲之將畢生奉獻於行草書法,而最
終成為一代書聖一樣。

2006 年 5 月 29 日(陰曆五月初三)是劉晚蒼先生
100 週年誕辰,而晚蒼先生辭世也已經 15 個年頭了。我
們在懷念太極大師劉晚蒼先生的同時,要學習他德藝雙
修、畢生致力於繼承和發揚太極拳術的精神,推動中華優
秀傳統文化更上一層樓,使太極拳術得到更廣泛的普及,
為振興中華、建設和諧社會作出貢獻。

2006 年 2 月

(原題為《懷念太極大師劉晚蒼》,載於《武魂》2006 年
第 5 期,文首有刪節)

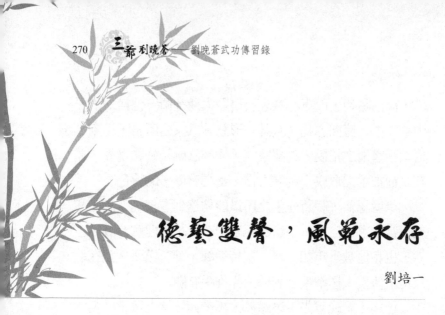

德藝雙馨，風範永存

劉培一

　　劉晚蒼（原名劉培松），著名武術家。1906 年 6 月 24 日（陰曆五月初三）生於原籍山東省蓬萊市（原蓬萊縣）大辛店鎮東許家溝村。1990 年 7 月 5 日（陰曆閏五月卅一日）仙逝於北京，享年八十五歲。

　　晚蒼先生一生酷愛武術，淡泊名利，獻身國粹，為武術的傳播和發展奮鬥終生。他習練譚腿、長拳、太極、形意、八卦以及各種器械，涉獵面廣，無一不精。晚蒼先生長期在北京地壇公園西南角松柏林間，晚年在北海公園五龍亭畔習練、傳授武術，尤擅長太極拳和推手，技能造詣精湛。他廣交武林好友，增進同行友誼，切磋拳術技藝，為中華武術的傳承和推廣作出了傑出的貢獻，被譽為一代武術大師，德藝雙馨，風範永存。

　　晚蒼先生少年時代在家鄉度過。幼年喪父母，家境貧寒，在祖父母撫養下長大。1919 年 11 月，十四歲時，祖父母相繼去世，生活無靠，被叔祖父劉桐棚接到北京謀生。在家鄉時，就喜歡武術，經常舞拳弄棒，曾在鄉里向

· 1988 年夏，劉晚蒼在北海公園與
劉培一推手照（劉培俊保存、提
供）

拳師學習過左習拳、仙人拐嬰等。到北京後，經人介紹，
在東四十條復興糧店學徒，勤勞肯幹，得到掌櫃的賞識。
他白天打工，晚上習拳。後經叔祖劉桐櫚介紹與劉煥烈先
後拜劉光斗為師。當時他已 22 歲。時劉光斗為北京朝陽
大學法律系學生，在北京武壇已小有名氣，練得一身好武
藝，身手不凡。劉光斗是北京武術名家張玉連、唐興福、
王茂齋的高徒，盡得真傳，他集三位前輩老師的武藝於一
身，功夫高超。晚蒼與劉煥烈是叔侄關係，歲數相仿，青
春年少，血氣方剛，一同與光斗師摸爬滾打學藝。二人分
學光斗先師的譚腿、長拳、器械又同學八卦、形意、太極
拳以及八卦推手和太極推手。

　　他們虛心好學，尊師重道，經過十幾年的刻苦用功，
得到老師的器重和厚愛，功夫大長，技擊日臻成熟，並得

到老師傳授的譚腿、長拳、太極、形意、八卦拳譜。當年，還受到老前輩王茂齋、唐興福、張玉連的親自指導，還曾一起參加過北京中山公園的武術會演。

1932 年晚蒼先生隨光斗老師赴西安，在陝西國術館任教，主要傳授譚腿、長拳和器械等。曾參加陝西的國術比賽，獲大槍第一名，被譽為「大槍劉」。晚蒼先生喜結武林好友，與同行切磋技藝，還代師授徒傳藝。廖叔廷、蔣自珍為入室弟子，與硬氣功、太極拳師趙寶元結為金蘭。

後從西安回到北京，在恆記糧店打工，仍堅持習武傳人。40 年代末從師叔王傑（字子英，王茂齋之第二子）經常在地壇南門外切磋太極推手技藝。解放後，在地壇練拳授徒，長達幾十年從不間斷。在習拳悟道中，強調尊親敬長，重師，仁愛；習練中注重實戰，博採眾長，在傳統的基礎上逐步發展形成了沉粘古樸、靈潛宏偉的獨特風格。尤其是在太極拳推手上更具特色，功力深厚，身法中正，聽勁敏銳。化勁靈活多變，使人如臨深淵；發勁圓整準確，有排山倒海之勢。他鎮定自若，順勢應變，點到為止的技巧，灑脫飄逸的風采，令人拍案叫絕。

晚蒼先生不僅自己體悟出太極拳的圓融精微奧妙，集武功於大成，還培養了一大批太極拳高手。在此期間，以晚蒼先生為中心的地壇習練場真是一座大課堂，是武術的天堂。每星期天雲集四面八方的武林同行，最多時有五六十人，最少也有二三十人。

凡是來地壇的人不管是老師弟子還是同行，都熱情接

‧劉晚蒼與弟子趙興昆（左一）、王舉興（左三）等合影（劉君彥保存、
　劉源正提供）

待，親自過招。對初學者，親自演練、認真示範，一招一
式講解清晰，不厭其煩，毫無保留地傳授技藝。練習推手
時，從掤、攦、擠、按到採、挒、肘、靠用法準確，從不
馬虎，做到虛實分明、周身平衡、動靜自如，不僅爐火純
青，更加出神入化，從學者受益匪淺。

　　經常來地壇的除了劉老師的弟子如趙興昆、馬長勳、
王舉興、趙德奉等，還有武林名家劉談峰、吳彬芝、李文
傑、溫銘三等，大學的教授、講師，工人和職員都有，北
京體育大學的武術系教授門惠豐、闞桂香夫婦也常來地壇

・20 世紀 70 年代，劉晚蒼接待日本武術訪華團，午間休息時給中方教練
　講解拳論（馬長勳保存、馬駿提供）

向劉老師請教太極推手，還有清代名醫傳人趙紹琴（北京
中醫藥大學教授）、北大一院名醫胡海牙主治醫師、教授
等晚年一直陪伴在左右，像孫徒輩傳人王盤林、王克南、
張楠平、劉源正等也是每星期天必來與師爺過招。叫不上
名的更多了，可以說從十幾歲的孩子到七八十歲的老人都
有。劉老師不僅崇德尚武，還涉獵書畫，平時多以書法、
繪畫自娛，他的書法和繪畫在武林界也堪稱一絕。

　　晚蒼先生還是電影《武林志》的特別顧問，作武術藝
術指導。七十到八十年代，還曾為中央政府有關領導教授
過太極拳和推手。晚年曾多次到北京體育大學、北京市體
育運動學校傳授太極拳推手技藝，多次攜弟子參加人民大
會堂、工人體育館場所表演太極拳和推手，盡現太極拳藝

迷人的風采、玄妙的技藝和無窮的魅力。上海、南京、武漢、山東、陝西、黑龍江、遼寧、新疆等地以及港澳台都有他的親傳弟子。世界各國的武術愛好者也慕名而來，數以千計，可謂桃李滿天下。

20 世紀 70 年代，中日建交後，日本多次派武術代表團來中國進行武術交流。

1974 年 6 月 5 日到 10 日，由團長後藤隆之助和秘書長三浦英夫率領的全日本太極拳聯盟首次學習訪華團來中國，晚蒼先生參加了接待工作。

在 6 月 9 日的答謝宴會上，中國有關部門領導趙正洪、董守義、毛伯浩等出席晚宴，陪同人員劉佐新（翻譯）、劉晚蒼、葉書勳、李秉慈、謝志奎等參加。日方有日駐華使館人員及日本訪華團 15 人（其中女四人）參加，地點在豐澤園飯莊。在宴會上，日方代表團秘書長三浦英夫透過翻譯走到劉晚蒼面前，提出在日本有幾招不能化解，問劉先生是否能化解，當時就請教，結果三次都被劉先生化解了。

6 月 10 日上午在機場，三浦英夫請教劉晚蒼是如何化解的，劉老師說：用「順勢破解法」解之。以後又多次參加了接待工作，都圓滿地完成了任務，為增進中日民間友誼作出了積極的貢獻。

1980 年，晚蒼先生與劉光鼎合作出版了《太極拳架與推手》一書，該書系統地整理和論述了他五十多年來在太極拳術方面的實踐與經驗，尤其是太極推手，凝聚了他畢生的習武精華，是一部實踐與理論相結合的傑作，為今

後武術的教學和創新起到重要推動作用。

1988 年，北京體育大學邀請劉晚蒼老師參加了對太極推手進行生物力學的科學研究，經過對推手技術實地操作進行科學分析，得出當時尚未被人知的太極推手滾輪效應的概念，為太極推手以小制大、以柔克剛、後發制人和借力打力等拳論提供了科學依據。

2002 年 7 月，劉晚蒼和劉煥烈兩位老師傳授的武術經典套路和文獻資料尤其弟子劉培俊和筆者整理成為《劉氏傳統武術集》出版發行，這些珍貴的資料第一次面世，對推廣和傳承中華武術起到積極、良好的作用。

晚蒼先生多年來擔任市、區武術裁判工作，任北京市武協委員、顧問。1984 年 1 月，北京市吳式太極拳研究會成立，被推舉為第一任會長，為吳式太極拳的普及和發展作出了重大貢獻。

我們在這裏紀念和緬懷劉晚蒼先生，就是要團結武林同仁，繼承先師的優良傳統，挖掘武術傳統文化遺產，共同振興中華武術，使中國武術走向世界，為全人類的和諧社會和健身作出更大貢獻。

體用兼備，自成一家

劉沛雨

　　劉晚蒼先生是我的三堂兄，我與他的接觸並不算多，但他早年在家鄉練拳、教拳，他對中國傳統文化方面的廣泛興趣，給我留下了極為深刻的印象，對我的人生道路有積極的影響。在此，我回憶一些往事片斷，寫下此文作為緬懷和紀念。

　　我老家山東蓬萊許家溝是個武術之鄉，西村顧家出過武秀才、武舉人，請外地名師教拳；東村也開辦武術館，也請武師任教。東西兩村青壯年習武成風。晚蒼兄早年在北京謀生，家眷仍留在老家，他每隔幾年回家探親一次。

　　30 年代初，晚蒼從北京回家，帶回了譚腿、太極拳、八卦掌及各種兵器。晚蒼每天堅持練武，本族青、壯年都積極參加。由於晚蒼武藝精湛，授拳有方，學者的武技進步很快，群眾練拳之風盛極一時，人們稱讚太極拳是真功夫，能以柔克剛，以弱勝強。時隔不久，東、西村的練武者多數跑到我們這裏學武術，鼎盛時期在這裏學武術的人達四十人以上。

　　我兒時跟父親劉煥烈學練譚腿，同我一起學的都是一群小孩，在我要學第三路「靠山臂砸」時，晚蒼走過來站好式子對我說：「第三路我來教。」我一聽高興極了。晚蒼在前面一招一式地練，我在後面一招一式地學，練了四遍，我基本上學會了。

　　晚蒼練拳貴在全神貫注，拳打出手一條線。他又說，練拳不要怕吃苦，要得驚人藝，須下苦工夫。在練第四路譚腿「撐抹」時，我感到難度很大，需要套步轉身、退步擊掌，晚蒼又給我講了練好四路譚腿的要點和難點、學習要領，我順利地學會了四路譚腿。

　　晚蒼兄胸襟寬闊，坦誠待人，他雖身懷絕技，但從不自我標榜，從不以強凌弱。教我們練拳時常叮囑我們練拳的目的是強身健體，要藝德雙修，不能去欺負人、幹壞事。他很喜歡小朋友，他能文能武，我們都很崇拜他，都願意圍著他轉，不是叫他教拳，就是叫他講歷史故事，他是有求必應，我們都親切地叫他大三哥（晚蒼兄弟三人他排行老三，按本族排輩也晚一輩）。

　　晚蒼先生不但酷愛武術，對中國的書法、山水畫和京劇藝術也有濃厚的興趣，他每次回鄉都從北京帶回名帖、畫冊、筆硯。他是朝習文，夜習武。早飯後他把炕桌搬到炕上，擺上文房四寶，有時是臨摹歐陽詢九成宮字帖，有時是畫山水畫，去看他寫字作畫的人很多。晚蒼的書法蒼勁有力，許多鄉親喜歡他的字，請他寫春節對聯。有時也能看到他和京劇愛好者一起清唱京劇唱段，如《借東風》《王佐斷臂》《趙氏孤兒》，等等。晚蒼的京劇唱腔韻味十

足，聽起來也是字正腔圓。可見晚蒼先生不僅僅只會習武練拳，他也是一個多才多藝、文武兼備、德藝雙修、喜歡詩琴書畫的人。

我父親劉煥烈是晚蒼的三世堂叔，晚蒼與我父親又同是劉光斗先師的弟子，從師兄弟而論，晚蒼又是我父親的師兄，叔侄之情，師兄弟之義，關係非同尋常。晚蒼每次回鄉與我父親、我叔父（劉明甫）相聚時，都非常親近。那時我家房子較多，院子寬敞，兵器都放在我家。晚蒼晚飯後總是第一個到我家，先跟我父親推手，再跟我叔父推手，然後跟來學拳的人一一推手。

那時晚蒼的推手技術已是很高超了，連續跟多人推手仍輕鬆自如，面不改色，出手左右逢源，別人早就汗流浹背了。推手結束就開始練拳、練兵器，晚蒼在返鄉期間幾乎天天晚上如此。

40年代初的一個春天，在一個寬闊的曬穀場上，晚蒼與我父親互教馬眉刀和秦家雙鐧（光斗先師不同時教他倆同一拳式同一兵器）。開始晚蒼先練了一整套八路七十三式馬眉刀，他身形活如飛燕，刀身合一，龍騰虎躍，八面威風，令人歎為觀止。練完後往下教刀。隨後我父親又教晚蒼秦家雙鐧，教前也先練了一套八路雙鐧，他雙鐧上下翻飛，左右盤旋，似舞龍飛鳳，似流星趕月，亦為短兵器之絕唱。練完之後開始教鐧。

經過一週左右的時間，二人分別學會了刀和雙鐧，這一段傳刀授鐧的歷史已經成了劉家練武史上的佳話。馬眉刀、秦家雙鐧兩個短兵器精品已完全保留下來了。

　　晚蒼對家鄉一往情深，早年他多次回鄉，深愛家鄉的一草一木，他不攀高結貴，對鄉里百姓一視同仁。他非常尊重他的大哥、二哥，深愛自己的子姪輩。晚蒼和睦鄰里，遇到糾紛和爭執，他能挺身而出，曉之以理動之以情給予化解。

　　晚蒼久違農事，但每遇農忙他都下田勞動，也經常和老鄉一起上山採蘑菇。他回家鄉趕上清明節，一定和本族老少同去祖墳地上墳，可見晚蒼先生對鄉土之戀、對鄉親之情溢於言表。

　　我讀書的小學有幾個武功高強的老師，顧德忠老師練螳螂拳，功底深厚，身強力猛，手似閃電；劉澄漳老師練洪拳和螳螂拳。一日顧老師要以武會友，邀晚蒼先生到學校切磋技藝。二人站好後，晚蒼說：「進招吧！」顧以雙手緊封晚蒼的雙肘說：「你怎麼破。」晚蒼說：「我用腿擊即可。」顧說：「你解不了。」晚蒼倚身抬腿，輕點顧的左腿，顧即連退六七步，晚蒼縱身向前一把拉住，顧才未致傾倒。顧又試了幾手，晚蒼從容一一化解，顧老師心悅誠服。

　　我村一名青年壯漢，有十幾年的功夫，在東西村都未遇到過對手，他想用奇襲的辦法把晚蒼摔倒。一日早晨，晚蒼在小路上散步，青年壯漢緊隨後，突然用雙手緊抱晚蒼的腰，企圖把他摔倒在地。剎那間晚蒼側身轉腰，壯漢早跌出丈餘，晚蒼視之，點頭微笑，壯漢爬起來說：「劉晚蒼真是名不虛傳。」

　　我 40 年代末去哈爾濱學習和工作，與晚蒼兄天各一

方。直到 1966 年我到機械工業部北京電器科學院學習計算技術，才再和他見面，在京的半年時間經常到他家玩。我見到他時，他容光煥發，精氣神俱佳，雖已六十歲高齡，看上去就是五十歲左右。

我們在他的屋子裏推手，一搭手我就感到他的手臂好似一個大彈簧，似處處有力，又似處處無力。他居高臨下，悠然自得，運用自如；我是處處被動，處處挨打。我也有幾十年的太極功夫，又年輕力壯，但在晚蒼手裏我身不由己，力不從心，手忙腳亂。晚蒼穩如泰山，輕舒猿臂，我忽而趴在地上，忽而坐在椅上，忽而又躺在床上。晚蒼進則大開大合如激浪催舟，退則薄雲細雨似春風蕩絮，我真第一次見到了大世面，領略了太極推手的奧妙，歎服晚蒼兄高深莫測的推手技藝。

晚蒼兄給我演練了太極拳，觀其拳架舒展大方，行功走架出手簡潔直觀，毫無粉飾矯揉造作之態，進退如行雲流水灑脫自然。這時他的太極拳架與他中年時期所練有很大的變化，他傾注了畢生的心血，在尊重傳統的基礎上，內外結合，體用兼備，形成了獨特太極拳架和推手的完整體系，自成一家，獨樹一幟。

1967 年春節期間，我到京辦事，正月初二到晚蒼兄家拜年，我們更多的話題是如何練好太極拳。他說，練太極重在打好基礎，要正確，不能依葫蘆畫瓢，那樣一輩子也學不成；練太極拳，要用太極理論指導，經常對照檢查，及時糾正偏差。又說，練太極拳要體用結合，只練不用學不到太極拳的堂奧。不能關門練拳、不出家門，不出

家門不能成手。要求師訪友學習和切磋技藝，才能不斷提高拳術水準。這一次談話我受益匪淺，給我今後練拳習武指出了明確的方向。

　　我深感遺憾的是這次相聚竟是我們兄弟的永訣。1990年秋天，我父親給我的來信中說，你晚蒼兄在京病逝。聞此噩耗我十分悲痛，我失去了一位良師益友，我們痛失一位德高望重的掌門大師，是我國武術界一重大損失。晚蒼先生的《太極拳架與推手》一書，圖文並茂，深刻地揭示了太極拳的真諦，豐富了中華武術寶庫；他的弟子桃李滿天下，必將沿著他獻身武學的奮鬥方向前進，為振興中華武術作出新的貢獻！

悟解陰陽之理，
方得太極真諦

趙德奉

　　我拜師時正是災荒之年，由介紹人劉汝遷先生指引送上拜帖，行了禮，就算拜過老師了。既沒有滿堂高朋在座，又沒有豐盛的宴席奉上，簡陋到了極點，可是老師非常高興，對我也是寵愛有加。老師除了講解太極拳的練法及原理，還教授我們譚腿、短拳、八卦掌等。他還親筆作畫送給我收藏，真是師徒如父子。

　　老師的傾囊而授使我享用一生，他從不收學生的禮，誰要送禮他就直言說你：「我不在乎這些，你們只要好好刻苦學習，把功夫練到身上，就是對我最好的回報。東西都帶回去，不然就別到我這來了。」

　　老師教人非常耐心，教我們推手更是一手一手地講，還給我們助著手，教我們怎麼推他老人家，勁該怎麼化。推到高興的時候，將我們一發一丈多遠，有時收不住腳摔倒在地，老師趕忙上前幾步，把我拉起來滿臉帶笑，問摔著沒有。那時候我們也經常到老師家裏學習推手、談拳、談養生。

由於工作時間關係，師兄弟們很難碰到一起，總是你來我往的，可是老師從不嫌煩。學拳之餘還談武德，教導我們要尊師重道，武德比武功更加重要，道與德相輔相成。

老師告誡我們學拳要有一個正確的目標，可防身不可傷人，爭強鬥狠就走上了邪路。學武是為了繼承傳統文化，弘揚國粹，使之源遠流長而不失本色；練功是為了有個好的身體，這樣才能為事業多作貢獻。

老師文武雙全。文能揮毫潑墨，筆墨丹

·1981年夏，劉曉蒼作《山亭文會》（趙德奉保存、趙金中提供）

青，很有功底。從送我那幅山水畫中，就可以看出老師內心典雅，有寬廣的胸懷，志存高遠。武有太極、八卦、養生術等，深究其奧妙，融太極、八卦、養生術為一爐，是近時代少有的武術名家。在北京武術界沒有不知道他老人家的。

　　老師一生光明磊落，平易近人，說話和氣，待人厚道，有不少人甚至外國朋友都來找老師推手，都是乘興而來，讚美而去。在接見外國武團時還發生了很多有趣的故事。那時候在地壇公園內練拳、授徒，除了我們幾個可以說是關門弟子外，還有很多看練拳的人，有時其他練拳的人聚到一起，足有三十多人。

　　老師經常教導我們既不能吹捧自己，更不能貶低別人，武德是最重要的，一定要牢記在心。老師每天必練一趟架子，然後給我們說手兒，會不會推手都得跟老師推推，一起玩一玩，大家很開心。

　　有一次我們推手推的正高興，有人帶來兩個美國人，介紹人說：他們練過長拳，聞名來訪，要和老師交流一下。老師和美國人客氣了幾句，便和他們搭手。這美國人，身體魁梧，膀大腰圓，有一米八五的個子。此人橫眉怒目，像猛虎撲食一般，撲向劉老師，說時遲那時快，雙手將要沾到老師胸前，只見老師微轉身形，順勢一撥，回身一個擠手，把他打出一丈多遠。美國人連叫厲害厲害，說他去過不少地方，沒見過這樣的高手，太妙了。另一個美國人沒敢交手，客套完，兩人走了。

　　有一年春節，我和師兄馬長勳，還有我胞兄一起給老師拜年。一進門，說些家常話，又談了些名人手法、故事，說得興起，老師站起來給我們說手兒。

　　我胞兄跟老師先推手，開始比較柔和，打打輪，不到十分鐘，老師右手往我胞兄左肩輕輕一按，一抬手，將他沾起一尺多高，一抖手，我胞兄就被拋了出去。此時馬師

兄趕緊扶了一把，倒退了三四步，結果還是撞到門上了，只聽嘩啦一聲，門玻璃碎了兩塊，我們都很不好意思，大春節的。老師忙說：「沒事，沒事，歲歲平安，歲歲平安。」平時老師家就是師娘一個人，沒有其他女眷，所以我和師兄就赤膊上陣，一推就是四十多分鐘，汗如雨下。老師經常這樣給我講解推手，從身、手、眼，一直講到發力。

幾十年來，幸得老師垂愛，故此得到老師一點點推手精髓，略窺太極門徑。以力取勝，下絆摔人，非太極真功。要很好地下工夫研究陰陽屈伸之理，動靜之機，化境、意境之功，方得太極真諦。

老師那麼大年紀，對我們這片苦心教導，回憶起來，仍歷歷在目。

善待問者如撞鐘

胡海牙

　　1957 年，我隨老師陳攖寧先生來京，參加道教協會的工作。工作之餘，便到北京的各個公園遊訪，以期得遇武術方面之先進。地方走了不少，但如我所願者卻未曾相逢。

　　一日，走到地壇公園，遇一先生教人打拳，我便主動上前與其攀談，知是劉晚蒼先生。我以前雖來北京參加過武術會演，但由於時間關係，對京城中武術前輩交往較少，瞭解也不多，而與劉晚蒼先生一見如故，交談甚洽。言談中，知劉先生乃吳式太極拳王茂齋先生一系。王茂齋先生乃吳全佑先生的高徒，功夫很好，有「南吳北王」之稱。劉光斗先生是王茂齋的得意弟子，深諳譚腿、八卦掌、形意拳等，尤其精於吳式太極拳。

　　劉晚蒼先生的太極拳，則是從劉光斗先生學習的。我以前也學習過太極拳，故對太極拳比較感興趣，曾在北京的武術會演中獲得過表演獎，所以誠懇地向劉晚蒼先生請教太極拳方面的學問。

·20 世紀 80 年代，劉晚蒼在安定門外大街家中與胡海牙合影（劉君彥保存、劉源正提供）

　　以後數日，便常來地壇向劉晚蒼先生學習。劉晚蒼先生的太極拳是講推手的，我最初學太極拳時，教我的老師認為推手作用不大，所以我也不看重推手。

　　跟劉晚蒼先生學習了一段日子，見他經常與學生們推手，自己也想試一試。搭上手推了幾圈，我稍稍一用勁，不曾想自己卻被輕輕地彈了出去，摔了個仰面朝天。因為我那時候還很瘦，劉先生見我摔倒，也是吃了一驚，趕緊拉我起來，問我有事沒有。

　　當時地壇還是泥土地，而劉晚蒼先生的推手也很有水準，我一點疼也沒有感覺到，只是感覺很奇怪。這時，我才相信了推手的作用，並心悅誠服，跟劉晚蒼老師學習太極推手。

　　不少人說劉晚蒼老師的推手，能發人丈外而不使人感

覺痛苦，確實不假，這在我遇到的太極拳家中也不多見。
這一時期，劉培一先生也常來地壇公園鍛鍊。

1959 年，我被調到北京醫科大學第一醫院（即今北
大醫院）工作。後來蔣玉堃因腰痛病來醫院就診，言談間
說起他曾在杭州學過武當劍法。因為我在杭州跟黃元秀先
生學習過武當對劍，所以便問他是跟誰學的，他說是跟黃
元秀先生學的。我問他還記不記得，他說他沒有忘。因為
黃元秀先生的武當對劍是兩人對練的，我來北京後，一直
沒有人跟我一起練習。

蔣玉堃當時的生活境況不太好，我在治病過程，見到
凡需要以運動來治療的疾病，便推薦給他，讓他教病人打
太極拳。後來跟他學習太極拳的人不少。這段時間，我也
中斷了跟劉晚蒼老師的學習。這樣一直到了「文化大革
命」，我們才不得不結束每日早間的晨練。

1969 年，我的老師陳攖寧先生去世了。不久，我就
被下放到幹校。一去三四年。回來後，遇到了李瑞東一脈
的韓來雨老師，又跟他學習太極拳。

韓老師學拳學的晚，用功很苦，故而功夫很好，但沒
有名氣。他對我很好，在太極拳上是傾囊相授。韓老師去
世後，我便邀請劉晚蒼老師從地壇公園移駕北海公園教
拳，並從劉老師學習了馬眉刀、八卦掌，每天跟劉老師一
道練習太極推手。馬眉刀用的刀很重，一般人是拿不動
的，其主要的一個動作是纏頭裹腦，這個動作學好了，別
的動作學起來就輕鬆些了。

劉晚蒼老師的功夫很好，勁力也大，曾在 30 年代陝

·20 世紀 80 年代，劉晚蒼在北海與胡海牙推手照（劉君彥保存、劉源正
　提供）

西舉辦的國術比賽中獲得過大槍第一名，有「大槍劉」之
美譽，故那把馬眉刀在他手裏則不顯得很重。

　　劉晚蒼老師的八卦掌，我記得老師曾說過，當時是劉
光斗寫信給他，介紹他到山西去學的，但現在的武術文章
中有不同的說法，也無從考證了。八卦掌的套路很多，除
了八個基本的動作外，每個動作又有八個不同的變化。我
當時嫌內容太多，就讓劉老師只教我八個基本的動作，也
是這套八卦掌的精華。

　　至於推手，則是每天必須鍛鍊的功課。當時一起打拳
的還有趙紹琴等。

　　與劉老師在北海公園練拳時，我們都去得很早，差不
多每次四點多鐘就到了公園。那時公園還沒有開門，工作

人員也剛開始做清潔工作。我們幾個人便與工作人員商量，早點進公園鍛鍊。鍛鍊到七點鐘左右，我便去單位上班。一直到 1990 年劉晚蒼老師去世，我才逐漸不去北海練拳了。

我見過的武術老師很多，一種是文人型的，理論講得很好，也有不少著作傳世，讓人一聽就能明其略，一看就能知其概，但文人多不肯下苦工夫，所以功夫上或許要差一些；另一種是功夫型的，文化不高，上學不多，或者沒有上過學，或者雖有學問但不善言談，但多下苦工夫，雖然功夫很好，但嘴裏講不出來。

劉晚蒼老師屬於後者。他的功夫，特別是推手，在京城中是很有名的，但卻不能直接講出來。如果問到了，他會講得很透徹，道理也很好。但如果不問，他從來就不會自己講。

我掌握了這個竅門後，在跟劉老師學習的時候，不停地問這樣那樣的問題，總是能得到滿意的答覆。所以，我們師生之間的感情也非常好。

劉晚蒼老師人品很好。記得他曾跟我講過一件事。有一位練武的人，輕功很好，到了晚年，想找一個人把自己的功夫傳下去。當時這位先生找到了劉晚蒼老師，便對他說明了自己的意思。並說他找了很多人，都覺得不滿意，唯有劉晚蒼老師他覺得不錯，想把自己的功夫傳他，並邀劉晚蒼老師去他的住處商談。

這位先生住在一個小廟裏，劉老師去了以後，這位先生向劉老師露了一手。先離開房子一段距離，然後向前一

跑一躍，雙手抓住房簷，兩手交替抓房簷，圍著房屋的四簷轉了一圈。劉老師看完以後，再沒有去見那位先生。我問為什麼，劉老師說，這個功夫是盜賊的功夫，功夫很好，但我不能學。劉晚蒼老師的人格於此可見一斑，這也使我對他更為尊重。

劉晚蒼老師已經離開多年了，每當靜閒之時，當日隨劉老師學習的情景便常浮現眼前。憶及往事，難以盡言。今將自己跟劉老師學習時的點滴，寫成文字，以志紀念云。

序屬師生，情同手足

趙紹琴　胡海牙

　　備受尊敬的劉晚蒼先生不幸於 1990 年 7 月 5 日去世。噩耗傳來，悲痛之至。我們與劉老師相識 20 餘年，過從甚密，如今斯人已去，往事縈懷，不勝感慨。

　　劉老師生於山東省。魯地自古多豪傑，他家鄉更是習武成風。在這種環境的薰陶下，他幼年即習拳棍，練就了紮實的武術基本功。青少年時代來到北京，拜在本族劉光斗的門下系統學習譚腿、八卦掌、太極拳及各種器械，並經常就教於劉光斗的老師王茂齋、興石如等諸前輩。劉老師曾到過西安，廣泛結交武林朋友，同其交流、印證、學習，不斷鞏固和豐富已取得的成果。尤其是六合大槍，技藝日臻精熟，曾在當時的陝西國術館國術比賽中獲第一名，遂得「大槍劉」的美名。楊禹廷先生曾稱讚：「劉老師所傳習的宋永祥派八卦掌是較為罕見的流派，目前能如此完整地繼承下來的人恐怕已不多了。」

　　劉老師最受人欽佩的是太極推手。自 30 歲以後，他以畢生精力致力於吳式太極拳的鑽研，他根據自身的條件

·劉晚蒼與趙紹琴推手照

·20世紀80年代初，劉晚蒼與趙興昆（左一）、胡海牙（左二）、趙紹琴（右二）等合影於北海（劉君彥保存、劉源正提供）

慎重吸收各家之長，逐漸形成沉粘古樸、靈潛宏偉的個人風格。壯年時即已譽滿京華，晚年更是純正精湛，雖屆八十六歲高齡，尚能與青壯年拳師相較，進退左右，皆能如意，發人丈外形同兒戲，令人歎為觀止。

在「文革」浩劫中，一切人類文明毫無例外地受到嚴重摧殘。但劉老師並沒有因為環境惡劣而改變自己的志向，非但自身練功不輟，且堅持在地壇公園義務教拳，先後授藝幾十載，不收費、不受禮、不保守、不自秘，受益者百餘人，桃李滿門。甚而著書立說，以求廣泛交流個人的心得體會。《太極拳架與推手》一書記錄了他近五十年的習拳經驗，在全面繼承傳統的基礎上又有獨特發展，為太極拳普及事業和理論發展作出了貢獻。

劉老師清廉剛正、潔身自重的德操，忠厚樸實、倔強耿介的性格，為所有接觸過他的人曉指稱頌。老師待人坦誠，平易近人，急公好義，剛正不阿。他那樂觀向上、積極進取的精神將永遠激勵後人，成為我們傚法的楷模。

我們同劉老師序屬師生，情同手足。儘管以他的人品、名望、年齡，都可以成為我們的長輩，但他與我們向來以朋友相稱。他教授武術時更是開誠布公，傾囊相授，循循善誘，不計煩勞，使我們刻骨銘心，難以忘懷。特撰寫此文，略表紀念。

（原題為《懷念劉晚蒼老師》，載於《中華武術》
1991 年第 1 期）

尚武精神的典範

門惠豐

　　劉晚蒼老師在北京武術界享有崇高盛譽，他毫無宗派門戶之見，不牟取名利，淳厚樸實、謙虛誠懇的品德以及魁梧的體魄，昂揚健康的形象，身後的武術功底，確是民族尚武精神的典範，永遠激勵著他的傳人弟子們揚武奮進。我在此以崇敬的心情，緬懷這位德高望重、武技精湛的老前輩。

　　一次我去地壇公園，向劉老師請教推手，他老人家叫我隨意用招，一次次將我發出，我已氣喘吁吁，可劉老師巋然不動。我說：「休息一會兒吧！」劉老師說：「沒事兒，你要從我身上聽勁。」劉老師誠懇授技，捨己餵招的那種誨人不倦的精神，至今使我受益在身。

　　1978 年，鄧小平同志題詞「太極拳好」。1979 年，國家體委向全國發出《關於開展武術挖整調查工作的通知》。北京體育大學根據文件指示精神，對太極拳運動展開了挖整工作，劉老師應邀帶領高徒王舉興等弟子參加太極拳音像資料拍攝工作，練拳推手親自示範。

·20 世紀 80 年代初，劉晚蒼與體育部門相關人員在地壇合影

·1990 年 1 月，北京體育大學教授門惠豐在劉晚蒼家與劉晚蒼夫婦合影
（劉君彥保存、劉源正提供）

　　不久，北京體育大學成立了太極拳推手研究組。劉老師帶領弟子馬長勳及其好友來校獻技，共同研討制訂推手規則。這份規則已成為當今國家太極拳推手競賽規則的開篇。

　　1988 年，北京體育大學對太極推手進行了生物力學的科學研究，請劉老師帶高徒王舉興同志參加推手技術實地操作，經實驗科學分析，得出尚未被人知的太極推手滾輪效應的概念，給太極推手以小制大、以柔克剛、後發先制和借力打力等拳論提供了科學論據。

　　1990 年，為編製吳式太極拳競賽套路，我到劉老師的住家，請教徵求意見。老師熱情地接待了我，表示積極支持這項有益的工作，我還與劉老師夫婦合影留念。

　　1980 年，劉老師親自贈送我一本他的著作《太極拳架與推手》。書中將吳式太極拳 108 勢精簡為 37 個基本拳式。精練、翔實、圖文並茂，詳細解析了每個拳架的技術要領和勁路擊法作用。至今仍是指導我對太極拳術研究不斷深化的一部好書。

　　在紀念劉晚蒼老師之際，我以沉重、崇敬的心情來追述對劉老師的感受，主要目的是為繼承發揚武術先輩的高尚武德，艱苦奮鬥的尚武精神，以激勵我們在新時代，開拓創新，為中華民族的瑰寶——傳統武術的復興作出新的更大貢獻。

我最佩服的武術家

李春生

　　我自從 1966 年習武至今已 40 載，我最佩服的武術家是劉晚蒼先生。

　　我年輕時，在北京東城區雍和宮附近的北新橋北新胡同 41 號居住。後來去雲南省工作兩年，1971 年我作為北京知青從雲南省西雙版納景洪農場曼海小學校回北京探親，空暇時間經常去地壇公園散步，經友人郝振庭介紹認識了北京著名武術大師劉晚蒼先生。

　　與劉晚蒼先生相處熟了，他便開始教我習練吳式太極拳。有空暇我常去劉先生的書房閒談，劉老師談的最多的是北京的武林軼事，他對孫祿堂、王茂齋、劉光斗、楊祿躔、大刀王五、董海川、李瑞東、宋永祥、張策等武術家的生平都很瞭解。

　　深切懷念劉晚蒼先生，我感覺應該學習劉先生重武德，重視中國傳統文化的學習，最重要的是習武貴在堅持的優良品質。

　　我還記得住在北新橋石雀胡同的通背拳家戴興元先生

・劉晚蒼與弟子李春生合影（劉君彥保存、劉源正提供）

曾對我講的話，他說：「劉晚蒼先生是一位武德高尚的武術家。舊社會時，我帶著女兒在北平街頭擺攤賣藝，每次遇到劉先生時，他都認真觀看我們表演。當有好奇的人問劉先生這是練的什麼玩藝時，劉先生都很尊重我們的演出，從來不多說一句話。他的靜默使我們很感動。」

　　劉晚蒼先生喜歡繪畫、養花，善中醫，精武術，愛聽京劇。在劉老師的書齋中掛著他精心繪畫的中國山水畫，他畫的高山流水、小橋亭閣都栩栩如生、躍然紙上。

　　習練中國武功最重要的是，貴在永久堅持。劉老師的武功已經練到爐火純青但仍每日去地壇公園散步、練拳、傳授武術。每次他都會帶一個布書包，包內放著一個厚棉墊，他手中還提一根短桿。

　　劉晚蒼先生善於技擊術，常有來自全國四面八方的技擊高手找先生過招，都被用巧勁擊倒。劉晚蒼先生講：「吳式太極拳，創自河北大興人吳鑑泉（1870—1942年），在技擊上，該拳強調以柔濟剛，以靜待動，以小制大，以退為進。」

　　劉晚蒼先生，北京老百姓習慣尊稱他為「劉三爺」，在他身上，我們看到了武術家的優秀品格，那就是普通、平常、正氣。觀察劉晚蒼先生一舉一動，誰都會感到他身上充滿了正氣。

地壇時光

王克南

　　回想起跟劉晚蒼老師習武之事，回想劉老當年的音容笑貌，思緒起伏，且覺未能遵劉老的告誡荒廢了所學，不覺心中倍感蒼然。

　　我剛參加工作不久，不知為什麼患上高血壓病，想了不少辦法未見成效。恰好一位搬走的老鄰居回來串門，聽了我的情況，建議我去練練太極拳。聽說練太極拳對治高血壓病有幫助，父母也就欣然同意了。

　　仲春一個週日，我按老鄰居的指點來到地壇公園西南角槐柏樹林。這天，天藍藍的，濃密的槐柏樹成行成列遮天蔽日，清冽的晨風夾帶著土香草香槐香松香在人的身邊飄蕩，佈滿歷史痕跡的高大公園院牆透過薄霧，給人穩重厚實之感。

　　在我的印象裏，習武之人身上都帶著一股綠林之氣，我雖也喜歡活動，但沒習過武術套路，劉老願意教我嗎？成套成串的武術套路我能記得住嗎？我心裏多少有些忐忑不安。

　　到這裏來鍛鍊身體的人真不少，有工人，有學者，有幹部，有軍人，老的白髮蒼蒼，小的朝氣勃勃，其中有個身形略顯魁梧的老者很是引人注目，但見他稀鬆的頭髮已經花白，眼睛微眯，目光深沉。

　　老鄰居告訴我這就是劉晚蒼，看見他慈祥的面容，我忐忑不安的心放鬆了許多。此時劉老很忙，一會兒指點這個人的短拳，一會兒指點那個人的譚腿，一會兒教教這個人練槍，一會兒教教那個人如何使刀，其中最令人驚奇的是太極推手，不管是胖的瘦的、高的矮的，不知為什麼只要和劉老一搭手就變得腳底沒根，儘管這些人使盡了渾身解數還是要被摔出去五六米遠。讓我百思不得其解，更勾起我習武的興趣。

　　在劉老休息的間隙，老鄰居把我介紹給劉老，沒有什麼繁縟的拜師儀式，劉老簡單地問了問我身體情況、工作情況、住家遠近，就把我這個毛頭小夥收下了，劉老稱我「小王」，我稱劉老「劉爺爺」。

　　劉老教人習武很有方法。記得那天劉老先讓我到空地上活動活動筋骨，一會兒他走過來，對我說：「你血壓不是偏高嘛，先學太極拳吧。我在前邊做，你在後邊學。」然後他告訴我太極拳演變的過程和太極拳架式上的不同特點，又告訴我什麼是含胸拔背、尾閭中正，告訴我如何起式，如何吐納呼吸；然後他在前邊做要我在後邊學。一看劉老要教太極拳，不少人圍過來也跟著比畫起來，劉老對此聽之任之，不說一句話。

　　劉老太極拳的動作舒展大方，連綿不斷，就像行雲流

水，讓我看到武術套路的藝術美，一股喜愛之情在心裏油然而生。七八個動作之後，劉老讓我做一遍，我依葫蘆畫瓢走了一遍，別提多滑稽了，不是腳站的位置不對，就是身形手形不對，弄得我很不好意思。劉老卻很不以為然，又帶我做了一遍，然後給我講動作要領和這一招一式在實戰中如何應用，經他這麼一指點，我恍然大悟。隨後對我說：「我再帶你走一遍吧。」說完就在前面又帶我做了一遍，讓我心裏十分感動。

有人過來請劉老教他們羅家槍，有人請劉老教他們春秋刀。我閃到了一旁，一邊練著一邊看著。近兩米長束著紅纓的大槍在劉老的手裏顫巍巍、上下翻飛，那大刀白光閃閃、輾轉騰挪，一股英雄氣概洋溢在槐柏樹林之間，引來周圍人的驚嘆。

時近中午，劉老抽空又帶我把所學的東西走了一遍，然後告訴我，回去利用空閒的時間多練練。還告訴我，現在習武是為了強身健體，遇事要知道忍讓。

後來我知道到地壇這個槐柏樹林跟劉老習武的人不止有北京的，還有山東的、山西的、河南的、上海的、東北的，許多人慕名而來。大家休息時議論一些武林軼事，劉老卻緘口不談個人的事。我從別人那裏才知道劉老當年在幫別人扛完活後夜裏再去習武的艱辛，才知道了劉老在和外國武術界人士切磋交流時如何維護了中國武術的榮譽，才知道曾有些達官貴人請他去當教官卻被他拒絕了。他喜愛這塊槐柏樹林，喜愛這些天南地北的朋友，這讓我很是對劉老肅然起敬。

　　那時我年輕，總是這山望著那山高，什麼都想學，劉老告訴我要打好基礎，學藝要精，還給我編了幾句順口溜：「短拳擒拿最為高，文武藝業用心學，學會短打成武藝，站在人前逞英豪」，讓我記住並把功底打紮實。

　　學了一段時間太極拳以後，劉老教我練推手，不知何故，我使盡了各種招式也是有勁使不出來，在劉老面前總是前仰後合，收不住腳，而劉老神情自若、巋然不動，掤、攦、擠、按，採、挒、肘、靠，遊刃有餘，好像劉老身上的每個關節都會說話，在一呼一吸之間就把我扔出去幾米遠。每次推手把我扔出去，等我回來後，劉老總是把使用的方法再重複一遍，告訴我這是太極拳裏的什麼招式，怎樣做才能「四兩撥千斤」。

　　在跟劉老學太極拳的過程之中，我也學到了劉老的為人、風格氣節。後來我去進修大學課程，又成了家，單位裏的工作也越來越繁忙。劉老告訴我，你年輕，要做的事很多，要學的東西很多，應該抓住機會好好去幹點事。也告訴我，學了那麼多武術套路千萬不要丟掉，平常加強鍛鍊，這對今後的工作與學習都有好處。

　　後來工作越來越繁忙，到地壇槐柏樹林鍛鍊的機會與時間越來越少，但我至今仍十分感謝劉老，我不僅血壓穩定了，而且身體也強壯了許多，為以後承擔繁重的工作打下了良好的基礎。

　　我懷念著地壇那蕩漾著英雄氣概濃密的槐柏樹林，懷念著佈滿歷史痕跡給人穩重厚實之感高大的地壇公園院牆，更懷念對我做人產生著深深影響的劉爺爺。

善推手者，亦善知機造勢

陳惠良

　　我是部隊的一個演員，業餘酷愛太極拳，初始階段，由於經常外出，學習時斷時續，加之對太極拳缺乏正確的認識和好高騖遠、急於求成等原因，曾走過很長一段彎路。但另一方面，說實在的，自己又比一般人要幸運，曾有緣接觸過眾多真正的武術名家，如高瑞周、徐致一、吳圖南、高子英、姚宗勳、汪永泉等，其中還有心中難以忘卻的劉晚蒼老師。

　　上世紀 70 年代末到 80 年代初，正是我練拳處於「苦於不得其門而入」的困惑中，聽說地壇有位人稱「蓋地壇」的「地壇劉」——劉三爺，功夫如何如何了得。懷著一種仰慕和興奮的心情，我直接去地壇找到劉老師所在的拳場，自報家門說明來意，想向老師學拳。當劉老師知道我是部隊的一個演員，對太極拳純屬業餘愛好，陸續跟一些老師學過不少年後，非常高興，當即滿口答應：「有空就來吧，跟大家一起玩兒。」從那以後，只要我人在北京，每個星期日，都會去跟劉老師學習拳、械、推手，斷

斷續續有好幾年。

劉老師給人的印象，身材魁梧，性格豪爽。他自幼習武，師出名門，思想一點不保守，不守舊。他熱愛黨，熱愛新社會，平時關心政治，學習時事，為人處世，言談舉止皆能與時俱進，跟社會環境十分協調。有時感到他是一位享有盛譽，功夫深厚的武術大家，正氣凜然，不怒自威，有一種中流砥柱、泰山石敢當的氣概；有時又覺得他更是一位崇武尚德，德藝雙馨，淡泊名利，不求聞達，待人接物和藹可親的慈祥長者。

記得有一次，我向他問及 1974 年參與接待日本太極訪華團的事，他樂呵呵地笑了！既不添油加醋，更無一絲炫耀之意，只是用極其平常的口吻敘述了當時的過程，特別是談到與日方相互接觸中，對方說他們國家有幾種拿法，問他能不能破解時，劉老師臨場隨口說了一句：「那就試試吧，友誼第一，相互學習嘛！」聽他講時，我禁不住一邊發笑，同時心裏覺得，老爺子不愧是街道積極分子，經常讀報，什麼場合該說什麼話，不亢不卑，腦子裏一清二楚，表現出了泱泱大國人民群眾的覺悟水準！

後來記不清是在哪本雜誌上看到一張接待活動主要人員的合影，當時我還有些偏激，認為劉老師是那次接待活動的主角，理應站在突出的位置，但卻被安排在左側後邊兒一個不顯眼的地方，心裏有些不平。

可是劉老師壓根兒沒有把這些放在心上，謙虛謹慎，為而不恃，顯示出一種既平常又不平常的大家風範和氣度，令人十分敬佩！

　　他曾教過葉劍英元帥太極推手，還到國家機關教過領導人太極拳，像這些非常榮耀的事連對我這樣的人，他都沒有提起過。這不但表明他做人低調，不愛誇耀，而且頭腦裏有「保密」意識，因為軍隊和國家機關領導人生活無小事，都屬於國家機密，儘管他是個老百姓，但基於對軍隊和國家機關領導人的關愛，守口如瓶，能非常自覺地恪守國家機密，實在不易。

　　再如，在他的拳場裏，不光是慕名而來學習的各行各業的中年人、青年人，也有好幾位名聲雖然不是很大，但都是年齡不小，師出名門，練功有素者，像崔毅士的徒弟吳彬芝、修丕勳的徒弟溫銘三、陳攖寧的弟子胡海牙等。因為劉老師豪爽友善，尊重別人，願意與別人互通有無，所以他們也樂於到他的拳場來，甚至在這裏能毫無顧忌地向年輕人傳授他們的東西。

　　我記得溫銘三老師講過「七星桿兒」，吳彬芝老師教過「太極棍」，我跟劉老師學的是「五虎斷門槍」。那時我們單位住在外交學院，有一次我拿（道具）木製紅纓槍在講台前比畫，教室的黑板是石製板，練時有一式「中平回馬槍」，我一個回身倒把，整個槍就從前往後平著橫穿了過去，力道大極了！將黑板扎碎了一角！

　　據講「五虎斷門槍」就是有名的「羅家槍」，可惜我後來沒有堅持練，早忘了，不知從學者中有沒有人把它繼承了下來？

　　上世紀 80 年代初，劉老師與劉石樵，在吳式太極拳的基礎上根據他們自己多年的學習和體會，合作編寫的專

著《太極拳架與推手》出版了。有一次我去劉老師家，他給了我一本，還用毛筆在封面上題寫了我的名字和「劉晚蒼贈」等字樣，筆墨酣暢，強勁有力。這是粉碎「四人幫」後沒有多久，劉老師與劉石樵貢獻給世人的一本很有參考價值的武術書籍！

文如其人，書中對太極拳作為中華武術百花園裏一朵奇葩的技擊效應，既沒有像現在這樣大肆渲染，也沒有像新中國成立初期那樣刻意淡化。

在太極拳架部分，每一式都實事求是詳細地介紹了它的用法；在推手部分，則強調「推手就是走架，走架就是推手」，體用結合，相輔相成。要求練時「無人若有人」，「有人若無人」。

一般講，吳式拳的特點是強調以柔化為主，平時多主張「化而不打，以化為主」。所謂「引而不發，點到為止」。但並非吳式太極只能化不能打，而要打時，則能達到「化之至多，打之至深」的境地。

正如我的良師益友陳耀庭兄所說：「劉三爺（*我們背後對劉晚蒼老師的尊稱*）推手最大的特點，一搭手非常主動，其間有問有引，有化有拿，他不但聽得準，拿得也很準，而且還不僅是反關節，更主要的是拿住了你的勁道。因此被擒獲者，既不能、也不敢有絲毫的反抗，只有乖乖任其發落。」

耀庭、三趙（*趙德奉*）、馬長勳、小餘子、王舉興、劉培一等拳友都是我在劉老師的拳場認識的。他們跟劉老師學習多年，聽勁比我靈，內功也比我強。每逢推手，都

是大家輪番跟劉老師推，在場的人，一個不落，實際上就是「車輪大戰」。每次我們都能盡情體會被劉老師發放出去的快感和享受劉老師說手兒的理趣。

劉老師不愛誇誇其談，不大愛多「說」，他教大家「練拳」，要比給大家「說拳」的時間多，但又決不是不說。針對我以往對太極拳缺乏正確的認識和好高騖遠、急於求成的思想，他曾多次諄諄告誡我：「功夫是日積月累磨鍊出來的，不可能一蹴而就。」他認為習練太極拳的途徑，《拳經》已經說得很清楚了：「由著熟而漸悟懂勁，由懂勁而階及神明。」也就是先由走架而達到招熟，在招熟的基礎上，再透過推手訓練而獲得懂勁，必須這樣一步一步循序漸進。

為此，他特別強調太極走架是基礎，平時要一絲不苟認真練習，而且對走架的各項基礎要求必須紮紮實實都能做到。他自己就是這樣走過來的。其中重中之重是「尾閭中正神貫頂，滿身輕利頂頭懸」和腰胯的鬆活以及腳下的陰陽變化，沒有一點死力（即學會隨時隨地能在動態中維持平衡）。

談到太極拳與外家拳的區別，劉老師鄭重地提示我，必須仔細研習太極拳的經、論、典籍和拳理、拳法，概而言之無非就是「時時用意，處處貫串，陰陽變化，一氣伸縮」這些特點。

為了通俗易懂，有時他也會跟其他前輩一樣，愛用「形象類比的方法」講述拳理、拳法。比如，談到「合勁」，兩人推手，有的老師提示：「不要把對方當外人，

他的胳膊就是你的胳膊，他的手就是你的手。」劉晚蒼老師除了在他的專著《太極拳架與推手》裏也說類似的話──「推手要求將自己和對方作為一個整體來看待」，此外，因為他是山東蓬萊人，生長在海邊，他還根據自己日常生活所見，給大家講，碼頭工人扛著貨物走在搭板上的時候，這裏就有一個「合」字──整個人（連人帶貨）都必須與搭板上下顫動的節奏合拍，稍有不合，不但寸步難行，且有落水的危險。

同樣的理，他還講過一個例子：設想你在大卡車上，下面有人要上車，你伸手要拉他一把，別看這種司空見慣的日常生活小事，什麼時候拉，怎麼拉，其中也有學問。拉早了、拉晚了都費力，如果對方身體較重，力氣較大，一不小心，說不定還會把你拽下去。所以當你向他伸出手時，起初還不能真給勁，這有些像推手，在微微送勁的同時，時刻待機而動，當對方拉著你的手想使力，沒想到（你並沒有給力）他拉空了，為維持自身不至失衡墜落，將會拽著你的手奮身往前上竄，此時你只需稍用一點勁，就會輕易地將對方提溜了上來。

他說，這就是得機得勢，跟對方的神、意、氣、勁相合。《凌空勁歌》裏所說：「彼此呼吸成一體，牽動往來得自然。」就包括上述這種情況。

由於劉老師技藝精湛，非比尋常，平時看他比畫，跟他摸手，我們幾乎是「無跡可循尋不得，有跡可循不能尋」。為了能儘快掌握太極內功的奧秘，我私下里曾不斷向耀庭、三趙（趙德奉）、小餘子他們討教。他們經常給

我餵手讓我體會，當時我印象最深的一點是，耀庭、三趙、小餘子他們的手是那麼輕靈（所謂小勁兒），而且內裏勁路的變化依稀可感。而劉三爺出手只有一，沒有一二三，伸手就是。它既不是柔勁也不是剛勁，而是不剛不柔，亦剛亦柔，剛柔相濟，無堅不摧的一種彈性力。他一黏上你，壓根兒沒有討價還價的餘地。

　　我琢磨過很久，時間長了，才逐漸明白。由於劉老師長期以來，有譚腿、八卦、形意的底功，且在太極拳架上又下過大功夫，招法嫻熟，功力過人，招中有術，術中有招，有化有打，化打結合，以致無跡可尋。特別是，通常練吳式拳的人，往往強調「捨己從人」「走二不走一」「後發先至」，等等。功夫一般者更是恪守陳規，謹小慎微，不願貿然出勁，生怕與對方「頂」上，犯雙重之病。

　　而劉老師與人搭手，大都完全採取主動，以意探之，以勁問之，用深沉猛烈之勁專注於對方重心，迫使對方立即作出反應（亦即「我問你答，有問必答」），待對方稍加抵抗（實乃「聽其動靜」「問其虛實」），則迅即實則虛之，虛則實之，變化莫測，黏走相生，順勢給以摧枯拉朽的一擊（所謂「功夫全憑會借力」，「借力打力」）。由於他問得緊，聽得準，化得淨，拿得嚴，有招有術，招術結合，所以能得心應手，出手便得，致使對方騰空而出！

　　按吳公藻的說法，「功夫高者，能知機，能造勢」。所謂能知機，這個「機」，也就是「動之於未形的太極先機」。所謂能造勢，這個「勢」，就是有利於我、不利於對方的陣勢、局面。

　　既然對方尚未採取行動，我就能預先知道他意欲何為了，我設法造成他的錯誤和缺失又有何難。這就是所謂的「知虛實而善利用，在敵不知吾之虛實，而吾處處知敵之虛實的情況，我必然得其機，攻其勢，如醫者視病而投藥」(參吳公藻著《太極拳講義》)。試想，到這種地步，對方焉有不敗之理？

　　個人認為，劉晚蒼老師不同凡響之處，就在能知機，能造勢，是善於知機造勢的一位太極高手！劉培一兄在劉老師百年誕辰時概括得好：「(正因為劉老師)基本功瓷實，功力過人，且注重實踐，博採眾長，在傳統的基礎上逐步發展形成了『沉粘古樸，靈潛宏偉』的自己的獨特風格！」

　　　　　　　　`

(原題為《緬懷劉晚蒼老師》，載於《中華武術》2012 年第 9 期)

何日再相逢

峽　猿[1]

　　正當他滿懷豪情壯心不已，繼續發揮光和熱的時候，他卻過早地離開了我們。他所傳習的宋派八卦掌、吳式太極拳和譚腿，都是武術中急待研究整理的寶貴資料，他的太極推手是他依據自己的條件，慎重吸收各家之長，逐漸形成沉粘古樸，靈潛宏偉的個人風範，獨具特色，也是急待繼承和發揚的。所以說，劉先生的去世是我們武林中的一大憾事，是我們武林中的又一不幸，因此我們更加懷念劉晚蒼先生。

　　　　　　　——摘自北京武協主席劉哲所致悼詞

　　在劉老八十六年艱辛的人生旅程中，他花費了七十餘載的光陰，精心培植了一盆小花，把它作為精神的慰藉，為它的鮮豔奪目耗盡了心血，給今日的世界平添了一番歡樂，無愧於後人對他的景仰和尊敬。這裏本我的薄願，回

___
① 峽猿，為殷健筆名，亦用名殷鑒、殷鑒之。

憶出我和他接觸短短五年時光的依稀印象，藉助語言的窗口，把這盆小花和這位辛勤的園丁描繪給諸位朋友。憾無阿睹傳神，只是希冀能有更多的人記住他的名字——劉晚蒼，中華民族當中無數默默的奉獻者之一。

✠ 忘年之交

老先生練了一輩子太極拳，終生生活在陰陽矛盾的漩渦裏，他的性格、他的思想、他的志向無一不是矛盾的交合統一。

在還沒有見到劉晚蒼其人之前，我耳朵裏早就灌滿了一大堆神話。在地壇，只要提起「劉三爺」，誰個不知，哪個不曉？什麼推手、大槍、書畫三絕啦，什麼脾氣如何如何古怪啦，在我大腦中呈現的簡直是個帶著光圈的神。當我充滿著少年人獨有的好奇之心第一次見到他，雖然不免失望——他已是八十高齡的「老頭子」——卻是令人敬畏，不僅精神矍鑠，行止莊嚴，其堂堂正氣不怒自威，頗符合我心中「大武術家」的樣子。何況一旦搭手叱吒風雲，大有虎老雄心在的颯颯風骨，雖然減少了些個光環，卻無形中高大了許多。

在初到北海公園學拳的一年時間裏，劉先生很少和我說話，實際上他平素就是個沉默寡言的人。我想正因為他滿臉的嚴肅勁才使人難以接近吧。他性子很急，儘管臉上很少表露出來，但能讓人感受得到。有多少天我練譚腿沒長進，他走過來說：「咱倆一塊兒打。」愣是由一路串到十路正正規規打下來，一身的大汗，竟然不喘，告訴我：

「就照這樣練。」

他很倔，你有錯誤他會當面給你指出來，你若不改，他就再也不理你。但是時間長久，一來二去混熟了，我才看到他性格的另一面，原來他也是一個詼諧幽默樂觀活潑的「老爺子」。

那時候我還在上學，每次到公園都帶個書包，在裏面放兩本要熟悉的書，待大家走後自己讀。書包是上小學買的，很舊，確切地說是很破。一位很要好的朋友開玩笑說這真給大學生丟臉，恰巧被在一旁的劉爺爺聽到了，他悄悄把我叫到身邊，很認真地對我說：「以後再有人說你拿的書包丟人，你就告訴他，書包裏沒裝人——不丟人！」

有了許多次經驗之後我才知道，老人很喜歡聊天，他有一肚子的小故事。有農村趣聞，有民間傳說，有武林的逸事，太多了。只是要聽他的小故事頗不容易，得讓他看著你「順眼」才行。從此，在我面前站立的是有血有肉的可愛、可敬的「劉爺爺」「劉先生」。一位耄耋老者，一個廿歲頑童，竟然成了忘年之交。

我一直認為劉先生是個徹底的唯物主義者。因為在「特異功能」氾濫時期，他善意地嚴禁我們談論這類話題，不僅抬出了「子不語怪力亂神」，而且現身說法揭破了許多魔術把戲。「咱們練太極拳就挺好，別學那些歪門邪道的，什麼鬼呀神呀，你越迷信他，他就越糾纏你。」

✣ 入門引路須口授

劉晚蒼先生的武術教學完全是傳統的民間方法，是中

國千百年來師徒口傳心授的方式。

在他身邊最先得到的是禮貌教育，早來晚走都要相互問候，彼此間十分客氣，伴隨著清晨潔淨新鮮的空氣讓人體味到一絲人情的溫暖和睦。我是這群人當中的「小朋友」，經常是最晚到的一個，更是需要依次順序「請安」一遍。如此年復一年，習慣成自然，竟也「彬彬有禮」了。「未曾學藝先學禮」，劉先生以他的純樸忠厚為最好的身教，老子《道德經》言「聖人行不言之教」，大約就是指此吧。

劉先生的教學完全是民眾化的，輕鬆活潑，極富啟發性。

我問他什麼是功夫。「什麼是功夫，拿走道來說吧。平常人兩三歲走路，走路可得說是人人都會吧！比方說，前面有條小溪，剛沒腳面，水面挺寬，又沒有橋，你還不想濕了鞋，怎麼辦？旁邊有一位抬腳『問』了『問』溪邊的石頭，挺暄乎，人家藉著勁一竄身過去了，你也抬腿探探路，覺著挺紮實，往上踩，『撲通』掉水裏了。這就是有功夫和沒功夫的差別。」

凡是看過劉先生盤架子的人無不稱讚他所演練出來的大氣磅礡、古樸蒼勁的氣勢。我在尊崇歎服之餘問他我的架子對不對，他說：「太極拳架子雖對，就是味差，內行人一看就知道。外部動作可以糾正，可味道只能憑自悟了。例如寫字，顏真卿、柳公權的字有多好！可你看鄭板橋的字，七扭八歪的，也得說好，為什麼？勁對味好。你說他的味好，讓我拿出來嘗一嘗——沒有。你寫出字來一

筆一畫的，人家一看知道是什麼字，可不說它好──就是沒味。這味就是神韻，太極拳叫作氣勢。」

太極拳並不在乎外面的架式而在於內在的勁路，「架子好學勁難找」，那麼到底什麼是剛柔相濟的太極勁？多少人向他請教，他每每這樣回答：「太極勁，太難了！使勁不對，不使勁也不對，怎麼叫對？」話音一頓，用目光反問對方，頗似禪宗的「禪門關」，常使對方一怔，啞口無言。他這才平緩地接著說：「合適才算對，它一來就得能聽出來，說沒就沒，它還沒回去可已然失了，說有就得有，早把它拍出去了。」

太極勁因忽隱忽現、極剛極柔、靜如處女、動若江河被冠以「神拳」之譽，神者，莫測也。

對一些教學方法他也有個人的意見。有人把經絡運氣方法「大膽引進」到太極拳裏，走經串絡不亦樂乎，但劉先生強調：不宜輕易運氣。太極養生猶如往平桌上滴水，水可積得很高但並不流散，倘若拿火柴棍輕輕一劃，水便順著劃道一瀉而去再無回頭。運氣不成功，真氣散漫則難聚攏，故而氣以直養而無害，謹記腹內鬆淨氣騰然，日積月累自出功夫。

「內功拳就像培養嬰兒，剛滿月的小孩不能隨便亂跑，須不斷哺育，待身體強壯才能行走。」

一提起練推手要放鬆，我們常常畏畏縮縮的誰也不敢出勁，生怕「頂」著對方。結果是相互游鬥，誰也不能把誰怎麼樣。可我見劉先生則完全是爭取主動，凡一搭手，深沉猛烈之勁便專注於對方重心。待你稍加抵抗，轉瞬間

消息皆無，如墮五里霧中，其實他還在黏著你，繼之而來的是更摧枯拉朽的一下，一哼一哈對手騰空而起。我問他其中的奧妙，他答：「推手時第一要聽對方來勁，第二要自己主動『問』。『問』出對方勁來更要能化解。比如說你釣魚，魚圍過來了，你卻背著魚竿往回跑，難道說那魚還能跟在你後面往岸上跑？」像這樣的比喻有很多，都是生活中的例子，親切簡樸而耐人尋味。

　　為了說明太極拳的基本功沾黏連隨，劉先生常用一個詞「不丟不頂」。即推手時必須要不丟、不頂、不丟頂。不丟不頂好理解，可我對不丟頂就不知所措。劉先生這樣答覆：「怎麼叫不丟頂呢？比方說一面牆要倒，你要想拿棍子頂著就非得有塊木板貼在牆上，再在板上支竿子，要不然竿子在牆上穿個洞，不等你修，照樣塌。」我起先並不明白修房是怎麼一回事，待後來在胡同裏見到實物，才恍然大悟，知道是用木板分散竹竿的支力使力量均勻分佈。那麼沾黏連隨也就是主動敷蓋於對方身體，偵察情況，控制敵人的有效方法，細微而靈動。

　　常掛在劉先生嘴邊上的是「真假虛實靈」，大概是推手的秘訣吧，因為它體現了武術的鬥爭藝術，也是千百年來中國軍事思想的高度概括。吳式太極拳以輕靈著稱，怎麼是輕呢？搭手要輕。「如同踩在初冬的薄冰上，你稍一用力就掉進水裏了，得提起千百倍的小心。」聽勁要輕，「如同人家細聲小語地附耳和你商量件事，你卻咋咋呼呼大聲嚷嚷，那怎麼聽清楚！」柔化要輕，「什麼叫作輕？輕就是抽勁順著來勁收回去了，便虛了。怎麼能說不使勁

呢？沒勁你縮得回去嗎？」

太極拳的發法包括「擎引鬆放」四字，訣云：「擎起彼身借彼力，引到身前勁始蓄，鬆開我勁勿使屈，放時腰腳認端的。」劉先生認為：「發人猶如推子，不能讓它把你捲了，只可時時沉下勁來，鬆沉到底才能送得出去。發勁彷彿鐵路工人用大鐵錘砸下去，錘到了，渾身的勁也壓到了，落到就是一個整力。一是要有個準點，二是要乾淨痛快。」

劉先生並不是一個很好的「宣傳家」「開拓者」。他寧願甘於寂寞不求聞達，但也不是保守自秘，相反，他願意無私地奉獻自己畢生所得。只是由於種種原因，能夠學習他的拳術，聆聽他的教誨的人仍嫌太少。

這裏記錄的滄海一粟，是我平時的點滴筆記，雖不能窺見劉先生的武學全貌，然亦聊勝於無吧。

✤ 練字如練武②

劉先生練武，大半是出於愛好，年輕時喜歡練拳、書畫、聽戲、下棋，因為下棋太愛著急，放棄不玩了，晚年則一直練武、寫字不輟。但練武並不單為了玩，年輕時在糧行，運糧卸糧都需有把子力氣；身上背幾千塊大洋去送錢，走村越嶺，夜裏住在大車店，絕不敢寬衣睡個踏實覺，沒有點真本領是不敢出來跑的。他練功也苦，運糧宿在荒郊旅店，夜半在院裏看護貨物的時候，他練；回到北

---

② 本節原文以《在武術家劉晚蒼身邊》為題載於《武魂》1993 年第
　 11 期，有刪節，節題為編者所加。

·1984 年夏，劉晚蒼作
　墨竹（趙德奉保存、
　趙金中提供）

京，他獨自跑到天壇外的葦子地裏練。也有時約上幾個朋
友帶了吃食，在荒野地泡上一天，練練聊聊，直到天黑才
散去。

　　晚年無所事事，每天在家裏寫大字，他極喜米芾和何
紹基的字。以前家中也曾珍藏幾卷古人書畫，後來連同一
些兵器都尋不見了。「練武人有個得心應手的器件，也跟
富人家有個寶貝似的。我有個雙手帶，舊的，四五個銅板
疊起來一刀下去就能劈開，想請一位熟悉的刀槍匠朋友修
飾，他反覆看了看，說我照樣給你打個新的，這個歸我
吧。我想了想，沒答應。人一輩子遇見個可心的物件不容
易，這和讀書人愛惜書、愛惜筆硯的意思一樣。」

我送他一部《歷代行書墨跡精華》，他前後仔細看了一遍，尤其注意米芾和何紹基，衷心說好，退給我不肯要。我也深知老人的倔強脾氣，想法哄著他收下了，他問我這書多少錢，我告訴他四塊錢，老人衝口說：「真便宜呀！」接著解釋道，「這麼些古物，早年間想見上一件就得花去多少銀子，今天科學發達了，能夠匯聚一塊兒印出來，這是我們的福分吶！拿著它再不好好練，真是有愧於古人。」

劉晚蒼練字像練武一樣勤奮，用的是舊報紙，有時還裁剪出式樣，一有空就正襟危坐研墨塗抹，字體樸素、雄厚，正如他的為人，他的派頭、他的「範兒」。所書字句大多是記憶中青年時背誦下的詩詞名句，隨念隨寫十分過癮，就是「一不留神就弄髒別的東西，哪兒都是墨黑，她（劉老夫人）就說我，瞧你那臭字，還寫呢！我說是墨臭，我的字不臭！」可是劉先生的書作不輕易示人，有人向他討要，他只爽快回答：「好，我寫——等我練好了。」

劉晚蒼終於沒有機會說「我把字練好了」。

日前劉氏親屬整理其生前書畫墨跡，囑咐我取走一冊以為紀念，突想若是劉先生將他的推手技藝也留在紙上能有多好，自己也情知是痴話，一個人一輩子含辛茹苦練就的功夫，留得下來嗎？

✚ 最後的故事

1990 年春，我和老人商量整理一些武林逸聞，劉先生雖在病中，但一談起武術興致漸濃，竟至滔滔不絕。尤

其說起吳式太極拳宗師王茂齋，盛讚不已。於他的功夫，特別是他的人品，推崇備至。

「有一天王茂齋走在大街上，身後跟著他的兒子王子英和店夥計，迎面來一位截著王茂齋請安，說，師大爺，我最近怎樣怎樣，意思彷彿是過不下去了。王茂齋一聽，回頭叫夥計拿來錢袋，手提一角，『嘩啦啦』倒了大半袋，鈔票、銀圓、銅子都有，光錢串子數了數就四十來串，那時候兩塊銀圓能買一袋白麵，這錢就是救命錢哪！那人謝過走了，王子英一邊走一邊問他父親：『剛才那人是誰？』『不認識。』『怎麼您不認識就給他錢呀？』老爺子臉一沉：『他家裏不好過麼！人家說出話來……沒聽他喊我師大爺呢！』」

這是我聽他講的最後一個故事。劉先生以前輩為自律的楷模，潔身自重、樂善好施。同時他又真誠勉勵我：「下工夫練，學會了容易，練好了可不容易。怎麼練也不能丟了本業，這一門可不能當飯吃！」

老人臨終的前幾天，病臥於醫院急診室，我陪坐在一邊。一會兒劉先生受業弟子馬長勳匆匆走進來。這幾天我們常在醫院守護，彼此已經熟悉了，而老人並不知道。那時劉爺爺數十日坐在床上，體力消耗殆盡，已然說不清話，但神志卻十分清醒。

見馬老師走近，向他點點頭，吃力地回顧注視我，再把目光移向馬老師，抬起手來指指，啟唇欲言，我知道他是要為我們做一番介紹，忙同他的兒媳一起阻止他，說明我們已經認識，老人這才點點頭，閉目休息。然而我的眼

淚禁不住在心中流淌，多麼善良的老人！

　　一切祥瑞彷彿是曇花一現，而那美好卻永久地縈繞在我腦海。在簡樸的劉晚蒼遺體告別儀式上，懸掛著一幅大字，上首是「劉爺爺魂停」，中間五個淋漓墨字「何日再相逢」，落款「廿歲頑友小健鞠躬」。這是我對他的唯一贈禮。

　　當心中認定這一切不幸都已是事實而無法更改，痛定思痛，我開始著意關心的是那些活著的人，中華千千萬萬的「劉晚蒼」……

　　（本文由《何日再相逢——追念我所相知的劉晚蒼先生》與《在武術家劉晚蒼身邊》改寫而成，兩文分別原載於《武魂》1991年第1期、1993年第11期。）

北海晨早

殷　健

　　我懷念北海，懷念北海的早晨，更懷念在北海遛早的人。胡海牙大夫是坐早班車來的，趙紹琴大夫是坐末班車來的——是夜班車的末班車，大約也就五點半，這兩位在門口打了招呼一起往裏走。雖然還沒到公園開門時間，可是二位老大夫來得太熟，和看門的老師傅混得太熟了，進這裏跟回家的感覺差不多。胡大夫走路當練拳，雙手交替地高挑深砸，名叫進步如打鼓。拳譜上說「捶鬧胸前無人敵」，反正別小瞧他這姿勢，姿勢平常可是大有說辭。胡大夫雖然走得認真，但速度並不慢。趙紹琴大夫更是挺胸昂頭邁開大步急急向前趕，一邊緊蹀步一邊小聲地唱，什麼「要說最英勇，常山趙子龍」，這不是流行歌曲，而是20年代的軍歌。

　　兩位老大夫來到北海餐廳前的空地一看，呵，劉晚蒼老先生在那走八卦圈呢!「唔，老師!您可真早!」

　　那時候北海餐廳前的廣場並不是現在大修以後的格局，而是倚山建堂，房前扇面形的空場寬敞豁亮，順著西

邊山坡種著幾棵銀杏樹，臨街迎著遊客栽有兩排海棠枝，中間青磚墁地，一直鋪到湖邊，足有二三十米。越過蕩漾的湖水遠望對岸：南觀瓊島白塔，東眺景山高閣，西聽長安街報時的鐘聲，也可謂是塵囂鬧市之中的洞天福地。

在這「洞天福地」遛早的三位年高德勳之人：胡海牙大夫七十多歲，屬虎，所以他自命獨創的藥名叫「四虎湯」；劉晚蒼先生屬馬，長胡大夫八九歲，平素言語不多可是極有分量；趙紹琴大夫小胡大夫兩歲，自稱是壯年人：「劉老師應該算是接近老年了，胡大夫和我也就是中壯年——不到中年吧，你們，剛 20 出頭，也就是幼年稍過，剛剛少年吧!」兩位大夫尊稱劉先生是老師，劉先生卻引其為朋友。

在京城武術界提起劉晚蒼，應該說名氣不小，其實趙紹琴、胡海牙的來歷也頗深。趙大夫是從小家請的少林拳師傳藝，門氏八卦從學於王景山，楊式太極拳從學於汪永泉；胡大夫也是從師眾多，單說武當劍得自黃元秀，羅漢拳得自海燈，這就夠意思了。只是這二位記拳式不如記藥性刻苦，老師教的拳路，是學一套忘一套，直到現在還願意當學生呢。

「老師，老師。」趙大夫是口地道的京腔，「昨兒您教的那手，我怎麼使也不得勁，您再給說說。」

「老師，老師。」胡大夫說「杭州普通話」，杭州人聽不懂，北京人不明白，「走走槍，走走槍。」

劉晚蒼先生喜愛推手，據說 70 年代在地壇最盛的時候，一天能有六七十號人跟他學招，劉先生必然是挨著個

推一遍，一玩就是小半天。「既然人家來了，就是想得點東西，咱不能讓人家失望。」這習慣一直保持到八十歲以後，凡是到北海一塊兒早練的，都要推幾下，不論長幼生熟，一視同仁。

凡是遛早從這邊過的人，沒有不羨慕劉先生身體矯健、能夠和大小夥子較力的。有人討教健身的訣竅，劉先生常常首先把手一偏：「我有這麼兩位有名的老大夫、老朋友保駕，身體能不好嗎？」

確實，兩位大夫對劉先生真是關心備至，趙紹琴大夫是素食主義者，一得空兒就宣傳：「老師，您吶得少吃油膩，少吃辛辣。我老說，您總是不聽，上回晚上去您家，自己還說少吃，結果涮羊肉吃了一斤！年紀大了，胃功能比不得從前。」

劉先生接受意見特別誠懇：「對，是。我年輕時候幹力氣活，大餅卷大蔥，不算粥別的，一頓一斤，一天吃五頓！」「您瞧瞧，現在哪有那麼大運動量呀，老年人就得少吃，多吃幾回不要緊，少要少而精，孔子曰『食不厭精』嘛。我就是對病人說，看我的病，忌油忌辛，食素、多吃青菜、常喝粥，『病人不忌口，白累大夫手』……」聽聽，真夠苦口婆心的。

劉晚蒼先生是急性子，說來別人恐怕都不信，八十多歲的人，走路時拄著拐棍一頓一搖的，可是眼看汽車快到站了，自己還差著挺遠，他能提起拐棍跑著趕汽車！因為脾氣急，在八十歲那年得了輕度中風，胡海牙大夫天天晚上到家裏去給他扎針灸。一個月後劉老康復如初，急著遛

早上北海，家裏勸不聽，胡大夫也幫著勸：「不要早，天亮一點再出門，風大、下雪不要來，人多不要擠車。」劉老答應得爽快，可是該多早來還是多早來：「我睡不著，來北海走走，心裏就舒坦了，這一天也覺得得勁，要不然總覺著差點什麼。」

北海是他們遣興寄懷的好去處。劉先生說：「其實練武的，個個都是怕死的。他總想多活幾年，所以才早早起來活動身體，這能說不是怕死嗎？」趙大夫接過去：「對了，您瞧那晚上談戀愛遛公園的，哪沒人、哪黑往哪鑽，不知道害怕，那叫不怕死的。」

1990 年夏天劉先生去世後，兩位老大夫痛失良師，嗟嘆不已，後來胡大夫每週二、四、六，早晨跑香山，說那裏空氣清新，趙大夫南來北往閒不住，日程更緊，來北海遛早的人越來越少。然而我心裏總是懷念著北海，總希望朋友們也能抽出時間來品味北海的早晨，來體驗一番那生活的美好，來聽我講一段這「北海晨早」的故事。

（原載於《中華武術》1993 年第 3 期）

《臥病說武集》
我與武術的因緣

殷　鑑

　　《臥病說武集》為殷鑑先生的遺稿，是 1995 年初他患病於北京同仁醫院治療期間，在病榻上陸續寫出來的。雖然是片言隻語，仍可看出其識見的不凡。天不假年，英才早逝，武術界特別是太極拳界失去了一位研究者，實是一個損失。

　　日前，承蒙張浩先生將殷先生於病中贈給他做紀念的這部遺稿提供給我們。殷先生生前常為我刊撰稿，如今展睹他的遺作，回想其生前的音容談吐，不禁感慨萬千。我們選擇部分遺作，酌加標題和緬懷瑣語陸續刊出。刊發此文，除對武術的探討有所裨益，也是對殷先生的懷念。

——編者

　　因為從小時候起，我的身體體質與素質都非常差，初中的體育課都是將將及格，差點就沒畢業；另外，我的性格也是不太合群，喜歡一個人獨處。所以家裏大人就托同巷的一位老鄰居，把我帶到北海公園學練太極拳。幸運的

是，我接觸太極拳的第一人便是北京城太極拳界響噹噹的人物——劉晚蒼。雖然我倆的年齡相差六十歲，但我們的交情很深。自從他去世後，我又看到大大小小的武術家近百位，但沒有一人能達到像劉先生那樣的派頭與功夫，更何況他的人品。

在最初的一段時間裏，我得過劉氏弟子趙興昆的嚴格指教，這時候雖然興致是相當的濃，但恰逢高考，不可能下更大的心力。隨著開放搞活，趙先生亦忙商務，去北海、地壇的機會少，我就貼緊劉晚蒼先生學藝。

在 1986 年至 1990 年，我上大學的四年裏，幾乎是天天泡北海學習太極拳。也就是在這段時間，劉先生向我傳授了許多東西。

可惜那時候我還太年輕，不懂得珍愛，但劉氏走架、推手的身法神采，則銘刻我心，終生難忘。

其實從劉先生身上所體會到的東西，直到他去世後，我不斷地追憶體會，再與別人的分析比較，才產生更深刻、更清晰的認識。但在當時來說，無論是鑑賞力、技術水準都是十分膚淺的。

值得一提的是，這個時候，劉晚蒼、胡海牙、趙紹琴三位明達給予我的人生勸諫和社會經驗，乃至學術風格，不論當時還是現在都產生深遠的影響。

在北海我還向李鳳田先生學習，他的吳式太極拳源於葛馨吾，意拳源於姚宗勳，太極五星捶源於韓來雨，譚腿等源於蔣玉堃。

還有一位遲先生，性格古怪，吝談師承，但他少年時

接觸名家極多，對我也有多番教誨。

另外，如吳式太極拳家溫銘三、五星捶的周老師等都接觸太少，只能受之點撥而已，惜哉！

目前我常能接觸的幾位重要人物，是武式太極拳傳人、太極拳文史專家吳文翰先生，太極拳名手馬長勳先生，意拳高手崔瑞彬先生等。

我的武術因緣大致這樣，我對武術的興趣一直停留在玩的層面上，沒有去練，更不以武行人自居，或許這是我的特色，也許是優勢。

（張浩供稿）

意中人按：殷鑑先生，也用殷健名，在《武魂》寫文章時也用過曉健等筆名。我與他結識於 1992 年春天，後我、殷老弟與原《武魂》的主編藍石（魏玟兄）、編輯蔡闊老弟常在一起聚會，談拳論書，地點不在《武魂》，就在殷在交道口的原惠王府家，有時也在魏兄家。那是一段非常快活的日子，大家曾一度商定成立一個四象書道社。可惜，天有不測風雲，殷老弟一趟上海之行，竟突染傳染性惡疾，英年早逝，甚為可惜。今讀《武魂》，讀故友舊文，更為傷感。

殷弟待人接物頗具古風，太極打得好，沒有門戶之見，喜書法、戲曲、文學等，涉獵甚廣，且多有研究。曾記有一年，為了研討我友田克傑先生的現代武學，在殷老弟家，我們若干人，有魏玟、蔡闊，現代武術的倡導者田克傑，常用「原點」筆名發表意拳文章的意拳同仁張樹

新，一位練八卦的趙姓朋友，殷老弟和我等人，大家圍繞現代武學爭論了很長的時間。

　　那時候年輕，但確實結識了很多好朋友，令人終生難忘。今貼殷老弟舊文，也算是對殷老弟的懷念。

　　　　　　　　　　　（原載於《武魂》2005 年第 2 期）

附錄

1985 年初春，劉晚蒼作《煙
雨歸村》（劉培一保存）

附錄一
劉晚蒼師承表

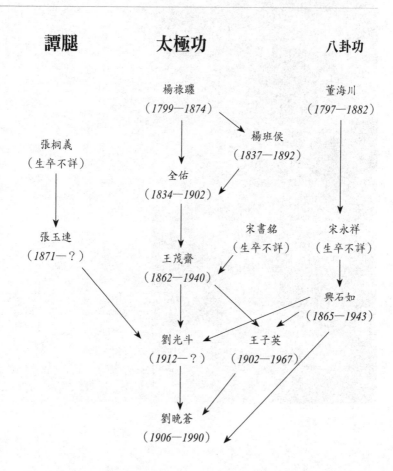

譚腿	太極功	八卦功

楊祿躔
（1799—1874）

董海川
（1797—1882）

楊班侯
（1837—1892）

張桐義
（生卒不詳）

全佑
（1834—1902）

張玉連
（1871—？）

宋書銘
（生卒不詳）

宋永祥
（生卒不詳）

王茂齋
（1862—1940）

興石如
（1865—1943）

劉光斗
（1912—？）

王子英
（1902—1967）

劉晚蒼
（1906—1990）

附錄二
劉晚蒼傳人名錄（排名不分先後）

✚ 親傳弟子門生

劉光鼎　馬長勳　趙德奉　趙興昆　王舉興　孫南馨
劉培一　陳耀庭　孫連順　潘鳴皋　張洪祥　李春生　胡
海牙　趙紹琴　王雲龍　劉培良　陳惠良　劉培俊　劉源
正（劉晚蒼孫）　張楠平（張洪祥子）　孫長青（孫連順
子）　王盤林（王舉興子）　王克南　殷健等

✚ 再傳弟子門生

馬長勳——張德永　王玉柱　張玉山　崔彩琳　王春
亮　方平　羅希和　王喜樂　徐向東　王子鵬　謝金亭
王慶銀　孫陽　李超　林威　郭鳳榮　吳淑全　宋長和
李華　張平　韓傑　侯全勝　隋成竹　王遠　張庚香
杜建國　郭書玲　楊銳　劉輝　高軍　于庚庚　孟國義
焦國慶　焦賓　付浩　宮春　史今　馬駿（子）　等

趙德奉——陳學普　耿玉　何進生　李子榮　王玉華
吳志考　楊培新　張春權　趙金中（子）　等

趙興昆——馬照起　趙威波　等

王舉興——王盤林（子）　王盤云（女）　王盤娥
（女）　周海燕　王和生　鐘山　徐剛　車俊華　王旭善
沈亞平　高彥明　吳秋成　吳秋良　邢硯　常金海　米德
利　廖華南　魏振軍　鄧志海　王軍　王信忠　郝衛東
尤哈　徐強　梁傑燦　魏應　郝學兵　胡紹榮　許宇浪
張萬梅　馬震宇　王祿鴻　陳善　張新民　丁東江　王大
全　馬建華　曹斌　郭立文　王凱　趙亦農　李東　徐中
付　施勁松　張煜　仲大奎　夏洪輝　劉之正　等

劉培一——劉鐘武（子）　劉楠（子）　劉鐘奇（子）
薛武學　裴曉聲　王惠英　唐際世　邢福廣　王浩然　等

陳耀庭——陳又元　楊傳山　王學斌　李瑛　依萬·
柯吉克（俄）　依利亞·柯金（俄）　於儻　霍永靈　郭
曉暉（新加坡）　張發政　唐宏桃　趙玉龍　管永星　潘
柯迪　魏建民　嚴有餘　項亮　等

王雲龍——王雨龍（弟）　王廣濤（子）　王健（子）
張雲峰　李紹臣　王延軍　孫祚正　呂孝丁　鄒偉　張曉
博　宋深厚　劉其剛　薑國良　孫剛　孫行發　鄒志波

韓良波　周學軍　鄒方敏　徐傳祿　王可軍　鄭俐明　曲
年勇　徐強　張峰　李殿春　李軍　李濤　王永明　索軍
李國昌　陶錫光　姜德高　楊立君　李勝傑　孫維祿　趙
利傳　王強　姜鐵林　鄭秉祥　鄧濤　李曉燕　段康敏
王大偉　王國慶　史文東　遲玉昆　戰慶玲　王軍　牟林
王東　孫勇　馬永輝　王泮飛　崔常興　劉文廣　邢其江
姚祥彥　周宙　崔連成　等

劉培良──潘東來　葉世生　岳新生　張邊義　王守
平　朱紅升　劉鐘海　張春喜　劉淼　等

劉培俊──劉鐘利（子）　韓仁孝　孫永智　宋傑
季培剛　張培穎　馬繼輝　宮生順　於洪德　卞桂林　顧
壽傑　遲同訓　王建忠　劉良勝　宋慶昱　于德泉　夏德
軍　劉振強　劉學軍　王成軍　劉鐘強（姪）　劉鐘亮
（姪）　劉鐘林（姪）　劉鐘宏（姪）　劉惠傑（姪）　韓
仁勤　劉照剛　劉本洲　劉叢云　遲振坤　劉會臣　劉元
寧　范廣偉　張劍波　劉培偉　黃作寶　張楷基　姜克
勤　戰榮傑　戰勇　黃啟濤　馬振宇　丁軍　遲中敏　張
廣琦　林浩　邢元照　畢全亮　呂元成　戴勇　劉明遠
遲榮歡　崔陽　孫梓益　王嘉琳　韓靖藝　王鈺凌　張賢
昊　劉兆仁　於子楠　劉洪汝　陳宇　等

✚ 三傳弟子門生

張德永──葉之國　林聞雷　牛曉峰　于利軍　楊文

輝　楊建斌　姜寶和　趙輝　黃立新　薛俊華　劉志財
閻知博　姚德壽　李全增　譚立三　勾林森　李鳳歧　焉
立平　高良安　吳士傑　李玲　梁秀蘭　紀慶海　盧文
王中元　張久瑞　王永軍　等

　　王玉柱──王彥飛　芮大平　張淑榮　孫靜姿　皮埃
羅　等

　　宋　傑──劉衛　宋強　等

　　劉鐘強──滿洪軍　盧嘉琦　劉鴻翔　楊文博　張亮
董濱洋　張茂成　王桂蘭　叢天榮　張林曼　李傑　等

　　韓仁勤──徐建章　龔連新　潘珺　何剛　侯旭升
等

附錄三
劉晚蒼及其傳人
相關著作索引

✤ 專　著

劉晚蒼、劉石樵：《太極拳架與推手》，上海：上海教育出版社，1980 年。

劉光鼎：《太極拳術——理論與實踐》，北京：科學出版社，1994 年。

馬長勳：《太極養生功》，北京：化學工業出版社，1999 年。

劉培一（副主編）：《中國武術百科全書》，北京：中國大百科全書出版社，2000 年。

劉培一、劉培俊：《劉氏傳統武術集》，北京：北京燕山出版社，2002 年。

劉明甫：《太極拳論匯宗》，北京：中國武警出版社，2003 年。

劉晚蒼、劉石樵：《吳式太極拳架與推手》，上海：上海教育出版社，2005 年。

王舉興：《宋式八卦掌》，太原：山西科學技術出版社，2005 年。

劉培一：《武術泰斗劉晚蒼——紀念武術大師劉晚蒼誕辰一百週年》，北京：內部資料，2006 年。

季培剛：《太極拳往事——晚清以來太極前輩們的非凡人生》，長春：吉林大學出版社，2009 年。

劉培俊：《吳氏太極拳械集——劉光斗傳茂齋架》，煙台：黃海數字出版社，2010 年。

季培剛：《太極往事——晚清以來太極拳的傳承系譜》，北京：中國商業出版社，2011 年。

劉培俊：《宋派八卦掌械譜》，香港：華夏文化出版社，2014 年。

馬長勳口述、王子鵬整理：《吳式太極‧南湖傳習錄》，北京：華文出版社，2016 年。

✤ 文　章

孫南馨：《太極拳推手中法與勁的運用原則》，《搏擊》1984 年總第 2 期。

孫南馨：《太極拳推手規則之我見》，《中華武術》1986 年第 2 期。

孫南馨：《武術方向何去》，《搏擊》1986 年第 6 期。

孫南馨：《怎樣理解太極拳的「輕、重、浮、沉」》，《中華武術》1986 年第 8 期。

孫南馨：《太極拳推手的理論訓練與實作》，《中華武術》1987 年第 12 期。

孫南馨：《「法」和「勁」在推手中的運用》，《中華武術》1987 年第 12 期。

馬長勳：《一代宗師王茂齋逸事》，《武魂》1990 年第 5 期。

趙紹琴、胡海牙：《懷念劉晚蒼老師》，《中華武術》1991 年第 1 期。

峽猿（殷鑑）：《何日再相逢——追念我所相知的劉晚蒼先生》，《武魂》 1991 年第 1 期。

胡海牙：《太極拳是高級氣功》，《武術健身》1991 年第 5 期。

王雲龍：《吳式太極拳名家王茂齋先生二三事》，《武術健身》1992 年第 6 期；《武魂》2008 年第 9 期。

馬長勳：《太極拳推手走向高層次的開端》，《中華武術》1992 年第 12 期。

殷健：《北京晨早》，《中華武術》1993 年第 3 期。

孫南馨：《怎樣正確鍛鍊太極拳架》，《武術健身》1993 年第 4 期。

孫南馨：《在太極拳推手中身法步法怎樣得機得勢》，《武當》1993 年第 5 期。

殷健：《在武術家劉晚蒼身邊》，《武魂》1993 年第 11 期。

孫南馨：《太極拳走架的正確四法》，《武魂》1994 年第 1 期。

孫南馨：《掤擠按須認真——談太極拳四正推手的鍛鍊要領》，《武林》1994 年第 1 期。

　　孫南馨：《怎樣學練太極推手》，《武術健身》1993
年第 5 期。

　　殷鑑之：《懷素觀雲與武術仿生》，《武魂》1994 年
第 2 期。

　　孫南馨：《談談太極拳走架中普遍存在的問題》，《中
國太極拳》1994 年第 2 期。

　　孫南馨：《「拳無拳　意無意」——釋武術的上乘功
夫》，《中華武術》1994 年第 5 期。

　　孫南馨：《拳無拳 意無意——談武術的上乘功夫》，
《武林》1994 年第 7 期。

　　孫南馨：《無為無不為——談太極拳推手中「人不知
我，我獨知人」的功夫》，《武魂》1994 年第 8 期。

　　孫南馨：《有為　無為　無不為　有意　無意　真
意》，《武林》1995 年第 1 期。

　　孫南馨：《「內勁」與「拙力」》，《武林》1995 年第
8 期。

　　孫南馨：《練太極拳為什麼要鬆》，《武林》1995 年
第 8 期。

　　馬長勳：《我的太極拳觀》，《武魂》2002 年第 1 期。

　　胡海牙口述、徐皓峰整理：《習拳悟道》，《武魂》
2002 年第 8、10 期。

　　王為：《聽恩師王舉興談師爺劉晚蒼》，《武魂》2004
年第 1 期。

　　殷鑑：《〈臥病說武集〉我與武術的因緣》，《武魂》
2005 年第 2 期。

季培剛：《劉光斗—劉晚蒼系武學傳人概況》,《武魂》2005 年第 11 期。

季培剛：《傳承與流變：從民國狀況看傳統武學的境遇與前途》,《中華武術》2006 年第 1 期。

劉光鼎：《懷念太極大師劉晚蒼》,《武魂》2006 年第 5 期。

劉培一：《劉晚蒼先生簡介》,《武魂》2006 年第 5 期。

李春生：《追懷大槍劉──劉晚蒼先生誕辰一百週年大會在京舉行》,《武當》2006 年第 8 期。

季培剛：《武學體驗與望風捕影──從民國時期的評論看武俠小說的創作研究》,《武魂》2007 年第 1 期。

季培剛：《湮沒無聞的八卦掌大家──有關興福（石如）先生及宋氏八卦掌傳承的介紹》,《武魂》2007 年第 8 期。

季培剛：《絕藝傳承在淡泊中》,《武魂》2007 年第 11 期。

王雲龍：《論中定》,《武魂》2009 年第 6 期。

王雲龍：《論拳架》,《中華武術》2010 年第 5 期。

王雲龍：《悟神形合一》,《中華武術》2010 年第 10 期。

陳耀庭：《太極拳與智力開發》,《武魂》2012 年第 6 期。

劉培俊：《懷念我的老師劉晚蒼》,《武魂》2012 年第 8 期。

陳惠良：《緬懷劉晚蒼老師》，《中華武術》2012 年第 9 期。

季培剛：《楊澄甫萬籟聲比武舊案新證》，《搏擊》2014 年第 3 期。

王雲龍：《回憶恩師劉晚蒼》，《中華武術》2014 年第 10 期。

季培剛：《近代中國「武術」詞義轉變考論》，《南京體育學院學報》（社會科學版），2015 年第 1 期。

馬長勳口述、羅希和整理：《先生之風　山高水長——紀念劉晚蒼老師誕辰 110 週年》（節選），《搏擊》2015 年第 8 期。

陳耀庭：《心中永遠的晚蒼老師》，《搏擊》2015 年第 9 期。

季培剛：《細說當年話太極——王雲龍老師訪談》，《搏擊》2015 年第 10、12 期。

編後記

　　在這本書大致定稿的時候，有必要附上幾段話，將其得以呈現的因緣，作一敘述。

　　今年初夏，將迎來劉晚蒼誕辰 110 週年的紀念日。在此之前，劉培一先生本意是為此舉辦一次活動，並向劉晚蒼的傳人徵集文章、圖片等各類資料，以期編輯成冊，儘量反映劉晚蒼生平及技藝的全貌。否則，難免曲終人散盡，零星資料也不知去處，所謂「前哲之倡導不宏，後世之欣慕亦寡」。

　　在 2013 年春北京舉辦紀念王茂齋活動期間，劉培一先生曾特意召集我們聚餐，安排佈置此事。然而，天不假年，僅稍有頭緒，他即於 2015 年初因病離世。其生前所願如停頓下來，也將成為永久遺憾。

　　在此之前，胡志華編輯因擬再版《太極往事》，得知我與劉晚蒼的淵源。劉培一去世後，她勉力敦促我接續編成。我既是勉為其難，也算是責無旁貸了。劉培一先生當初關於這本書是如何設計的，我們與出版社方面都不清

楚，所以只能重新設計。文字內容起初分為三部分：

一、「起源篇」，收集展示了多份資料，主要是為了相對真實地反映劉晚蒼的身世經歷及武功淵源，大致以寫作時間早晚為序排列，多數資料屬於首次以真實面目發表，尚不完全為外界所知。

二、「記錄篇」，主要收集了迄今為止各類期刊所發表的與劉晚蒼有關的部分文章，以發表時間為序。十年前的 2006 年，在京舉辦紀念劉晚蒼 100 週年誕辰活動，劉培一先生向劉晚蒼的部分弟子門生徵集的紀念文章曾彙集成冊，但未真正出版發行，這次一併彙編到一起。另外，附加劉培一先生此前向劉晚蒼的弟子們佈置寫作的文稿，由劉晚蒼弟子門生趙德奉、劉培俊、張楠平等幾位老師本人提供。

三、「述往篇」，主要是走訪劉晚蒼弟子門生所做的口述記錄。2013 年夏，我在龍口採訪過王雲龍老師，並將其所述一生在太極方面大致的經歷體會整理成稿。2015年清明之後，與北京的劉晚蒼長孫劉源正老師取得聯繫，可以說是一拍即合，大家都真心實意地願把這件事情做好，對前人、今人及後人都有交代。5 月底，劉鐘利師兄與我一起到了北京，孫長青老師與劉源正老師等人熱情接待，我們住在興壽鎮一處鄉村梨園裏，並邀請張楠平老師等人前來合議。此後，相繼走訪了馬長勳及馬駿、王舉興及王盤林、潘鳴皋、孫連順、陳耀庭等多位老師，做了採訪錄音。其中，馬長勳老師在 2013 年那次同門聚會後，即著手做關於老師劉晚蒼的回憶錄的準備工作，還為此專

門買了錄音筆，每想起一點來就自己錄音，晚上錄音筆放在床頭，有時半夜想起些什麼，就起床錄上一段。後來，請其學生羅希和根據口述錄音整理成文稿。當我們前去拜訪時，其子馬駿將錄音和電子文稿悉數轉交給了我們。老先生誠樸認真的精神，非常讓人感動。

我們這次在北京僅待了幾天，像趙德奉、李春生、陳惠良、王克南等多位老師，以及北京眾多曾與劉晚蒼有過來往的武術界領導與名家，或者有聯繫方式卻沒聯繫上，或者無從聯繫，未能進行採訪口述，頗感缺憾。返回蓬萊後，我於 6 月中旬，在東許家溝劉培俊老師家，又聽他重新詳細講述了跟劉晚蒼學藝的經歷並做了錄音。此後，陸續將以上錄音整理成文。

劉培俊、王雲龍、孫長青、劉源正、陳耀庭等幾位老師，先後閱讀了各自的口述文稿，並對其中一些因整理而出現的細節問題進行了修正。這部分內容基本是原話照錄，未做什麼修飾，有的內容僅在講述的前後次序上稍做調整，儘量忠實反映原樣。

書稿大致形成後，責任編輯胡志華女士於今年初春仔細通覽了全稿，從編輯以及讀者的角度，提出了很多中肯的意見，希望這不只是一本由表達各自懷念情緒的零散篇章彙編而成的紀念冊，而是力求從整體上將劉晚蒼的形象呈現在需要瞭解他的廣大讀者面前的著作。

為此，她對文稿進行了較大幅度的調整，刪減多餘，合併重複。將「記錄篇」和「述往篇」調換了位置，以「述往篇」為主，將原本「記錄篇」各作者文章的實質內

容合併到「述往篇」各文之中。未經採訪口述者,則將其文章歸入「記錄篇」,且同一作者的多篇較短的文章,一般合併為一篇來表述,這樣就避免了大量的重複內容和沒有實質內容的無效訊息。已發表作品均在文末註明出處,以供查閱,並有附錄三可供檢索。另外,按照出版社方面意見,在「述往」與「記錄」篇之前,分別增加了劉晚蒼《與三浦英夫切磋技藝》及劉晚蒼、劉石樵《太極打手的擊拿發放》。

另外,書名「三爺劉晚蒼」是常學剛先生的建議。「三爺」確是個真實而有溫情的稱呼,讓人悠然想起當年北京城中那位有一身好武功又德高望重的劉爺爺,比那些「武術家」「大師」什麼的都好。

一本書的面世,以及到達閱讀者的手中,總是因緣際會的結果。願本書的出版,能讓有緣人加深對劉晚蒼德行、技藝以及所追求的人生境界的瞭解,以之作為自身修習的參考,並對當下以及未來的發展路向,提供些許引人思考的借鏡。

編輯整理過程中,不如意處在所難免,尚望有心讀者批評指正。

季培剛

2016 年 5 月

彩色圖解太極武術

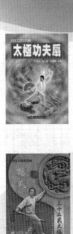

太極武術教學光碟

太極功夫扇
五十二式太極扇
演示：李德印 等
(2VCD)中國

夕陽美太極功夫扇
五十六式太極扇
演示：李德印 等
(2VCD)中國

陳氏太極拳及其技擊法
演示：馬虹(10VCD)中國
陳氏太極拳勁道釋秘
拆拳講勁
演示：馬虹(8DVD)中國
推手技巧及功力訓練
演示：馬虹(4VCD)中國

陳氏太極拳新架一路
演示：陳正雷(1DVD)中國
陳氏太極拳新架二路
演示：陳正雷(1DVD)中國
陳氏太極拳老架一路
演示：陳正雷(1DVD)中國
陳氏太極拳老架二路
演示：陳正雷(1DVD)中國
陳氏太極推手
演示：陳正雷(1DVD)中國
陳氏太極單刀・雙刀
演示：陳正雷(1DVD)中國

郭林新氣功
(8DVD)中國

本公司還有其他武術光碟
歡迎來電詢問或至網站查詢
電話：02-28236031
網址：www.dah-jaan.com.tw

原版教學光碟

歡迎至本公司購買書籍

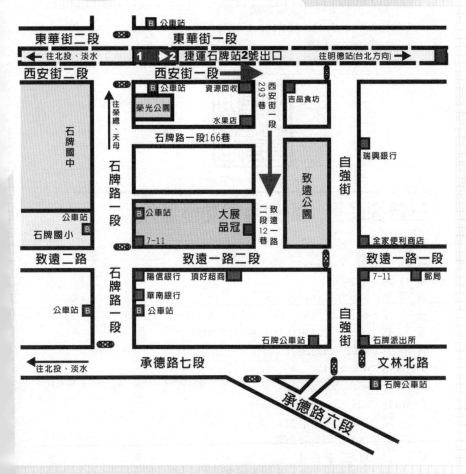

建議路線

1. 搭乘捷運‧公車

　　淡水線石牌站下車，由石牌捷運站2號出口出站(出站後靠右邊)，沿著捷運高架往台北方向走(往明德站方向)，其街名為西安街，約走100公尺(勿超過紅綠燈)，由西安街一段293巷進來(巷口有一公車站牌，站名為自強街口)，本公司位於致遠公園對面。搭公車者請於石牌站(石牌派出所)下車，走進自強街，遇致遠路口左轉，右手邊第一條巷子即為本社位置。

2. 自行開車或騎車

　　由承德路接石牌路，看到陽信銀行右轉，此條即為致遠一路二段，在遇到自強街(紅綠燈)前的巷子(致遠公園)左轉，即可看到本公司招牌。

國家圖書館出版品預行編目資料

三爺劉晚蒼：劉晚蒼武功傳習錄 / 劉源正，季培剛編著.
——初版，——臺北市，大展，2017 [民 106.06.]
面；21公分—（武術特輯：94）
ISBN　978-986-346-165-4（平裝）

1.武術　2.中國

528.97　　　　　　　　　　　　　　　　106005339

三爺劉晚蒼：劉晚蒼武功傳習錄

編　　著/劉源正　季培剛
責任編輯/胡志華
發行人/蔡森明
出版者/大展出版社有限公司
社　　址/臺北市北投區（石牌）致遠一路2段12巷1號
電　　話/（02）28236031，28236033，28233123
傳　　真/（02）28272069
郵政劃撥/01669551
網　　址/www.dah-jaan.com.tw
E-mail/service@dah-jaan.com.tw
登記證/局版臺業字第2171號
承印者/傳興印刷有限公司
裝　　訂/眾友企業公司
排版者/菩薩蠻數位文化有限公司
授權者/北京科學技術出版社
初版1刷/2017年（民106）6月

定價/350元

大展好書　　好書大展
品嘗好書　　冠群可期

大展好書　好書大展

品嘗好書　冠群可期